AF185437

Palabras en contexto

Thematischer Oberstufenwortschatz Spanisch

Palabras en contexto

Thematischer Oberstufenwortschatz Spanisch

von
Cristina Collado Revestido
Blanca Linzoain Acedo
Josefa Jimeno Patrón
María Victoria Rojas Riether

Ernst Klett Sprachen
Stuttgart

Zu diesem Buch gibt es 186 Audios, die mit der Klett-Augmented-App geladen und abgespielt werden können.

| Klett-Augmented-App kostenlos downloaden und öffnen | Bilderkennung starten und die jeweilige Kapitel-Auftaktseite scannen | Audios laden, direkt nutzen oder speichern |

Apple und das Apple-Logo sind Marken der Apple Inc., die in den USA und weiteren Ländern eingetragen sind. App Store ist eine Dienstleistungsmarke der Apple Inc. | Google Play und das Google Play-Logo sind Marken der Google Inc.

1. Auflage   1 ¹² ¹¹ ¹⁰ ⁹ | 2026 25 24 23 22

Nachfolger von 978-3-12-513351-8

Alle Drucke dieser Auflage sind unverändert und können im Unterricht nebeneinander verwendet werden.
Die letzte Zahl bezeichnet das Jahr des Druckes. Das Werk und seine Teile sind urheberrechtlich geschützt. Jede Nutzung in anderen als den gesetzlich zugelassenen Fällen bedarf der vorherigen schriftlichen Einwilligung des Verlags. Die in diesem Werk angegeben Links wurden von der Redaktion sorgfältig geprüft, wohl wissend, dass sie sich ändern können. Die Redaktion erklärt hiermit ausdrücklich, dass zum Zeitpunkt der Linksetzung keine illegalen Inhalte auf den zu verlinkenden Seiten erkennbar waren. Auf die aktuelle und zukünftige Gestaltung, die Inhalte oder die Urheberschaft der verlinkten Seiten hat die Redaktion keinerlei Einfluss. Deshalb distanziert sie sich hiermit ausdrücklich von allen Inhalten aller verlinkten Seiten, die nach der Linksetzung verändert wurden. Diese Erklärung gilt für alle in diesem Werk aufgeführten Links.

© Ernst Klett Sprachen GmbH, Rotebühlstraße 77, 70178 Stuttgart 2012.
Alle Rechte vorbehalten.
Internetadresse: www.klett-sprachen.de

Redaktion: Simone Roth
Layoutkonzeption: Marion Köster
Gestaltung und Satz: Satzkasten
Umschlaggestaltung: Marion Köster
Illustrationen: Beate Klauder (12), Ludwigsburg; Günter Bosch (24), Stuttgart
Druck und Bindung: Salzland Druck, Staßfurt

Printed in Germany
ISBN 978-3-12-513352-5

Inhaltsverzeichnis

Übersicht über die verwen-
deten Symbole und Abkür-
zungen. 9

Vorwort 10

1 España: datos útiles 12
La situación geográfica 12
El clima. 14
La población .16
La inmigración 16
El transporte .18
Metrópolis españolas 18
  Madrid 18
  El transporte en Madrid 20
  Barcelona 22

2 Latinoamérica hoy en día 24
La situación geográfica 24
  El relieve 24
  La hidrografía 26
  El clima 26
La población de Latinoamérica . . 28
  La composición étnica 28
  Demografía y urbanización 28
Ciudad de México 30
  Una metrópoli latinoamericana 30
  Vivir en Ciudad de México 32
  El transporte. 32

**3 España y Latinoamérica
  en el pasado 34**
La romanización. 34
El dominio visigodo. 34
La invasión árabe. 36
El siglo X y siguientes 36
1492. 38
Los conquistadores 40
  Hernán Cortés en México 40
  Pizarro conquista el Perú 42
La cultura precolombina 44
El siglo XVI 44
  La Armada Invencible 46
  La Guerra de Sucesión 46

El siglo XIX. 48
  La guerra de la Independencia . 48
  La Constitución de Cádiz. 48
  Las Guerras Carlistas 48
  La independencia de la
  América española 50
  La independencia de México . . . 50
La Segunda República 52
  Las Comunidades Autónomas:
  Cataluña 52
La Guerra Civil. 54
La era franquista 56
La Constitución de 1978 56
La Memoria Histórica 58

**4 La diversidad política en
  Hispanoamérica 60**
Formas de gobierno en Hispano-
américa 60
La República de Chile 62
  El presidencialismo chileno 62
  Pinochet y el poder del ejército
  chileno 64
  La transición a la democracia . . 64
La república Argentina 66
  El Peronismo 66
  Evita Perón 68
  La dictadura argentina y la
  Guerra de las Malvinas 68
  Caminos hacia la democracia . . 68

5 Política en España 72
España, una monarquía
parlamentaria. 72
  El papel de la Corona 72
  El poder legislativo. 74
  Los partidos políticos. 74
  El poder ejecutivo 74
  El poder judicial. 76
  Las instituciones de España. 76
La división territorial española. . . .78
  Las Comunidades Autónomas . .78
  La Administración local. 78
El ejército y las Fuerzas y Cuer-
pos de Seguridad del Estado 78

El terrorismo en España. 80
El nacionalismo y su versión
radical: ETA. 80
El terrorismo islamista en
España. 82
11M. 82
Consecuencias sociales y políti-
cas del 11M. 82

6   La economía **84**
El papel del Estado 84
La economía española 84
Los sectores económicos. 86
El sector primario 86
El sector secundario: la
industria 88
El sector terciario 90
El mundo del trabajo 92
Profesiones y oficios. 92
Los sindicatos y las organizaci-
ones empresariales 94
El paro 96
El papel de los inmigrantes en
la economía española 96
España en la globalización 98
El comercio exterior 98
Las inversiones en el exterior . . 98
La economía latinoamericana en
la globalización 100
Crisis económica a principios del
siglo XXI 102
La burbuja inmobiliaria 102
Influencia en el mercado
laboral 104
Pinchazo de la burbuja 104

7   El mundo
hispanohablante **108**
Lenguas de España e Hispano-
américa 108
La terminología. 108
El español como lengua 108
El bilingüismo 110
Desarrollo del español a través
de los siglos 110

España internacional 112
España y la Unión Europea. 112
España y Latinoamérica 114
España y Alemania. 116
Latinoamérica internacional. 118
Relaciones entre los países
hispanohablantes de América
y sus vecinos 118
Relaciones entre Latino-
américa y Europa 120
Los Estados Unidos y Latino-
américa 120
Hispanohablantes dentro de
los EE. UU. 120
Influencia de los EE. UU. en
Latinoamérica 122

8   Los movimientos migra-
torios **124**
España, un país de inmigración y
emigración. 124
La población no autóctona en
España. 126
El pueblo gitano 126
La situación en Latinoamérica . . .128
Países en vía de desarrollo 128
Indigenismo y pobreza 130
Los afroamericanos 130
¿Quedarse o marcharse
a EE. UU.?. 132

9   Facetas de la sociedad . . **134**
La infancia. 134
La niñez en América Latina 134
Los niños de la calle. 136
La niñez en España 136
La mujer. 138
La mujer latinoamericana. 138
La mujer española 142
La familia. .144
La familia española y latino-
americana. 144
Cambios en la estructura fami-
liar. 144
La tercera edad 146

El tiempo libre 146
  El tiempo libre en España 146
  El tiempo libre en Latino-
  américa 148
La religión .150
  La religión en España – tres
  culturas, tres religiones 150
  La evangelización de América
  Latina – tres culturas, tres reli-
  giones 152
  La iglesia católica con dos
  caras 154
La salud 154
  La Seguridad Social en España 154
  El seguro médico en España . . .156
  Las condiciones de salud en
  Latinoamérica 156
  El sistema de sanidad
  en Bolivia 156
  Las drogas. 158
  La terapia genética. 160

10 La ecología 164
Un planeta de recursos finitos . . .164
La energía .166
  Fuentes de energía renovables 166
  La energía nuclear 166
Contaminación de mares y
océanos 168
  El agua como recurso vital 168
  Galicia, la marea negra, *nunca*
  mais 170
La conciencia ecológica 170
  Tener conciencia ecológica en
  España. 170
  El desarrollo sostenible 172
  Mallorca y el turismo ecológico 172
  Andalucía: dos caras de la
  moneda 174
La contaminación atmosférica. . .176
  Contaminación del aire en la
  Ciudad de México 176
  ¿Cómo evitar la
  contaminación?. 176
La capa de ozono. 178
  Argentina: „¡Protejan a los
  niños del sol!". 178

Talas masivas en América Latina 180
El monocultivo de la soja en
Argentina. .182
Las cumbres climáticas 184

**11 Los medios de
    comunicación 186**
Los medios de comunicación en
España 186
  La prensa 186
  La radio 188
  La televisión 188
Los medios de comunicación en
Cuba 190
Las telecomunicaciones. 192
  La comunicación telefónica 192
  El videoteléfono 194
La informática 194
  Los ordenadores 196
  El hardware 196
  Dispositivos de salida 198
  Dispositivos de entrada. 198
  Lenguajes de programación. . . .198
  La ofimática 198
Internet 200
  La World Wide Web o la Web . . 200
  La red social y sus trampas . . . 202

12 La vida cultural. 206
Lengua y literatura 206
  Las obras literarias 206
  La Edad Media. 206
  El Siglo de Oro 208
  El Renacimiento 208
  El Barroco 208
  El Romanticismo 210
  El Realismo. 212
  La generación del 98 212
  El Modernismo 212
  La generación del 27 212
  El Realismo mágico en Latino-
  américa 214
  El Realismo social en España. . .214
  El Siglo XXI 214
El teatro 216

Música y baile 216
  El flamenco 218
  El baile 218
Las fiestas 220
  Corridas de toros 220
  San Fermín 220
  Procesiones de Semana Santa 220
Cine 222
  Tendencias actuales 222
  El rodaje de una película 224
  Los ángulos de toma 226
Bellas Artes 226
  Pintura 226
  Arquitectura 226
  Escultura 228

13 La educación 230
El sistema educativo en España 230
  La Educación Infantil 230
  La Educación Primaria 230
  La Educación Secundaria 230
  La educación universitaria 232
Problemas del sistema educa-
tivo 232
El sistema educativo en Latino-
américa 234
El sistema educativo en España 236

Index spanisch 238
Index deutsch 250

Bildquellennachweis 264

Übersicht über die verwendeten Symbole und Abkürzungen

adv.	Adverb
etw.	etwas
f.	feminin, weiblich
m.	maskulin, männlich
jdm	jemandem
jdn	jemanden
pl.	Plural, Mehrzahl
⟫⟩	laufender Text
▸	Verweis auf Wörter derselben Wortfamilie
!	Achtung
=	Synonym
≠	Antonym
E	Verweis auf bekannte Wörter aus dem Englischen
FF	Falsche Freunde
esp.	Verweis auf spanisches Vokabular
LA	Verweis auf lateinamerikanisches Vokabular
≈	Konjugationsbeispiel

Vorwort

Wortschatz lernen

Jeder Lernende macht schon früh die Erfahrung, dass sich eine Fremdsprache nicht schnell und mühelos ein für alle Mal erwerben lässt. Wie bei vielen anderen Tätigkeiten ist auch hier regelmäßiges Training notwendig.

Nach lernpsychologischen Erkenntnissen speichert unser Gehirn Vokabeln und deren fremdsprachliche Entsprechungen in Netzen. Alles was die Verbindung zwischen Wort und Entsprechung verstärkt, fördert auch das Behalten. Deshalb sollten Wörter nicht einzeln gelernt werden, sondern in thematischen Wortfeldern.

Palabras en contexto fördert das Lernen von Wörtern, da sie in einen sinnhaften Kontext eingebunden sind.

Themen

Palabras en contexto liegt in der aktualisierten Fassung vor und wurde komplett überarbeitet. Die neue Ausgabe besteht aus insgesamt 13 Kapiteln mit Unterkapiteln. Die Texte behandeln abiturrelevante Themen wie Probleme und Perspektiven verschiedener Metropolen (Barcelona, Madrid), beleuchten wichtige Etappen der spanischen und hispanoamerikanischen Geschichte und Politik oder geben einen Einblick in die spanischsprachige Literaturgeschichte.

Bereits bestehende Themengebiete wie Migrationsbewegungen und deren Folgen in Europa und Amerika wurden im Hinblick auf gegenwärtige Fragestellungen erweitert und ergänzt. Aktuelle Themen von globaler Bedeutung haben ebenfalls Eingang ins Buch gefunden. Dies betrifft zum einen die Aufarbeitung der spanischen Vergangenheit anhand der *Ley de la Memoria Histórica*, zum anderen die Entwicklung der sozialen Netze und die Herausforderungen im Umgang damit oder die Wirtschaftskrise und deren Auswirkungen auf Spanien.

Die lateinamerikanische Wirklichkeit erhält ebenfalls größeren Raum in *Palabras en contexto*. Neben einem kurzen Blick auf Kuba, Bolivien und Chile werden auch die jüngere Geschichte Argentiniens und die Facetten der Megacity Mexiko-Stadt beleuchtet. Auch ökologische Aspekte wie Wasser- und Luftverschmutzung, Abbau der Ozonschicht und die Abholzung der Regenwälder werden stärker landeskundlich betrachtet. Zur Sprache kommen dabei die klimatologischen Auswirkungen auf Südamerika und die voranschreitende Monokultivierung der Landwirtschaft, die vor allem für die ärmere Bevölkerung Lateinamerikas große Einschnitte bedeuten.

Aufbau

Auf den linken Seiten von *Palabras en contexto* finden Sie den fortlaufenden Text. Der Lernwortschatz ist darin **blau und fett** markiert und wird auf der gegenüberliegenden Seite in der Grundform wiederholt und ins Deutsche übersetzt. Leicht verständliche Internationalismen oder spanische Begriffe, die ins Deutsche eingegangen sind, sind hellblau markiert. Sie tauchen in den Worterklärungen der rechten Seite nicht mehr auf.

Das Register im Anhang enthält den kompletten Lernwortschatz der Texte und ermöglicht das schnelle Auffinden der zu einem bestimmten Wort passenden Thematik. Der erschließbare Wortschatz ist nicht im Register aufgeführt.

Textarbeit

Lesen Sie den Text zu der Thematik, die Sie im Unterricht behandelt haben, auf die Sie sich vorbereiten wollen, oder die Sie ganz einfach interessiert, auf der linken Seite durch. Bei der Lektüre frischen Sie den Ihnen bereits bekannten Wortschatz auf und festigen ihn und begegnen dem neuen Wortschatz in einem gebräuchlichen Kontext.

Ein Blick auf die spanisch-deutschen Worterklärungen auf der rechten Seite hilft Ihnen, unbekannte Wörter zu verstehen. Als Lernhilfen finden Sie zusätzlich Hinweise auf Wortfamilien, Synonyme, Antonyme, falsche Freunde oder besondere Schwierigkeiten, die mit entsprechenden Symbolen versehen sind (s. S. 9).

Hörverstehen

Alle Textteile von *Palabras en contexto* stehen Ihnen als Hörtexte kostenlos online zur Verfügung.

In jedem Kapitel sehen Sie einen QR-Code, den Sie direkt mit dem Smartphone scannen können. Oder Sie gehen auf www.klett-sprachen.de und geben den Online-Link in das Suchfeld ein. So gelangen sie auf die Seite des jeweiligen Kapitels. Hier können Sie jeden Text einzeln auswählen, anhören und herunterladen.

Die Hörtexte sind online abspielbar. Die mp3-Dateien dürfen für den persönlichen Gebrauch konvertiert und auf einen mp3-Player heruntergeladen oder auf Audio-CD gebrannt werden.

Außerdem können Sie die Audiodateien mit der Klett-Augmented-App laden und abspielen. Scannen Sie dazu die Kapitelauftaktseiten.

1 España: datos útiles

📖 La situación geográfica

España **está situada en** la **Península Ibérica** al **sudoeste** del **continente** europeo. Con una **superficie** de 505 957 kilómetros cuadrados, mayor que la de Alemania (357 020 km²), **ocupa** cuatro quintos del **área** total de esta Península, el otro quinto lo ocupa Portugal. Tiene tres **fronteras terrestres** (Francia, Andorra y Portugal) y tres **marítimas** (el **mar Cantábrico**, el **mar Mediterráneo** y el océano Atlántico). El **estrecho** de Gibraltar la separa de África donde se encuentran los dos enclaves españoles, Ceuta y Melilla.

Tanto por su **extenso litoral** como por sus **archipiélagos**, España tiene más de 2000 **playas**. Sus excelentes **balnearios**, su clima, en particular el **tiempo soleado**, los **monumentos**, los sitios de interés, la gastronomía y el folclore atraen a masas de visitantes todo el año, lo que representa una gran fuente de ingresos para la economía del país. »»

estar situado, situada en ▸ el sitio	sich an einer Stelle befinden
la Península Ibérica	Iberische Halbinsel
el sudoeste	Südwesten
▸ el norte	Norden
▸ el sur	Süden
▸ el este	Osten
▸ el oeste	Westen
el continente	Kontinent
la superficie	Oberfläche
ocupar algo	etw. bedecken
el área *(f.)* ᴇ *area*	Fläche, Gebiet
la frontera terrestre	Landgrenze
la frontera marítima	Seegrenze
el mar Cantábrico = el golfo de Vizcaya	Golf von Biscaya
el mar Mediterráneo	Mittelmeer
el estrecho	Meerenge
extenso, extensa ᴇ *extensive*	weit, ausgedehnt, umfassend
el litoral	Küstengebiet
el archipiélago	Archipel, Inselgruppe
la playa	Strand
el balneario	Bad, Heilbad, Kurort
el tiempo soleado ▸ el sol	sonnig, sonniges Wetter
el monumento ᴇ *monument*	Denkmal, Sehenswürdigkeit

m9r5wx

Su litoral muestra dos **aspectos físicos** bastante característicos: las **costas** del sur y del este son **llanas** y **arenosas**; las del norte y del noroeste son muy **rocosas** con **fiordos** y **acantilados**. Los archipiélagos de la España **insular** están formados por las famosas islas Baleares y Canarias, estas últimas a más o menos 100 kilómetros de **distancia** de la costa africana.

El **relieve** de la España **peninsular** presenta muchos **accidentes geográficos** con **cordilleras**, **montañas**, **depresiones** y **mesetas**. El **pico** más alto es el Mulhacén, en Granada, **con** 3478 **metros de altura**, pero no es el más **elevado** de toda España, ya que en Tenerife el pico del Teide **se alza hasta** 3719 metros.

Los **ríos** que **desembocan en** el sur son largos, pero no muy **caudalosos** por **conducir** solamente **agua de lluvia**, la cual es bastante escasa en la mayor parte del país. Unos de los principales ríos son el Duero y el Tajo que desembocan en el Atlántico y el Ebro que desemboca en el Mediterráneo. Los que desembocan en el norte son **ríos montañosos** y cortos porque **nacen** bastante cerca de su propia desembocadura.

El clima

Existe una diversidad de climas enorme. En general, se puede decir que las montañas del cantábrico dividen el país en dos **zonas climáticas**: al norte de estas montañas, la "España **lluviosa**" o también llamada "España verde" y al sur de la **cadena Cantábrica** la "España **seca**".

En España hay zonas climáticas muy diferentes:

- El clima **mediterráneo**, en la parte **costera** de dicho mar, se caracteriza por inviernos **templados** y húmedos, como también por veranos secos y **calurosos**.
- El clima mediterráneo continental, en el sur, constituye dos tercios del total del país, tiene inviernos fríos, veranos con pocas **precipitaciones** y sol fuerte.
- El **clima de alta montaña**, en las zonas elevadas, se caracteriza por inviernos fríos y largos, veranos cortos, **nieve** y lluvias **abundantes**.
- En el archipiélago canario hay un clima subtropical, con muy poca **nubosidad** y temperaturas entre 20 **grados centígrados** en invierno y 30 en verano.

el aspecto físico	Erscheinungsbild
la costa	Küste
llano, llana = plano, plana	flach, eben
arenoso, arenosa ▸ la arena	sandig
rocoso, rocosa ▸ la roca	felsig
el fiordo	Fjord, Meeresarm
el acantilado	Steilküste
insular ▸ la isla	Insel-
la distancia ɛ *distance*	Entfernung
a x kilómetros de distancia de	x Kilometer entfernt von
el relieve	Relief
peninsular	Halbinsel-
el accidente geográfico	Erhebung, Unebenheit
la cordillera	Gebirgskette
la montaña	Berg, Gebirge
la depresión	Senke
la meseta = el altiplano	Hochebene, Plateau
el pico	Gipfel
la altura ▸ alto, alta	Höhe
con x metros de altura	x Meter hoch
elevado, elevada	hoch
alzarse *(z-c)* **hasta**	sich erheben bis, hochragen auf
el río	Fluss
desembocar *(c-qu)* **en algo** ≠ nacer	in etw. (ein)münden
▸ la desembocadura	(Ein)Mündung; Auslauf
caudaloso, caudalosa	*(Fluss)* wasserreich
conducir *(-zco)* **algo**	etw. transportieren, etw. befördern
el agua de lluvia	Regenwasser
el río montañoso	Gebirgsfluss
▸ la montaña	Berg
nacer *(-zco) (en un río)*	*(Fluss)* entspringen
la zona climática	Klimazone
lluvioso, lluviosa ▸ llover *(-ue-)*, la lluvia	regnerisch
la cadena Cantábrica	Kantabrische Gebirgskette *(Gebirgszug in Nordspanien)*
seco, seca ≠ húmedo, húmeda	trocken
mediterráneo, mediterránea	mediterran, Mittelmeer-
costero, costera ▸ la costa	Küste-
templado, templada	mild, gemäßigt
caluroso, calurosa ≠ frío, fría	heiß
la precipitación = la lluvia	Niederschlag, Regen
el clima de alta montaña	Hochgebirgsklima
la nieve ▸ nevar *(-ie)*	Schnee
abundante ɛ *abundant*	reichlich, reichhaltig
la nubosidad ▸ la nube	Bewölkung
el grado centígrado	Grad Celsius

m9r5wx

La población

España tiene una población bastante **diversa**. El sur se caracteriza histórica-mente por su gran **influencia** árabe, mientras que en el norte, sobre todo en Galicia, la influencia fue **celta**. En la actualidad, en los centros industriales y las grandes plantaciones se ven cada vez más **inmigrantes magrebíes**, lati-noamericanos y del **África subsahariana**.

La **tasa de nacimiento** de España es una de las más bajas de Europa. El pro-medio de **natalidad** es de 1,3.

La **distribución** de la población es muy irregular en España como causa del **éxodo rural**. España es el quinto país más poblado de la Unión Europea, sin embargo, cuenta con uno de los más bajos **índices de densidad**: 93 **habitan-tes** por km^2. El 70 por ciento de los españoles vive en **núcleos urbanos**. En la Comunidad de Madrid se **halla** la mayor **concentración de población** de toda España con 809 habitantes por km^2. Cifras similares registran **ciudades indus-trializadas** de las provincias vascas y de las regiones costeras como Cataluña, las Baleares y la Comunidad Valenciana.

El **interior del país** está enormemente **despoblado** con 30 habitantes por km^2. Las razones de esta **desigualdad** demográfica son **económicas**. La actividad agrícola hasta hace unos años **disminuía** constantemente y los habitantes de estas regiones se sentían atraídos por las grandes ciudades que ofrecían **puestos de trabajo** y posibilidades de **ascenso** económico y social. Este éxodo dejó gran parte del **área rural** deshabitada. Con 4 habitantes por km^2 y la mayoría de ellos envejecidos, el desarrollo se hace muy difícil. Actualmente, con la ayuda de diferentes asociaciones, estos pueblos **abandonados** están en proceso de **repoblación**.

La inmigración

En los años 60, los españoles **emigraban a** otros países de Europa buscando trabajo. Hoy es España la que recibe inmigrantes que, en su mayoría, **provie-nen de** África y de Latinoamérica.

En 2006 la **cifra de inmigración** en España llegó a ser la más alta entre los países de la Unión Europea. Esta representaba el 10 % del total de la pobla-ción española. Con la crisis económica en 2010, España comenzó a **detener** la llegada de inmigrates y a **promover** planes de **retorno** a sus **países de origen**. Estas medidas han hecho que la población de inmigrates comience a bajar rápidamente.

(ver también capítulo 8)

la población ᴇ *population*	Bevölkerung
diverso, diversa ▸ la diversidad	verschieden(artig), unterschiedlich
la influencia ᴇ *influence*	Einfluss
celta	keltisch
el, la inmigrante ᴇ *immigrant*	Einwanderer(in)
magrebí ! *(pl.)* magrebíes	maghrebinisch
el África subsahariana	Schwarzafrika
la tasa de nacimiento	Geburtenrate
▸ nacer *(-zco)*	geboren werden
el promedio	Durchschnitt
la natalidad ≠ la mortalidad	Geburtenzahl, -rate
la distribución ▸ distribuir *(-y-)* algo	Verteilung
el éxodo rural	Landflucht
el índice de densidad	Bevölkerungsdichte
el, la habitante	Einwohner(in)
el núcleo urbano	Ballungsraum
hallar algo	etw. finden
la concentración de población	Bevölkerungskonzentration, Bevölke-
	rungsdichte
la ciudad industrializada	Industriestadt
el interior del país ≠ el exterior	Landesinnere
despoblado, despoblada = deshabitado,	menschenleer, unbewohnt
deshabitada	
la desigualdad ▸ desigual	Ungleichheit
económico, económica	wirtschaftlich
disminuir *(-y-)* ≠ aumentar	nachlassen, zurückgehen
el puesto de trabajo	Arbeitsplatz
el ascenso	Aufstieg
el área rural	Land, ländliches Gebiet
abandonar algo/a alguien	etw./jdn verlassen
repoblar algo ▸ la población	etw. wiederbevölkern
emigrar a ≠ inmigrar en	auswandern nach
provenir de *(≈ venir)*	stammen aus, kommen von
la cifra de inmigración	Einwanderungszahl
detener algo/a alguien *(≈ tener)*	etw./jdn anhalten, etw./jdn zurückhal-
	ten
promover algo/a alguien *(≈ mover)*	etw./jdn fördern
el retorno ᴇ *return*	Rückkehr
el país de origen	Herkunftsland

m9r5wx

El transporte

España tiene varios **aeropuertos** internacionales; el más importante es el de Barajas, en Madrid. Para llegar a la ciudad desde Barajas se puede **tomar** el taxi, el autobús, el metro o, desde septiembre de 2011, el **ferrocarril**.

La **red de carreteras** llega a todas las ciudades y pueblos de España. Hay varias clases de carreteras: las **autopistas** que permiten mayores **velocidades**, la mayoría de **peaje**, y las **carreteras nacionales** que permiten menor velocidad. También existen las **carreteras secundarias** de menos velocidad. Finalmente, para evitar **atascos** alrededor de las ciudades, hay unas **carreteras de circunvalación** que unen el **extrarradio** con los pueblos **limítrofes**.

Para **viajar de** una ciudad **a** otra, también se puede tomar el autobús, incluso a veces es más aconsejable que tomar el **tren**, ya que es más barato y los autobuses **circulan** con mayor regularidad y frecuencia.

La **red de ferrocarriles** de España se conoce con el nombre de **RENFE** (Red Nacional de Ferrocarriles Españoles). Tiene diferentes tipos de trenes, por una parte los más veloces: el **AVE** (Alta Velocidad Española) y el **TALGO**; por otra parte, los **trenes de cercanías** y regionales más lentos, dado que **paran en** casi todas las **estaciones**.

Metrópolis españolas

Madrid

Madrid, con más de 5 millones de habitantes, es la **capital** de España desde mediados del siglo XVI. **Está ubicada** en el centro de la Comunidad Autónoma de Madrid que a su vez está situada en el centro de la Península Ibérica.

De la Puerta del Sol salen todas las carreteras nacionales. Aunque el "kilómetro 0", como se lo conoce a este punto, no sea realmente el centro del país, es más conocido y más visitado que el verdadero centro geográfico, en el Cerro de los Ángeles, a 10 kilómetros al sur de Madrid.

En 1768 se construyó, en esta misma plaza, el entonces edificio de Correos, hoy **sede del gobierno** de la **Comunidad Autónoma** de Madrid. En el centro de la **fachada** de este **edificio** se encuentra el famoso **reloj**, desde el cual se escuchan, el 31 de diciembre de cada año, las doce **campanadas** para comer las doce uvas de la suerte. Aquí también **destaca** el "Monumento al **Oso** y el **Madroño**", símbolo y **escudo** de la Ciudad.

Son ocho las **calles principales** que salen de este sitio; seis son las carreteras nacionales que empiezan ahí en forma de estrella —a Burgos, Barcelona, Valencia, Andalucía, Extremadura y A Coruña. 〉〉〉

el aeropuerto E *airport*	Flughafen
tomar *(medio de transporte)*	*(Transportmittel)* nehmen
el ferrocarril	Eisenbahn

la carretera	Straße
la red de carreteras	Straßennetz
la autopista	Autobahn
la velocidad E *velocity*	Geschwindigkeit
el peaje	Mautgebühr, Autobahn-
la carretera nacional	Bundesstraße
la carretera secundaria	Landstraße
el atasco = la congestión	(Verkehrs)Stau
la carretera de circunvalación	Ring(straße), Umgehungsstraße
el extrarradio	Außenbezirk
limítrofe ▸ el límite	angrenzend, Grenz-

viajar de… a	von … nach reisen
el tren	Zug
circular	fahren

la red de ferrocarriles	(Eisen)Bahnnetz
la RENFE	*spanische Eisenbahngesellschaft*
el AVE	*spanischer Hochgeschwindigkeitszug, etwa:* ICE
el TALGO	*spanischer Intercity-Zug*
el tren de cercanías	Nahverkehrszug
▸ cerca	nah
parar *(en algún lugar)*	*(irgendwo)* (an)halten
la estación E *station*	Haltestelle

la metrópoli	Metropole, Weltstadt

la capital E *capital*	Hauptstadt
estar ubicado, estar ubicada en un lugar	sich an einer Stelle befinden
= estar situado en	

la sede de gobierno	Regierungssitz
la Comunidad Autónoma	autonome Region *(etwa: Bundesland)*
la fachada	Fassade, Vorderfront
el edificio	Gebäude
el reloj	Uhr
la campanada	Glockenschlag
▸ la campana	Glocke
destacar *(c-qu)*	sich abheben, hervorstechen
el oso	Bär
el madroño	Maulbeerbaum
el escudo	Wappen

la calle principal	Hauptstraße

m9r5wx

No muy lejos de ahí, bajando por la Calle Mayor y pasando por la Plaza Mayor, que un día fue el **centro comercial** y cultural de Madrid, se llega a la Plaza de la Villa. Ésta es una de las plazas más hermosas de la Ciudad, donde se encuentra el **Ayuntamiento** de Madrid con **salones**, como el de Goya, dignos de visitar.

En la Plaza de España, donde se puede ver el monumento a Don Quijote, está el Edificio España, el primer **rascacielos** de Madrid. Allí empieza la Gran Vía, **transitada** tanto por madrileños como por turistas. Es una **avenida** llena de teatros, **cines** y comercios. El pequeño "Manhattan" de Madrid con bancos, **oficinas** y rascacielos se encuentra en el Paseo de la Castellana, una de las **vías principales** de la capital.

Madrid es una ciudad que no duerme nunca por **brindar** todo tipo de ofertas para toda clase de público. Culturalmente, **cuenta con** universidades, teatros, numerosos museos **de renombre internacional**, como es el Museo del Prado, una de las **pinacotecas** más importantes **a nivel mundial**. La **vida nocturna** es muy viva, de ahí que Madrid sea conocida como la "Capital Europea de la Noche". Se puede comenzar la noche en cualquiera de las zonas que ofrece la ciudad **tomando tapas** o **cañas** en una **cervecería**, o cenando en un restaurante.

El público se caracteriza por ser **de tipo nómada**, ya que no **se queda** mucho tiempo en un local sino que va de uno a otro, alegrando y llenando también de vida las calles **madrileñas**. Para **rematar**, se va a una cafetería o **panadería** a desayunar antes de regresar a casa.

Los domingos la gente **sale a pasear por** la Plaza Mayor para visitar el **Mercadillo de Sellos** o **El Rastro**, que está en el sur de la ciudad. Ahí se pueden encontrar objetos usados **a muy buen precio**. Para relajarse y **descansar de** la **ruidosa** capital, está también el Parque del Retiro, el **pulmón** de Madrid, que se encuentra **en pleno centro** con monumentos, **fuentes**, palacios y un observatorio que data de 1790.

El transporte en Madrid

Para **desplazarse** en las ciudades españolas y principalmente en Madrid, hay diferentes posibilidades. A pesar de que Madrid tiene seis carreteras nacionales para llegar a la ciudad y dos circunvalaciones, dos **exteriores** y una **interior**, el uso del **coche propio** no es aconsejable. Puede significar grandes complicaciones, sobre todo a las **horas punta**, cuando miles de personas tratan de llegar a su lugar de trabajo y se forman grandes **atascos** haciendo la **circulación** imposible. 〉〉

el centro comercial ▸ el comercio	Handelszentrum
el ayuntamiento ▸ el Ayuntamiento de Madrid	Rathaus; Stadtverwaltung
el salón	Ausstellung

el rascacielos	Wolkenkratzer
transitar *(por un lugar)*	*(irgendwo)* entlanggehen
la avenida	Allee, Boulevard
el cine	Kino
la oficina ᴇ *office*	Büro
la vía principal	(Haupt)Verkehrsader

brindar algo = ofrecer *(-zco)* algo	(an)bieten
contar *(-ue-)* **con algo**	etw. bieten
el renombre ▸ el nombre	Ruf, Renommee
de renombre internacional	von internationalem Ruf
la pinacoteca	Pinakothek, Gemäldesammlung
a nivel mundial	weltweit
la vida nocturna ▸ la noche	Nachtleben
tomar algo	etw. zu sich nehmen
las tapas	Häppchen *(kleine Gerichte, die in span. Bars zu Bier und Wein gereicht werden)*
la caña	ein Glas (gezapftes) Bier (0,5 l)
la cervecería ▸ la cerveza	Brauerei; Gastwirtschaft

de tipo nómada	nomadisch, nicht sesshaft
quedarse en un sitio	an einem Ort bleiben
madrileño, madrileña	Madrider, aus Madrid
rematar algo = concluir algo	etw. beenden, etw. abschließen
la panadería ▸ el pan	Bäckerei

salir a pasear por ▸ el paseo	spazieren gehen in/auf
el Mercadillo de Sellos ▸ el mercado	*(Floh)Markt für Briefmarken*
El Rastro	Rastro *(Trödelmarkt in Madrid)*
a muy buen precio	sehr günstig
descansar de algo	sich von etw. ausruhen
▸ cansarse	ermüden, müde werden
ruidoso, ruidosa ▸ el ruido	laut, geräuschvoll
el pulmón	Lunge
en pleno centro ▸ pleno, plena	inmitten des Zentrums
la fuente	Brunnen

desplazarse *(z-c)*	sich (fort)bewegen
exterior	äußere (r, s)
interior	innere (r, s)
el coche propio	eigenes Auto
la hora punta = *(LA)* la hora pico	Hauptverkehrszeit
el atasco = *(LA)* la congestión de tráfico	Stau
la circulación ▸ circular	Verkehr

m9r5wx

Además, las **posibilidades de aparcamiento** no son suficientes. Así que se recomienda tomar o bien uno de los autobuses de las numerosas líneas, o bien utilizar el metro que es una forma económica y rápida de **transporte urbano**. La **red de metro** y **cercanías** de Madrid son cómodas para **personas con discapacidad**.

Hay diferentes tipos de **abonos** de transporte, **válidos** para metro, autobuses y **cercanías**. Estos se pueden **adquirir** en las **taquillas** de metro y cercanías, en las estaciones de autobuses, en **estancos**, en **quioscos** o en lugares autorizados. Se compran **billetes sencillos** o **abonos mensuales** o **anuales** según se desee.

Barcelona

Barcelona es el nombre de la capital de la provincia de la comunidad autónoma de Cataluña que está situada al nordeste de la Península Iberica. Después de Madrid es la segunda ciudad más poblada de España. El que esté pensando en ir a Barcelona lo puede hacer con su español o **castellano**; pero no está de más aprender unas cuantas palabras y expresiones en **catalán**. Actualmente, el catalán es el segundo idioma más usado en Cataluña después del español.

Gracias a su ubicación a orillas del Mediterráneo, Barcelona tiene un clima muy **agradable** con temperaturas **cálidas** en verano y **suaves** en invierno. Desde 1992 y con motivo de los **juegos Olímpicos** cuenta con 4,2 kilómertos de litoral divididos en nueve playas muy completas y limpias cerca del centro de la ciudad. Está a 120 kilómetros de la cadena montañosa de los **Pirineos** y de la **frontera con** Francia. Barcelona tiene uno de los **puertos** más importantes del Mediterráneo de gran significado para las actividades comerciales de la región.

Pases por donde pases, Barcelona parece ser un **museo al aire libre**. Pues, es conocida como la capital del Modernismo por tener sus calles llenas de **construcciones modernistas**. Unos ejemplos del máximo representante del Modernismo catalán, el arquitecto Antonio Gaudí, son la Casa Milà, de fachada **ondulada**, el Parque Güell y la famosa Sagrada Familia, que su arquitecto dejó sin terminar. Parte de este museo al aire libre lo completan tanto las **pirámides humanas**, durante las fiestas de la Mercé, como también el baile de la Sardana. Este baile es una tradición catalana que se ve en las tardes en alguna plaza de la ciudad.

Por ser una gran metrópoli histórica, pero al mismo tiempo moderna, tolerante y abierta, el turismo se ha convertido en uno de los **principales factores** de su economía, trayendo consigo a un **promedio** de 7 millones de turistas al año **provenientes** sobre todo **de** Estados Unidos, Francia, Italia, Gran Bretaña y alemanes. Vivir en Barcelona es **disfrutar** cada día del año **de** una ciudad llena de vida, con una intensa actividad cultural, comercial y **deportiva**.

la posiblidad de aparcamiento	Parkmöglichkeit
▸ aparcar *(c-qu)* algo	parken
el transporte urbano	öffentlicher Personennahverkehr
la red de metro	U-Bahn-Netz
las cercanías	Vorstadt-, Stadtrandgebiet
la discapacidad	Behinderung
la persona con discapacidad	Behinderte(r)
= el minusválido, la minusválida	
el abono	Zeitkarte, Dauerkarte
válido, válida	gültig
adquirir algo	etw. erwerben, etw. kaufen
la taquilla	Schalter
el estanco	Tabak(waren)laden
el quiosco	Kiosk
el billete sencillo	einfacher Fahrschein
mensual ▸ el mes	monatlich
el abono mensual	Monatskarte
anual ▸ el año	jährlich
el abono anual	Jahreskarte
castellano, castellana	kastilisch, spanisch
catalán, catalana	katalanisch
agradable	angenehm
cálido, cálida	heiß
suave	angenehm
los juegos Olímpicos	Olympische Spiele
los Pirineos	Pyrenäen
la frontera (con) *E frontier*	Grenze (zu)
el puerto	Hafen
el museo al aire libre	Freilichtmuseum
la construcción modernista ▸ construir	modernistisches Gebäude
(-y-) algo	
ondulado, ondulada	gewellt, wellenförmig
la pirámide humana	Menschenpyramide
el factor principal	Hauptgrund
el promedio	Durchschnitt
provenir de *(≈ venir)*	stammen aus, kommen von
disfrutar de algo	etw. genießen
deportivo, deportiva	sportlich
▸ el deporte	Sport

m9r5wx

2 Latinoamérica hoy en día

La situación geográfica

El relieve

América Latina, **situada** entre los océanos Atlántico y Pacífico, está **formada** por 18 países que, a su vez, se dividen en cuatro **conjuntos** geográficos: México, **América Central**, **América del Sur** y el **litoral** latinoamericano. Está unida a América del Norte por el **istmo** de América Central. Su **longitud** es de 12 000 km desde la **frontera** con los Estados Unidos hasta el **cabo de Hornos**. Panamá es la zona más **angosta** de América Latina con 46 km. La más **ancha** está formada por Ecuador, el Perú y Brasil con 4830 km. 》》》

el relieve	Relief
situado, situada	gelegen
formar algo	etw. bilden
formar parte de algo	einen Teil von etw. bilden
el conjunto	Einheit, Komplex
América Central = Centroamérica	Mittelamerika
América del Sur = Sudamérica	Südamerika
▸ América del Norte	Nordamerika
el litoral	Küstengebiet
el istmo	Landenge
la longitud	Länge **FF** lang; *largo, larga*
la frontera E *frontier*	Grenze
el cabo de Hornos	Kap Hoorn
angosto, angosta = estrecho, estrecha	eng, schmal
ancho, ancha ▸ la anchura	breit

v58uv7

Las **Montañas Rocosas**, que vienen desde los Estados Unidos, entran en México con el nombre de Sierra Madre Occidental y Oriental. Ahí se encuentra el famoso **pico** de Orizaba de 5700 **metros de altura** y el tan conocido **volcán** Popocatépetl. Esta **sierra** continúa en el sur de México, Guatemala y Honduras con el nombre de Transversal. Forma parte de un **sistema montañoso** que cruza **submarinamente** el mar Caribe, entrando en Sudamérica con el nombre de **Cordillera de los Andes**. Esta última presenta una gran **diversidad** de **superficie**. Ahí existen volcanes, **nevados**, numerosos **altiplanos** y hasta una **región desértica**: el **desierto** de Atacama donde hay zonas en las que hasta hoy no ha llovido nunca.

Las **costas** de América del Sur son, al contrario de las costas de las Antillas o de Centroamérica, bastante **rectas**. Por esta razón, los **puertos** son o bien **artificiales** o bien **bahías naturales**. Para llegar a la costa en las bahías, se tiene que transportar a los pasajeros o la **mercancía** por medio de **lanchas**, debido a que los barcos no pueden **atracar**.

La hidrografía

La hidrografía de Latinoamérica presenta **redes fluviales** de gran importancia. Una de ellas es la del río Amazonas que es el río más **caudaloso** del mundo con una longitud de 6518 km. La mayor parte del Amazonas es **navegable** (4300 km) y cruza la **selva lluviosa** más extensa del mundo. En la zona más estrecha del istmo de Panamá se encuentra, desde 1914, el canal de Panamá que es una **vía de navegación** interoceánica entre el mar Caribe y el océano Pacífico.

El clima

En Latinoamérica hay zonas climáticas muy diferentes. Por un lado está la región tropical que presenta dos **estaciones**: la **seca** en **verano** y la **húmeda** en **invierno**. En estas regiones la altura es la que **determina** realmente el clima. Tanto los contrastes de las estaciones como las horas de luz y la **oscuridad** varían según la proximidad a la **línea ecuatorial**.

En cambio, el clima del sur es como el de Europa, pero con las estaciones **al revés**. En julio es invierno y en diciembre es verano.

las Montañas Rocosas	Rocky Mountains
el pico	Gipfel
el metro de altura	Höhenmeter
de gran/poca altura	hoch/niedrig
el volcán	Vulkan
la sierra	Gebirgszug
el sistema montañoso	Gebirgssystem
▸ la montaña	Berg
submarino, submarina ▸ el mar	unterseeisch
la Cordillera de los Andes	Anden
▸ la cordillera	Gebirgskette
la diversidad E *diversity*	Vielfalt
la superficie	Oberfläche
el nevado	Schneefläche, schneebedeckter Berg-gipfel
el altiplano = la meseta	Hochebene
▸ alto, alta	hoch
▸ plano, plana	flach
la región desértica	Wüstengebiet
el desierto E *desert*	Wüste
la costa	Küste
recto, recta	steil; gerade
el puerto	Hafen
artificial E *artificial*	künstlich
la bahía	(Meeres)Bucht
natural ≠ artificial	natürlich
la mercancía E *merchandise*	Handelsware
la lancha	Beiboot, Barkasse
atracar *(c-qu)*	anlegen, festmachen
la hidrografía	Gewässerkunde
la red fluvial	Flussnetz
caudaloso, caudalosa	*(Fluss)* wasserreich
navegable	schiffbar
▸ navegar	(mit einem Schiff) fahren
navegar en Internet	im Internet surfen
la selva lluviosa	Regenwald
la vía de navegación	Schifffahrtsweg
la estación	Jahreszeit
seco, seca ≠ húmedo, húmeda	trocken
el verano	Sommer
húmedo, húmeda ▸ la humedad	feucht
el invierno	Winter
determinar algo	etw. festlegen, etw. bestimmen
la oscuridad ▸ oscuro, oscura	Dunkelheit
la línea ecuatorial	Äquatorlinie
▸ el ecuador	Äquator
al revés = al contrario	umgekehrt

v58uv7

La población de Latinoamérica

La composición étnica

América Latina presenta una población de una gran diversidad, debido a que su historia unió tres continentes en los últimos 500 años. Hoy se encuentra una **mezcla** de grupos compuesta por **indios**, **negros africanos** –traídos a América como esclavos– y **blancos**.

En cuanto a las mezclas tenemos:

* **mestizos**, una mezcla de **conquistadores** españoles con población **indígena**;
* **mulatos** que son la mezcla de blancos y negros;
* así como también blancos europeos y **orientales**.

Demografía y urbanización

El 90 por ciento del mundo **hispanohablante** (400 millones de personas) son latinoamericanos y el resto españoles, unos pocos filipinos y neoguineanos. El **crecimiento demográfico** es bastante significativo en América Latina, con un **promedio** de **natalidad** de 2,8. La población equivale a un 8,4 % de la población mundial.

La **distribución** de la población era y es muy desigual por el **éxodo rural** constante y el crecimiento urbano. Pues, varía entre regiones **sobrepobladas** con 5500 habitantes por km^2, como es el caso de la Ciudad de México, y regiones **subpobladas** con solo cuatro habitantes por km^2 en el este de Honduras y Nicaragua.

En muchos países de Latinoamérica los **campesinos** se han visto obligados a **abandonar** sus tierras para **trasladarse a** las grandes ciudades en busca de mejores **condiciones de vida**, de posiblidades de educación, de infraestructuras. Algunas razones para dejar sus tierras son la **desvalorización** de algunos productos en los **mercados mundiales**, la fuerte **represión** de los **terratenientes** o las **guerras civiles**. La velocidad de la migración hacia las ciudades provocó el **desempleo**, aparición de **vendedores ambulantes**, **robos**, **mendicidad**, entre otros.

Esta **aglomeración urbana** ha llevado a las grandes diferencias de clases. Las poblaciones pobres se instalan en **terrenos** sin autorización y forman grandes **barrios** llamados **cinturón de pobreza**, villas miseria, **favelas**, **tugurios**, etc. Por otro lado han nacido los barrios de los ricos con grandes casas con lujos inimaginables.

la población ᴇ *population*	Bevölkerung
la composición	Zusammensetzung
la mezcla ▸ mezclar algo	(Ver)Mischung
el indio, la india	Indianer(in)
el negro africano, la negra africana	Schwarzafrikaner(in)
el blanco, la blanca	Weiße(r)

el mestizo, la mestiza	Mestize, Mestizin, Mischling
el conquistador, la conquistadora	Eroberer(in)
▸ la conquista	Eroberung
el, la indígena	Eingeborene(r), Ureinwohner(in)
el mulato, la mulata	Mulatte, Mulattin
el, la oriental ▸ el oriente	Orientale, Orientalin, Asiate, Asiatin

la demografía	Bevölkerungswissenschaft
la urbanización	Bebauung, Urbanisierung
▸ urbano, urbana	städtisch
hispanohablante	Spanisch sprechend
el crecimiento demográfico	Bevölkerungswachstum
el promedio	Durchschnitt
la natalidad ≠ la mortalidad	Geburtenzahl, -rate

la distribución ᴇ *distribution*	Verteilung
el éxodo rural	Landflucht
sobrepoblado, sobrepoblada	überbevölkert
subpoblado, subpoblada	unterbevölkert, wenig bevölkert

el campesino, la campesina	Bauer, Bäuerin
▸ el campo	Acker, Feld
abandonar algo/a alguien ᴇ *to abandon sb*	etw./jdn aufgeben; etw./jdn verlassen
trasladarse (a)	sich begeben (in)
las condiciones de vida	Lebensbedingungen
la desvalorización	Wertminderung
▸ el valor	Wert
el mercado mundial	Weltmarkt
la represión ▸ reprimir a alguien	Unterdrückung
el, la terrateniente = el, la latifundista	Großgrundbesitzer(in)
la guerra civil	Bürgerkrieg
el desempleo ≠ el empleo	Arbeitslose(r)
▸ emplear a alguien	jdn beschäftigen, jdn einstellen
el vendedor, la vendedora ambulante	Straßenverkäufer(in)
el robo ▸ robar algo a alguien	Diebstahl
la mendicidad	Bettlertum, Betteln
▸ el mendigo, la mendiga	Bettler(in)

la aglomeración urbana	Ballungsgebiet
el terreno	Gebiet
el barrio	(Stadt)Viertel
el cinturón de pobreza = la villa miseria	Armenviertel
la favela	Slum
el tugurio	Slumviertel

v58uv7

Ciudad de México

Una metrópoli latinoamericana

Ciudad de México, México Distrito Federal o simplemente llamada México D. F., es la capital de México que **cuenta con** una superficie de 1479 kilómetros cuadrados y con más de 8 millones de habitantes. Es una de las metrópolis más extensas **a nivel mundial** por población y por **extensión**.

Por estar a una gran altura sobre el **nivel del mar** su clima va desde **templado** hasta **frío** húmedo y tundra **alpina** en partes más altas. Llueve mucho y la **temperatura máxima** es de unos 30 **grados centígrados** y la **mínima** puede llegar a 0°C en invierno.

Ya desde hace más de 20 años sabemos que Ciudad de México es una de las ciudades más **contaminadas** de la Tierra. De 60 mil muertes que hay en total al año, cuatro son causadas por la **polución del agua** o del **aire**, lo que afecta al **sistema respiratorio**.

Los mexicanos hacen varias cosas contra la **contaminación ambiental**, pero son solo proyectos simbólicos que no logran nada en concreto aparte de **concienciar** a los habitantes. Uno de estos proyectos se llama "Hoy no **circula**" y prohibe a los propietarios de los coches circular un día por semana. El problema es que los coches, en su gran mayoría, son muy viejos y solo funcionan con **gasolina con plomo** y esto es lo que realmente causa la contaminación.

A pesar de este gran problema, México es el décimo país a nivel mundial en número de llegadas de turistas **provenientes del** extranjero y el primero como **destino** dentro de América Latina. Y pues, México no es más ni menos que su capital. El centro de la ciudad está lleno de grandes **riquezas** históricas, como las construcciones de la **época colonial,** pero también hay **edificaciones** modernas y **murales** que **adornan edificios emblemáticos** como el Museo Nacional o el metro de la Ciudad Universitaria. Con tantos murales México D. F. parece un **museo al aire libre**.

Ciudad de México también tiene **zonas verdes** para descansar del **vaivén** de la ciudad. Chapultepec, con 800 hectareas es el **parque urbano** más grande de toda América Latina con restaurante, anfiteatro, bicibarcos, museo y zoológico. Xochimilco es un **parque ecoturístico** muy digno de ser conocido. Estos dos parques son tan solo dos de los muchos parques y zonas verdes que son los **pulmones** de la Ciudad de México.

la metrópoli	Weltstadt, Metropole
contar *(-ue-)* **con algo**	haben
a nivel mundial	weltweit
la extensión	Fläche, Ausdehnung

el nivel del mar	Meereshöhe, -spiegel
templado, templada	mild, gemäßigt
frío, fría ≠ caliente	kalt
alpino, alpina ▸ los Alpes	Alpen-, Berg-
la temperatura máxima ≠ la temperatura mínima	Höchsttemperatur
el grado centígrado	Grad Celsius
la temperatura mínima	Tiefsttemperatur

contaminado, contaminada	verschmutzt
▸ la contaminación	
la polución del agua	Wasserverschmutzung
la polución del aire	Luftverschmutzung
el sistema respiratorio	Atmungsorgane

la contaminación ambiental	Umweltverschmutzung
el medio ambiente	Umwelt
concienciar a alguien de algo	jdn für etw. sensibilisieren, jdm etw. bewusst machen
▸ la conciencia	Bewusstsein, Erkenntnis
circular	fahren
la gasolina con plomo	bleihaltiges Benzin

provenientes de *(≈ venir)*	stammen aus, kommen von
el destino ᴇ *destiny*	Ziel
la riqueza ▸ rico, rica	Reichtum
la época colonial	Kolonialzeit
la edificación	Gebäude, Bau
el mural	Wandbild
adornar algo	etw. schmücken
el edificio	Gebäude
emblemático, emblemática	vorzeigbar, Vorzeige-
el museo al aire libre	Freilichtmuseum

la zona verde	Grünfläche
el vaivén *(va y ven)*	Hin und Her
el parque urbano	Stadtpark
el parque ecoturístico	*Themenpark mit Schwerpunkt Naturschutz*
▸ el ecoturismo	Ökotourismus
el pulmón	Lunge
el pulmón verde	grüne Lunge

v58uv7

Vivir en Ciudad de México

Tal vez es un poco difícil de entender **a primera vista** cómo vivir en esta ciudad. Pues, aquí se vive en lo que se podría llamar una **armonía** caótica. Cuando se camina por las **aceras** del centro de la ciudad uno se encuentra con miles de vendedores ambulantes que venden gafas, ropa, comida, bebidas, chiclets, cigarrillos y muchas cosas más. Las calles, por su lado, están **repletas** de coches, o **carros** como se les llama en México, en los que no se reconoce ningún orden o ley y los **semáforos** solo sirven por si hay alguien que los quiera respetar. Para poder **abrirse paso** en esta **congestión**, se hace **sonar la bocina** y se sigue tranquilamente y de buen humor.

Lo que seguro resulta difícil es acostumbrarse a la **desigualdad** social que **salta a la vista** y que es la causa de la **inseguridad**, como en toda gran **urbe**. Lo importante es no andar con **joyas** caras, ni **descuidar** sus **pertenencias**, no meterse en ciertas **barriadas** y así todo funciona sin problema alguno. A pesar de ser el **centro de negocios**, gobierno y cultura de México, la gente es muy amable y parece tener siempre mucho tiempo cuando se les pregunta algo.

La **vida nocturna** en Ciudad de México es sorprendente. Comienza ya en la tarde y sigue hasta el **amanecer**. Se puede ir a pequeños clubes de salsa, a **conciertos en vivo**, al ballet, a la ópera, a escuchar música clásica, al teatro, o a ver **espectáculos** folclóricos como son los de los **mariachis**, típicos de la cultura mexicana, que en 2011 fueron inscritos por la UNESCO en la lista del **patrimonio cultural inmaterial de la humanidad**.

El transporte

El **sistema de transporte colectivo** en Ciudad de México es barato, eficiente y **cubre** todos los puntos de la capital. La mayoría de los habitantes de la Ciudad de México utilizan a diario la **red de transporte** para ir y venir del trabajo, colegio, universidad e inclusive en el tiempo libre. La Red de Transporte de Pasajeros (RTP) del Distrito Federal incluye el **tren ligero**, el **trolebús**, el metro, el metrobús, microbús, taxis, y **bicicletas**.

El Metro con sus 11 líneas, transporta a un promedio de 4 millones de **pasajeros** al día. Tiene una extensión de alrededor de 200 000 kilómetros y cuenta con 175 **estaciones**. 164 de ellas están dentro de la Ciudad de México, las once restantes salen de México D. F., pero se quedan en el Estado del mismo nombre.

Los taxis también son baratos y están por todas partes. Existen los taxis blancos especiales para ir al aeropuerto, y los negros, llamados Taxi Vip, con **chóferes bilingües** y uniformados.

El **medio de transporte** más reciente, individual y ecológico ha sido EcoBici, que ha tenido un **éxito rotundo.** En tres años ya se han inscrito más de 3 mil personas y se esperan muchas más en los años venideros. Otro medio de transporte ecológico que circula en el **casco histórico** de la ciudad son los ciclotaxis que funcionan con un motor eléctrico y con ayuda del **pedaleo**.

a primera vista ▶ ver algo	auf den ersten Blick
la armonía	Harmonie
la acera	Gehweg, Bürgersteig
repleto, repleta = lleno, llena	vollgestopft, prall gefüllt
estar repleto, repleta de algo	voll sein von/mit etw.
el carro = *(esp)* un coche	*(LA)* Auto
el semáforo	Ampel
abrirse paso	sich einen Weg bahnen
la congestión = el atasco	(Verkehrs)Stau
sonar la bocina	hupen

la desigualdad	Ungleichheit
saltar a la vista	ins Auge springen
la inseguridad ≠ la seguridad	Unsicherheit
la urbe ▶ urbano, urbana	Großstadt
las joyas	Schmuck
descuidar algo ≠ cuidar algo	unbeachtet lassen
la pertenencia ▶ pertenecer *(-zco)* algo a	Besitz
alguien	
la barriada ▶ el barrio	Stadtviertel
el centro de negocios	Handelszentrum

la vida nocturna	Nachtleben
el amanecer ≠ el crepúsculo	Morgengrauen
el concierto en vivo	Live-Konzert
el espectáculo	Schauspiel, Show
el mariachi	*mexikanische Volksmusikgruppe*
el patrimonio cultural inmaterial de la	immaterielles Weltkulturerbe
humanidad	

el sistema de transporte	Transportwesen, Verkehrswesen
colectivo, colectiva	gemeinschaftlich
cubrir algo	etw. abdecken
la red de transporte	Verkehrsnetz
el tren ligero ᴇ *light train*	Leichtbahn *(etwa: Straßenbahn)*
el trolebús	Oberleitungsbus
la bicicleta ᴇ *bicycle*	Fahrrad

el pasajero, la pasajera	Fahrgast
la estación	Haltestelle

el chófer	Chauffeur, Fahrer
bilingüe	zweisprachig
▶ la lengua	Sprache

el medio de transporte	Verkehrsmittel
el éxito rotundo	voller Erfolg
el casco histórico	Altstadt
el pedaleo ▶ pedalear	Pedal, in die Pedale treten

v58uv7

3 España y Latinoamérica en el pasado

📖 La romanización

Las dos fechas que **limitan** la presencia de Roma en la Península Ibérica son el año 218 **a. de C.** y el 414 **d. de C.** La primera señala la **destrucción** de Sagunto por Aníbal en la segunda **Guerra Púnica** y la consiguiente presencia del **ejército** romano en España. A partir de este momento comienza un periodo de **luchas** de dicho ejército para **dominar** toda la Península, vistas su situación estratégica y su riqueza. En 414 entró Ataúlfo en Barcelona **al frente de** los **visigodos**, lo que significó el fin de la **dominación** romana.

En las luchas **sangrientas** de la **conquista** romana **sobresale** la heroica **resistencia** de Numancia durante 14 años. Antes de **rendirse**, sus habitantes **incendiaron** la ciudad y **se dieron muerte arrojándose a las llamas** (133 a. de C.). Los últimos episodios de la conquista los dirigió personalmente el **emperador** Augusto. Con él empieza el periodo de romanización: la **incorporación** de la Península a la cultura romana. Pronto, las lenguas **celtíberas** fueron absorbidas por el latín, cuyo uso suponía **prestigio** y **pertenencia** al mundo de la influencia y de la cultura.

Otras razones de la rápida romanización de la Península Ibérica son:

* la **permanencia** de muchos soldados en tierras hispanas;
* sus **matrimonios** con mujeres indígenas;
* la **implantación** de la **administración** romana;
* y el **intercambio comercial** gracias a las numerosas **calzadas romanas.**

El dominio **visigodo**

En el **siglo** V distintos pueblos bárbaros **amenazan** las fronteras del Imperio Romano. De ellos pasan a España **suevos**, vándalos y alanos, pero son los visigodos, pueblo germánico, los que logran **imponerse a** la sociedad hispano-romana que encuentran en la Península. 》》

la romanización	Romanisierung
▸ romano, romana	römisch
limitar algo	etw. be-, eingrenzen
▸ el límite	Grenze
a. de C. (antes de Cristo)	vor Christus
d. de C. (despúes de Cristo)	nach Christus
la destrucción ▸ destruir *(-y-)* algo	Zerstörung
la Guerra Púnica	Punischer Krieg
el ejército	Heer, Armee
la lucha ▸ luchar contra/por alguien	Kampf
dominar algo/a alguien	etw./jdn beherrschen
al frente de	an der Spitze
el visigodo, la visigoda	Westgote(in)
la dominación	Herrschaft
sangriento, sangrienta	blutig; grausam
▸ la sangre	Blut
la conquista E *conquest*	Eroberung
sobresalir *(-g-)*	herausragen
la resistencia	Widerstand
▸ resistir algo/a alguien	etw./jdm widerstehen
rendirse *(-i-)*	sich ergeben, kapitulieren
incendiar algo	etw. anzünden
darse muerte = matarse/suicidarse	sich umbringen, sich das Leben nehmen
arrojarse a las llamas	sich in die Flammen werfen/sich stürzen
	zen
el emperador, la emperatriz	Kaiser(in)
la incorporación ▸ incorporar a alguien	Eingliederung
a/en algo	
celtíbero, celtíbera	keltiberisch
el prestigio	Ansehen, Prestige
la pertenencia ▸ pertenecer a algo *(-zco)*	Zugehörigkeit
la permanencia	Aufenthalt, Verbleiben
▸ permanecer *(-zco)* en algún lugar	irgendwo bleiben
el matrimonio	Ehe
la implantación ▸ implantar algo	Einführung
la administración E *administration*	Verwaltung
el intercambio comercial	Handelsverkehr
la calzada romana	Römerstraße
el dominio ▸ dominar algo/a alguien	Herrschaft
el siglo	Jahrhundert
amenazar *(z-c)* a alguien	jdn bedrohen
▸ la amenaza	Bedrohung
los suevos	Sueben *(westgermanisches Volk)*
imponerse a algo/alguien *(≈ poner)*	sich gegen etw./jdn durchsetzen

3ce7td

El rey Leovigildo es el verdadero **fundador** del **reino** visigodo de España, quien **establece una corte** esplendorosa en Toledo. Bajo su **reinado** y el de sus **sucesores**, se busca la igualdad de **derechos civiles** y de religión (católica). También se llega a crear **conciencia** de pueblo único: el pueblo español sigue hablando el latín vulgar. En las últimas **décadas** del siglo VII el reino se encuentra en proceso de **fragmentación** y **desequilibrio**. Las intrigas en tiempos del último rey visigodo Don Rodrigo (710-712) facilitan finalmente la invasión árabe.

La invasión árabe

En el año 711 **invaden** los árabes la Península Ibérica y la dominan durante los próximos siete siglos. **Ilusionados por** los primeros **éxitos**, **pretenden** entrar en Francia, pero allí **encuentran resistencia** y son **derrotados** en Poitiers, en una de las **batallas** más sangrientas de la historia: mueren unos 375 000 hombres. Así comenzó la **Reconquista**, en los **Pirineos**.

La primera gran derrota de los árabes fue la batalla de Covadonga en Asturias. Las dificultades del **terreno**, bien conocido por los asturianos, el **valor** del primer rey cristiano, Don Pelayo, y la ayuda de una fuerte **tempestad dan** la primera **victoria** a la Reconquista (722).

Los **enfrentamientos** entre los árabes y los reinos cristianos que se forman en Navarra, León-Castilla, Aragón-Cataluña no **cesan** hasta 1492 con la **caída** de la última corte árabe, Granada.

El siglo X y siguientes

Más de la mitad del siglo X lo llena el **régimen** del árabe Abderramán III. Consigue **elevar** al mayor **esplendor** y **poder** el reino árabe de España, llamado al-Ándalus. **Se proclama** Califa, jefe **supremo** religioso de los **musulmanes** de su reino; **rompe el lazo** religioso con el Califato de Bagdad e **instaura** el Califato Independiente de Córdoba (929). **Logra** hacer de Córdoba una ciudad tan **populosa** y magnífica como la misma Bagdad. Su población llegó a medio millón de habitantes. Abderramán III construyó palacios de **leyenda** oriental, una biblioteca de 400 000 libros, escuelas (eran pocos los que no sabían leer y escribir en el sur español)… Por todo esto se le conoce a este periodo como el **siglo de oro** de la cultura árabe en España. 〉〉〉

el fundador, la fundadora	Gründer(in)
▸ fundar algo	etw. gründen
el reino ▸ el rey, la reina	Königreich
establecer *(-zco)* **algo**	etw. gründen
establecer una corte	(Königs)Hof/Gefolge gründen
el reinado ▸ reinar	(Vor)Herrschaft
el sucesor, la sucesora	Nachfolger(in)
el derecho civil	Bürgerrecht
la conciencia ᴇ *conscience*	Bewusstsein
la década	Jahrzehnt
la fragmentación	Zerstückelung
el desequilibrio ≠ el equilibrio	Ungleichgewicht

invadir algo ▸ la invasión	etw. überfallen, einmarschieren
ilusionado, ilusionada por algo	von etw. getäuscht
▸ hacerse ilusiones acerca de/sobre	sich falsche Vorstellungen über etw. machen
el éxito	Erfolg
pretender hacer algo	beabsichtigen etw. zu tun
encontrar resistencia	auf Widerstand stoßen
derrotar a alguien	jdn schlagen, jdn besiegen
▸ la derrota	Niederlage
la batalla	Schlacht, Kampf
la Reconquista	*Rückeroberung Spaniens*
los Pirineos	Pyrenäen

el terreno	Gebiet, Terrain
el valor	Mut
la tempestad	Unwetter, Sturm
dar la victoria a alguien ᴇ *victory*	jdm den Sieg schenken

el enfrentamiento ▸ enfrentar a alguien	Zusammenstoß, Konfrontation
cesar = parar	aufhören
la caída	Fall
▸ caer	fallen

el régimen ! *(pl.)* **los regímenes**	Regierung, Herrschaft
elevar algo/a alguien = subir algo/a alguien	etw./jdn erhöhen
el esplendor	Glanz, Pracht
el poder	Macht
proclamarse algo	sich zu etw. erklären
proclamarse rey	sich zum König ernennen
supremo, suprema	höchste (r, s)
el musulmán, la musulmana	Muslim, Muslimin
romper el lazo	Bindung (ab)brechen
instaurar algo	etw. errichten, etw. (be)gründen
lograr algo = conseguir *(-i-/gu-g)* algo	etw. erreichen
populoso, populosa	dicht bevölkert
! popular	*beliebt*
la leyenda	Legende
el siglo de oro	goldenes Jahrhundert

3ce7td

Tras Abderramán III las **discordias internas provocaron la disgregación** del Califato en pequeños **reinos de Taifas**, a modo de **feudalismo**. Hubo hasta 27 reinos de Taifas, de los cuales el de Sevilla se convirtió en el más poderoso, **testigo** de ello es la Giralda. **Fruto** de los casi ocho siglos de la presencia de musulmanes en España son las casi 4000 palabras árabes que han quedado incorporadas al español, así como el **arte mudéjar** y **mozárabe**.

Un ejemplo del arte mudéjar

1492

Ya en la **Baja Edad Media**, los tres reinos **cristianos**, Castilla, Navarra y Aragón-Cataluña, están cada vez más **fortalecidos**. El año 1476 **señala** en España **el fin** de la Edad Media: Isabel de Castilla se casa con Fernando de Aragón-Cataluña. Es el matrimonio de los Reyes Católicos y el comienzo de la **Edad Moderna**. En sus proyectos entra la **unidad nacional**, lo que logran con la **unión** de sus reinos, con la anexión del reino de Navarra, y con la conquista de Granada, el último reino árabe en la Península. Después de once años de **cerco** al reino granadino, se consigue el **destierro** de su último rey, Boabdil. El 2 de enero de 1492 **se dio por acabada** la Reconquista.

En 1478 los Reyes Católicos fundaron la Inquisición. Se trataba de un **tribunal eclesiástico** creado para **castigar** los **delitos** contra la **fe**. Con la Inquisición **empeora** la situación de los **judíos** en la Península. Finalmente, los Reyes Católicos **dictan el decreto** de su **expulsión** en 1492. 〉〉

las discordias internas	innere Unstimmigkeiten/Zwietracht
provocar *(c-qu)* la disgregación	Spaltung hervorrufen/provozieren
el reino de Taifa	Taifa *(Teilreich im islamischen Spanien)*
el feudalismo	Lehnswesen, Feudalismus
ser testigo de algo	von etw. zeugen
▸ el/la testigo	Zeuge(in)
el fruto	Ergebnis, Produkt
el arte mudéjar	Mudejarkunst *(Kunst der unter christlicher Herrschaft lebenden Mauren)*
mozárabe	mozarabisch *(unter maurischer Herrschaft lebende Spanier)*

la Baja Edad Media	frühes Mittelalter
cristiano, cristiana	christlich
fortalecer *(-zco)* algo ▸ fuerte	etw. kräftigen, etw. stärken
señalar el fin	auf das Ende hinweisen
la Edad Moderna	Moderne
la unidad nacional	nationale Einheit
la unión ▸ unir algo	Verbindung, Zusammenfügung
el cerco ▸ cercar *(c-qu)* algo	Belagerung
el destierro	Verbannung
desterrar *(ie)* a alguien del país	jdn des Landes verweisen
darse por acabado	als beendet betrachten

el tribunal eclesiástico	kirchliches Gericht
castigar algo/a alguien ▸ el castigo	etw./jdn bestrafen
el delito	Straftat, Delikt
la fe = la creencia	Glaube
la fe en Dios	Glaube an Gott
empeorar ▸ peor ≠ mejorar	(sich) verschlechtern
el judío, la judía	Jude/Jüdin
dictar un decreto	Gesetz erlassen, verabschieden
la expulsión ▸ expulsar a alguien	Vertreibung

3ce7td

Pero el **acontecimiento** más importante de este reinado, y que llega a tener dimensiones universales, es el **descubrimiento** de América. Tras la **toma** de Granada, los Reyes Católicos **ultiman las negociaciones** con Colón. Este **se** puede **nombrar gobernador** de todas las tierras que descubra, mientras que los Reyes quieren la **responsabilidad** oficial y económica. La expedición sale del puerto de Palos (Huelva) el 3 de agosto de 1492 con las tres **carabelas**: La Niña, La Pinta y La Santa María. Y en la **madrugada** del 12 de octubre **desembarcan** en las Antillas, en la isla Guanahaní, a la que Colón llamó San Salvador.

Los conquistadores

Las expediciones de la conquista eran organizadas por **particulares**, que **reclutaban** su propia gente, y pagaban viajes y **empresa**. Dejaban las tierras dominadas bajo la **soberanía** de los reyes españoles, que **recompensaban** a los conquistadores con **honores**, tierras y partes del **botín**.

Hernán Cortés en México

Este extremeño, de padres ricos, había empezado a estudiar en Salamanca, pero, en el ambiente de viajes y aventuras, **se embarcó** hacia el **Nuevo Mundo** en 1504. En 1519 marchó sobre México, partiendo de Cuba al frente de una **flotilla** de 11 **naves**, con unos 600 hombres, unas pocas **armas de fuego** y 16 caballos. Después de los primeros **enfrentamientos bélicos** con los **indígenas**, estos le **hicieron entrega de** veinte mujeres jóvenes, entre ellas Malinche, una princesa maya, que le **sirvió de intérprete** y más tarde fue su **pareja**. Después de conquistar Tlaxcala, que constituía un Estado independiente, llegaron a Tenochtitlán, la capital del imperio azteca. Su emperador, Moctezuma, **se declaró súbdito** del rey español confundiendo a los españoles con dioses.

Pero la conquista no fue fácil. Tras las **revueltas** y **sublevaciones** de los indígenas en la "Noche Triste", Cortés **se vuelve contra** la capital. Con la ayuda de sus **confederados** indios **tomó** la capital **por asalto**, **hizo prisionero** y **quemó** vivo a Cuauhtémoc, el sucesor de Moctezuma. Con la conquista de la capital quedó **sometido** todo el imperio y Cortés fue nombrado gobernador.

el acontecimiento ▸ acontecer algo	Ereignis, Geschehen
el descubrimiento ▸ descubrir algo *(descubierto)*	Entdeckung
la toma	Einnahme
ultimar las negociaciones ▸ E *negotiation*	Verhandlungen abschließen/zum Abschluss bringen
▸ último, última	letzte (r, s)
nombrarse gobernador, gobernadora	sich zum Gouverneur/zur Gouverneurin ernennen
la responsabilidad ▸ E *responsibility*	Verantwortung
la carabela	Karavelle *(2- bis 4-mastiger Segelschifftyp des 14. bis 16. Jahrhunderts)*
la madrugada	(Morgen)Dämmerung, Tagesanbruch
desembarcar *(c-qu)* ▸ el desembarco	landen

el conquistador, la conquistadora	Eroberer(in)
el, la particular	Privatperson
reclutar a alguien	jdn rekrutieren
la empresa	Vorhaben, Unternehmung
la soberanía	Hoheit(sgewalt), Souveränität
recompensar a alguien ▸ la recompensa	jdn (be)lohnen
el honor	Ehre
▸ honorable	ehrenhaft
el botín	(Kriegs)Beute

embarcarse *(c-qu)* ≠ desembarcar *(c-qu)*	sich einschiffen; reisen
el Nuevo Mundo	Neue Welt
la flotilla ▸ la flota	kleine Flotte
la nave	Schiff
▸ navegar *(g-gu)*	mit dem Schiff fahren
el arma de fuego ! el arma *(f.)*	Schusswaffe
el enfrentamiento bélico	kriegerischer Zusammenstoß
el, la indígena	Eingeborene(r), Ureinwohner(in)
hacer entrega de algo = entregar *(g-gu)* algo	übergeben, ausliefern
servir *(-i-)* **de intérprete**	als Dolmetscher(in) dienen
la pareja	Gefährte(in)
declararse algo	sich zu etw. erklären
el súbdito, la súbdita	Untertan(in)

la revuelta	Revolte, Krawall
la sublevación	Aufstand
volverse contra algo/alguien	sich gegen etw./jdn wenden
el confederado, la confederada	Verbündete(r)
tomar por asalto	in einem Handstreich einnehmen
hacer prisionero, prisionera a alguien	jdn gefangen nehmen
quemar algo/a alguien	etw./jdn verbrennen
someter *(≈ meter)* **algo/a alguien**	etw./jdn unterwerfen

3ce7td

Pizarro conquista el Perú

Francisco Pizarro, **de infancia pobre**, embarcó para el Nuevo Mundo a las órdenes de otro extremeño, Núñez de Balboa, a quien acompañó en el descubrimiento del océano Pacífico (1515). En esta expedición recibieron de los **guías** las primeras **noticias** del Perú, que describían aquel país como "El Dorado" o tierra del oro.

En 1531 Pizarro partió con sus cuatro hermanos, tres naves y unos 200 hombres de Panamá. Sin esperar los **refuerzos**, se adentró en el Perú. **Aprovechó** la **guerra civil** entre los **príncipes** Huáscar y Atahualpa para **hacerse dueño del** país. También parece que le **favoreció** la **erupción** del volcán Cotopaxi, que los indígenas interpretaron como la **cólera** de los dioses por **oponerse a** la dominación española.

Atahualpa fue hecho prisionero por Pizarro y, para conseguir su **libertad**, el inca le ofreció llenar de oro la habitación en la que estaba. Sus **mensajeros entregaron** a Pizarro grandes cantidades de oro y plata, pero Atahualpa no **recobró** la libertad. Fue acusado de **traición** por haber ordenado la muerte de su hermano Huáscar, **condenado a muerte** y **ejecutado** por orden de Pizarro.

En general, durante la **colonización**, los españoles **trataron** de **imponer** en los diversos **territorios** conquistados las estructuras económicas, las instituciones, las formas de vida y las creencias propias de los reinos españoles. Esto llevó indudablemente a la **destrucción** de la cultura **autóctona** y a la **explotación** de los indígenas. Muchos de ellos murieron a causa de enfermedades llevadas por los conquistadores, trabajando en la "mita", un sistema de **trabajo forzado**, o en la "encomienda", un sistema de carácter feudal, en el cual los indígenas eran **siervos** de los conquistadores y a cambio **recibían** su **protección**. También es cierto que hubo voces de **autocrítica**, especialmente la de Fray Bartolomé de las Casas, quien descubrió y **denunció abusos** contra los indígenas.

de infancia pobre	aus armem Elternhaus
la infancia ≠ la vejez	Kindheit
el, la guía	Führer(in)
la noticia	Nachricht, Hinweis
el refuerzo	Verstärkung
▶ la fuerza	Kraft, Stärke
aprovechar algo/a alguien	sich etw./jdn zunutze machen
▶ aprovecharse de alguien	jdn ausnutzen
la guerra civil	Bürgerkrieg
el príncipe, la princesa	Prinz, Prinzessin
hacerse dueño de algo	sich einer Sache bemächtigen
favorecer (-zco)	begünstigen, helfen
▶ un favor	Gefallen
la erupción	Ausbruch
la cólera	Jähzorn, Wut
! el cólera	*Cholera*
oponerse a algo/alguien (≈ poner)	sich etw./jdm widersetzen
▶ la oposición	
la libertad E *liberty*	Freiheit
el mensajero, la mensajera	Bote, Botin
entregar (g-gu) **algo a alguien**	jdm etw. abliefern, jdm etw. übergeben
recobrar algo	etw. wieder-/zurückbekommen
la traición ▶ traicionar a alguien	Verrat
condenar a muerte a alguien	jdn zum Tode verurteilen
▶ la condena	
ejecutar a alguien E *to execute sb*	jdn hinrichten
la colonización	Kolonisierung
tratar de hacer algo	versuchen etw. zu tun
imponer (≈ poner) **algo a alguien**	jdm etw. aufzwingen
el territorio E *territory*	Gebiet
la destrucción E *destruction*	Zerstörung
autóctono, autóctona	alteingesessen, einheimisch
la explotación	Ausbeutung
! explotar	*explodieren*
el trabajo forzado	Zwangsarbeit
el siervo, la sierva	Sklave, Sklavin, Diener(in)
recibir protección	unter Schutz stehen
la autocrítica	Selbstkritik
denunciar algo ▶ la denuncia	etw. öffentlich verurteilen
el abuso ▶ abusar de alguien	Missbrauch

3ce7td

La cultura precolombina

Cuando los conquistadores llegaron a América, encontraron pueblos y **tribus** que habían conseguido un alto nivel cultural. Los mayas, que habían **edificado** grandes ciudades y magníficos templos comparables a las pirámides egipcias en la Península de Yucatán, se habían **establecido en** ella hacia el siglo V de nuestra era, **procedentes de** Centroamérica. Su **Gobierno** era teocrático o **sacerdotal**; adoraban a un dios supremo y a otras **divinidades inferiores, ofreciéndoles sacrificios humanos**. Tenían grandes conocimientos en astrología, de ahí que desarrollaran un calendario y pudieran **predecir eclipses solares** y **lunares**.

Los aztecas procedentes del Norte se habían establecido en Anáhuac en el siglo XIII, en sus lagunas **fundaron** un siglo más tarde la ciudad de Tenochtitlán. Sus **jefes guerreros sembraron el terror** y la **devastación. Se apropiaron de** la cultura anterior, la tolteca, imponiéndole un carácter guerrero y un culto **sanguinario**. Su cultura se caracterizaba por una **educación obligatoria**, leyes con **castigos** muy **severos** y **profundos** conocimientos en astronomía. Su arte **se entrecruza con** el maya y ambos se influyen.

Los restos arquitectónicos que nos quedan nos muestran obra de **cantería** con **columnas** bajas y robustas. La **construcción principal** es el templo. En Yucatán el **monumento** más célebre es el **castillo-templo** de Chichén Itzá.

Los reyes del antiguo imperio del Perú se llamaban incas y eran verdaderos **maestros** en construir muros de piedra, **réplicas** de animales y plantas o baños incas. Las ruinas más antiguas son las del observatorio de Tiahuanaco, junto al lago Titicaca, a más de 4000 m de altura.

Otros pueblos son los chibchas, guaraníes, caribes, changos, araucanos …

El siglo XVI

Carlos I de España y V de Alemania, nieto de los Reyes Católicos y del emperador Maximiliano, pretende formar el **Sacro Imperio Romano Germánico**, al ser el sucesor a la vez del reino de España y del Imperio Alemán. Esta idea **fracasa** por la oposición francesa, turca y de los príncipes alemanes y lleva a una política de constantes guerras. Con Carlos I comienza el reinado de la **dinastía** de los Habsburgo en España que durará hasta el siglo XVIII.

precolombino, precolombina	präkolumbisch (*Zeit vor der Entdeckung Amerikas durch Kolumbus*)
la tribu	Stamm
edificar *(c-qu)* **algo**	etw. (er)bauen
▸ el edificio	Gebäude
egipcio, egipcia	ägyptisch
establecerse *(-zco)* **en algún lugar**	sich irgendwo niederlassen
proceder de	kommen aus
el Gobierno	Regierung
! el gobierno	*Führung, Leitung*
sacerdotal	priesterlich
adorar a alguien ᴇ *to adore sb*	jdn anbeten
la divinidad inferior	niedere Gottheit
ofrecer *(-zco)* **sacrificios humanos**	Menschenopfer bringen
predecir *(≈ decir)* **algo**	etw. vorhersagen
el eclipse solar ▸ el sol	Sonnenfinsternis
el eclipse lunar ▸la luna	Mondfinsternis

fundar una ciudad	eine Stadt gründen
el jefe guerrero	Kriegsherr
sembrar el terror	Angst verbreiten
la devastación ▸ devastar algo	Verwüstung
apropiarse de algo	sich etw. bemächtigen
sanguinario, sanguinaria	blutrünstig, grausam
▸ la sangre	Blut
la educación obligatoria	Schulpflicht
el castigo ▸ castigar *(g-gu)* a alguien	Strafe, Bestrafung
severo, severa	streng
profundo, profunda	tiefgehend, profund
entrecruzarse *(z-c)* **con algo**	(sich) mit etw. kreuzen
▸ la cruz	Kreuz

la cantería	Steinhauerei
la columna	Säule
la construcción principal	Hauptgebäude
▸ construir *(-y-)* algo	etw. erbauen
el monumento	Denkmal
el castillo-templo	Tempel-Burg

el maestro, la maestra	Meister(in)
la réplica	Replik, Nachbildung

el Sacro Imperio Romano Germánico	Heiliges Römisches Reich deutscher Nation
fracasar ▸ el fracaso	scheitern
la dinastía	Dynastie

3ce7td

La Armada Invencible

Felipe II (1527–1598) quiso **vengarse de** la **actitud** favorable de la reina Isabel de Inglaterra hacia el **levantamiento** de los Países Bajos contra el régimen español. Aprovechando el **poder marítimo** que le había dado la conquista de Portugal, decidió enviar una gran flota contra Inglaterra. Razones no le faltaban pues la reina se había convertido en **ardiente defensora** del anglicanismo. Además, Isabel protegía a los piratas que **atacaban** las naves españolas que venían del Nuevo Mundo y **compartía** el botín de estos **atracos** con el famoso pirata Francis Drake.

De esta forma, en 1588, Felipe II decidió destruir este **nido** de piratas y reunió en Lisboa hasta 130 **navíos**, cerca de 2500 cañones y 60 000 hombres. Pero la enorme expedición fue un fracaso. Las tempestades y las naves inglesas bajo la **dirección** de Drake derrotaron a la Invencible cuyos restos llegaron a la Península por distintos caminos. Se dice que Felipe II comentó al tener noticia del **desastre**: "Yo envié mis naves a luchar con los hombres, no contra los elementos".

La Guerra de Sucesión

Durante el siglo XVII reinaron Felipe III (hasta 1621), Felipe IV (hasta 1665) y Carlos II (hasta 1700). Este fue un siglo de decadencia gradual: los **extensos** dominios de Felipe II en "los que no **se ponía el sol**" fueron disminuyendo, **en beneficio** sobre todo **del Rey Sol**, Luis XIV de Francia.

Se acababa la vida de Carlos II sin sucesión de ninguna de sus dos esposas. Así pues, la corte de España se convirtió en centro de intrigas y **pretendientes**. Carlos II **dejó** en su testamento como heredero de todos sus Estados a Felipe de Borbón, **Duque** de Anjou y nieto de Luis XIV (1700). La Casa de Austria, después de luchar durante dos siglos contra Francia, **acabó por** entregar la **corona** a un príncipe francés.

Por otra parte, el emperador alemán Leopoldo se preparaba para defender con las armas los derechos de la Casa de Austria, en favor de su hijo el **archiduque** Carlos, con el **apoyo** de Inglaterra, Holanda y Portugal. Así comenzó la Guerra de Sucesión que dejó España dividida en 2 partes: la tendencia de la antigua Castilla hacia Felipe y la parte de Aragón-Cataluña hacia Carlos.

La marina inglesa **recorrió** las costas españolas para apoyar a los pueblos en favor de Carlos y, finalmente, **se apoderó** por sorpresa **de** Gibraltar. La guerra duró hasta 1713 y en la **Paz** de Utrecht Felipe V es **proclamado rey**. Con él comienza el reinado de la casa de Borbón en España.

la Armada Invencible	*unbesiegbare spanische Flotte*
vengarse de algo	sich an/wegen etw. rächen
▸ la venganza	Rache
la actitud	Haltung
el levantamiento	Aufstand
el poder marítimo	Seemacht
ardiente	glühend
el defensor, la defensora ▸ **defender** *(-ie-)*	Verteidiger(in)
a alguien	
atacar *(c-qu)* **algo/a alguien** ▸ el ataque	etw./jdn angreifen
compartir algo con alguien	etw. mit jdm teilen
▸ la parte	Teil
el atraco ▸ atracar algo/a alguien	(Raub)Überfall
el nido	Nest
el navío = la nave	Schiff
la dirección	Führung
el desastre ▸ E *disaster*	Katastrophe
la Guerra de Sucesión	Erbfolgekrieg
extenso, extensa	weit, ausgedehnt
el sol se pone	die Sonne geht unter
▸ **la puesta del sol**	Sonnenuntergang
en beneficio de alguien = en favor de	zugunsten von jdm
alguien	
▸ el beneficio	Nutzen
el Rey Sol	Sonnenkönig
el, la pretendiente	Thronanwärter(in)
dejar algo a alguien	jdm etw. hinterlassen
el duque, la duquesa	Herzog(in)
acabar por hacer algo	schließlich etw. machen
la corona	Krone
el archiduque, la archiduquesa	Erzherzog(in)
el apoyo = la ayuda	Hilfe, Unterstützung
recorrer algo	etw. be-, durchreisen
apoderarse de algo	sich etw. bemächtigen
▸ el poder	Macht
la paz ≠ la guerra	Friede
proclamar a alguien rey, reina	jdn zum König/zur Königin ausrufen

3ce7td

El siglo XIX

La guerra de la Independencia

Carlos IV (1788–1808) fue un rey **mediocre**. Bajo la **presión** de Napoleón **renunció al trono**. Él y su hijo, Fernando VII, fueron hechos prisioneros por Napoleón en Bayona. Los ejércitos de Francia **ocuparon** entonces toda la Península. Napoleón ordenó que saliera de España toda la familia **real**. Esta orden produjo el memorable levantamiento del "2 de mayo" (1808) y provocó una **tremenda** lucha entre el pueblo de Madrid y los soldados franceses. Había comenzado la Guerra de la Independencia (1808–1814) en la cual los españoles **se liberaron** finalmente **del invasor** extranjero.

La Constitución de Cádiz

Con la familia real en Bayona y con las **tropas** napoleónicas en Madrid, había un **vacío de poder** que el pueblo llenó espontáneamente con la creación de un nuevo tipo de autoridad, las **Juntas**; en septiembre de 1808 se creó la Junta Central, **instalada** en Cádiz. Aparecieron entre sus **diputados** dos tendencias: una "liberal", que deseaba convertir la **monarquía absoluta** en **monarquía constitucional**; y la "**realista**", que rechazaba toda **innovación** política. **Triunfó** la idea liberal que **modeló** la nueva Constitución, publicada el 19 de marzo de 1812. Ese día se celebra San José, a los "Josés" también se les llama "Pepe", de ahí que a la Constitución se la llamara coloquialmente La Pepa; todavía hoy en día se utiliza la expresión "viva la Pepa".

Esta Constitución se caracterizó por ser de origen popular, por ser la más extensa, con sus 384 artículos; y por ser muy **rígida**. Algunos de los principios liberales eran la **supresión** de **privilegios de nobleza**, la **abolición** de la Inquisición y de la **tortura**, así como la **eliminación** de las pruebas de **limpieza de sangre** y el **reconocimiento** de la **libertad de prensa**. Esta Constitución es el símbolo del liberalismo español.

Las Guerras Carlistas

Fernando VII regresa de su exilio en Francia y es proclamado rey de España. Durante su reinado se distinguen tres periodos: la **restauración absolutista** que significó la abolición de la Constitución; el "trienio liberal" con tres años de régimen liberal; y la vuelta al absolutismo en la "década ominosa". La oposición entre absolutismo y liberalismo caracteriza las Guerras Carlistas a lo largo del siglo XIX, entre los dos **aspirantes al trono**: Carlos, hermano de Fernando VII, e Isabel, hija del rey. Los Carlistas defienden la religión católica y el absolutismo y se enfrentan a los Isabelinos o liberales. Finalmente reinará Isabel II hasta 1868.

la independencia E *independence*	Unabhängigkeit
mediocre	mittelmäßig
la presión	Druck
renunciar al trono	abdanken
ocupar algo	etw. besetzen
▸ la ocupación	Besatzung
real	königlich, Königs-
	FF verdadero, verdadera; *real*
tremendo, tremenda	schrecklich; riesig
liberarse de algo ▸ la liberación	sich von etw. befreien
el invasor, la invasora	Eindringling; Eroberer(in)

la Constitución ▸ E *constitution*	Verfassung
! la constitución	*Gründung, Bildung; Konstitution*
las tropas	Truppen
el vacío de poder	Machtvakuum
▸ el vacío	Leere, Vakuum
la junta	Ausschuss, Junta
instalar algo	etw. unterbringen
el diputado, la diputada	Abgeordnete(r)
la monarquía absoluta	absolutistische Monarchie
la monarquía constitucional	konstitutionelle Monarchie
realista	royalistisch, königstreu
la innovación ▸ nuevo, nueva	(Er)Neuerung
triunfar	triumphieren, siegen
modelar algo	etw. formen

rígido, rígida	streng
la supresión	Aufhebung
el privilegio de nobleza ▸ noble	Adelsprivileg
la abolición	Abschaffung
la tortura E *torture*	Folter
la eliminación	Beseitigung
la limpieza de sangre	Reinheit der Abstammung
el reconocimiento ▸ reconocer *(-zco)* algo	Anerkennung
la libertad de prensa	Pressefreiheit

la restauración absolutista	Wiedereinführung des Absolutismus
el, la aspirante al trono	Thronanwärter(in)

3ce7td

La independencia de la América española

A partir de la Revolución Francesa (1789), por diversas circunstancias en Europa y España, fue difícil controlar las **posesiones** en América. El general San Martín confirma la independencia de Argentina con la victoria en Maipú (1818) y derrota a las tropas españolas en Chacabuco, **asegurando** la independencia de Chile. En 1821 entra en Lima: el Perú **se declara independiente** en 1824 y Bolivia en 1825. Simón Bolívar derrota a las tropas españolas en Boyacá y es **elegido** presidente de Colombia. Sucre, **lugarteniente** de Bolívar, **incorpora** Ecuador a la Gran Colombia. En 1830 se crea la República de Ecuador. En 1823 los territorios de América Central **constituyen** las Provincias Unidas de Centroamérica y México se convierte en **república federal**. Y, por último, en diciembre de 1898 se **firma la Paz** de París en la que España **renuncia a** Cuba y **cede a** Estados Unidos sus últimas colonias, Filipinas y Puerto Rico.

La independencia de México

La Guerra de la Independencia comenzó el 16 de septiembre de 1810 (con el conocido grito de Dolores). Al igual que otros movimientos revolucionarios de América Latina, la **Ilustración** y los movimientos liberales **ejercieron una gran influencia**. Bajo este **marco** ideológico la élite **ilustrada** comenzó a cuestionar la política que España establecía en sus colonias. El **movimiento independentista** tuvo varios **líderes** que **reivindicaban** sobre todo la abolición de la **esclavitud**.

La independencia de México se consumó el día 27 de septiembre de 1821. A partir de este momento, el territorio de Nueva España (así se conocía a México) pasó a ser el Imperio Mexicano hasta 1823. Entonces se conformó la república federal.

A principios del siglo XX (1906–1907) algunos **estallidos** sociales **pusieron de manifiesto** el **malestar** con el régimen creando así una nueva revolución mexicana. Se sumaron a la rebelión numerosos grupos de diversas clases sociales. Entre los líderes de la Revolución se encuentran Álvaro Obregón, Francisco Villa, Venustiano Carranza y Emiliano Zapata. En 1917 Carranza **promulgó** la Constitución que rige actualmente en México. El conflicto entre facciones **culminó** con el asesinato de Carranza (Tlaxcalantongo, 1920), Zapata (Chinameca, 1919) y Villa (Parral, 1923).

la posesión ▸ poseer algo	Kolonien; Besitz
asegurar algo ▸ seguro, segura	etw. sichern
declararse independiente	sich unabhängig erklären
elegir *(-i-; g-j)* **a alguien**	jdn wählen
▸ la elección	Wahl
el, la lugarteniente	Statthalter; Stellvertreter
▸ tener lugar	stattfinden
incorporar algo	etw. eingliedern, etw. aufnehmen
constituir *(-y-)*	bilden
la república federal	Bundesrepublik
firmar la paz	Frieden schließen
renunciar a algo	auf etw. verzichten
≠ exigir algo	etw. verlangen
ceder algo a alguien	jdm etw. abtreten, jdm etw. überlassen

la Ilustración	*(Zeitalter der)* Aufklärung
ejercer una gran influencia	großen Einfluss ausüben
el marco	Rahmen, Atmosphäre
ilustrado, ilustrada	aufgeklärt
el movimiento independentista	Unabhängigkeitsbewegung
el, la líder	Führer(in)
reivindicar algo = pedir algo	etw. fordern
la esclavitud	Sklaverei

el estallido ▸ estallar	Ausbruch
poner algo de manifiesto	etw. zum Ausdruck bringen, etw. feststellen
el malestar	Unbehagen, Unruhe
▸ estar mal	schlecht gehen
promulgar algo	etw. verkünden
culminar	Höhepunkt erreichen
▸ el colmo	Gipfel
¡Esto es el colmo!	Das ist doch der Gipfel!

3ce7td

La Segunda República

La Segunda República Española (1931–1939) fue el segundo periodo en la historia de España en el que la elección del **Jefe del Estado** y del Jefe del Gobierno **estuvo en manos** del pueblo. El anterior periodo corresponde a la Primera República Española, que solo duró once meses (1873–1874).

La Segunda República comienza el 14 de abril de 1931, después de la salida del país del rey Alfonso XIII. El mundo está en plena crisis económica de 1929, y **surgen**, por todas partes, dictaduras. En España, en cambio, existe un profundo **espíritu democrático** en toda la sociedad.

Lo más llamativo de la república es el **cambio social** que se produce en España. No fue un cambio automático de la estructura social del país, pero se consiguió que la **oligarquía burguesa**, la aristocracia y los terratenientes **perdieran el control** de sus órganos de gobierno, conservando el poder económico. También la Iglesia, a pesar del anticlericalismo de muchos republicanos, **se instala en el poder**.

Las **Comunidades Autónomas**: Cataluña

Antes que en Madrid, se **proclama la República** en Cataluña y en el País Vasco. Los nacionalismos son muy poderosos en esas fechas. Desde el primer momento se recoge en la Constitución la promesa de dar Gobiernos autónomos. Los catalanes proclamarán el Estatuto de Nuria y **accederán a** la **autonomía** el 9 de septiembre de 1932. La **cooficialización** del catalán introducida por el estatuto de autonomía de Cataluña permitió el uso lingüístico de los dos idiomas en la administración y se permitió el catalán en la enseñanza.

El País Vasco también tendrá su **Estatuto de Autonomía**, pero ya en plena Guerra Civil (1936), por lo que nunca **se llevó a la práctica**. En las demás regiones hubo proyectos de estatutos de autonomía, como en Galicia o Andalucía, pero nunca llegaron a **aprobarse**.

La Guerra Civil y el **periodo franquista** (1939–1975) supusieron, tanto en Cataluña, como en el resto de España, la anulación de las libertades políticas. Estas no fueron completamente recuperadas hasta la **transición democrática** y la **entrada en vigor** de la nueva Constitución española de 1978, en la que se **reconoce** la existencia de comunidades autónomas dentro de España.

La transición democrática introdujo en la Constitución la posibilidad de adoptar lenguas cooficiales. Eso significó de nuevo la cooficialidad del catalán junto al castellano para la autonomía de Cataluña.

El Estatuto de 2006 asegura además que "todas las personas tienen derecho a utilizar ambas lenguas y los ciudadanos de Cataluña el derecho y el deber de conocerlas". El mismo estatuto de autonomía dedica un capítulo que determina el derecho a no ser **discriminado** por razones lingüísticas y **garantiza** la **validez** y usos de ambas lenguas en la administración pública y otras instituciones oficiales.

el Jefe del Estado	Staatsoberhaupt
▸ el Estado	Staat
▸ el estado	Zustand
estar en manos de alguien	in jds Händen liegen
! la mano *(f.)*	*Hand*

surgir *(g-j)* **= nacer** *(-zco)*	entstehen, aufkommen
el espíritu democrático	demokratischer Geist

el cambio social	gesellschaftlicher Wandel
la oligarquía burguesa	bürgerliche Oligarchie
perder el control	Kontrolle verlieren
instalarse en el poder	sich an die Macht setzen

la Comunidad Autónoma	autonome Region *(entspricht etwa einem deutschen Bundesland)*
proclamar la República	Republik ausrufen
acceder a algo ▸ el acceso	Zugang haben zu etw.
la autonomía	Selbstverwaltung
la cooficialización	*in den Status einer Amtssprache erhoben werden*

el Estatuto de Autonomía	Autonomieverfassung
llevarse a la práctica	in die Tat umsetzen, ausführen
aprobar *(-ue-)* **algo**	etw. billigen, gutheißen

el periodo franquista	Zeit des Franco-Regimes
la transición democrática	*Zeitraum des Übergangs zur Demokratie in Spanien*
▸ la democracia	Demokratie
entrar en vigor	in Kraft treten
reconocer *(-zco)* **algo**	etw. anerkennen
≠ negar algo	etw. leugnen

discriminar a alguien por algo	jdn wegen etw. diskriminieren
garantizar *(z-c)* **algo**	etw. garantieren
la validez ▸ válido, válida	Gültigkeit

3ce7td

La Guerra Civil

De julio de 1936 a abril de 1939 España vivió uno de los fenómenos más tristes y trágicos de su historia. Todavía hoy se sufren sus consecuencias, sobre todo, los **familiares** de las 268 500 **víctimas**. 25 000 de ellas corresponden a **fuerzas** extranjeras **aliadas** de uno y otro bando:

* las Brigadas Internacionales de parte del Gobierno republicano;
* los Gobiernos de Alemania, Italia y Portugal de parte del **ejército sublevado**.

A principios de siglo, España tenía graves problemas sociales, económicos y políticos, lo que **condujo a** que la monarquía parlamentaria perdiera el apoyo del pueblo y de los **partidos políticos**. En abril de 1931 se convocan **elecciones municipales**: ganan las candidaturas republicanas en casi todas las capitales de provincia. Dos días después, Alfonso XIII se marcha de España camino de un exilio **voluntario**. Ese mismo día se proclama la Segunda República.

Pese a todos los esfuerzos, ni los partidos de izquierda ni de derecha logran solucionar los problemas. La **tensión** política y social se hace **insostenible**. El **asesinato** del diputado Calvo Sotelo es la **chispa** que provoca el **alzamiento** militar en julio de 1936.

Entre los generales sublevados se encuentra el general Franco, que viene de Marruecos con su antiguo ejército. Con estas tropas **pasa** el **estrecho** de Gibraltar con la ayuda de una **escuadrilla** de aviones enviados por Mussolini. Su **objetivo**: tomar Madrid. En efecto, los republicanos seguían contando con Madrid, con los grandes **focos industriales** de Cataluña y del País Vasco, con la **cuenca minera** de Asturias y con las **comarcas agrícolas** de Valencia y Murcia. Pero los nacionalistas se extendían ya por casi toda la Península.

Los **hechos bélicos** más decisivos fueron: la **campaña** de Madrid; la batalla de Guadalajara (apoyo de Mussolini y Hitler); la guerra del Norte (**bombardeo** de Guernica por la **aviación** alemana) y el **frente** del Este (en enero de 1939 caen Barcelona y Tarragona). Ante estos últimos sucesos Madrid **cae en manos** de los nacionalistas el 28 de marzo. El 1 de abril de 1939 Franco comunica a todo el país el fin de la guerra.

el, la familiar	Familienangehörige(r), Verwandte(r)
la víctima E *victim*	Opfer
las fuerzas	Streitkräfte
aliado, aliada	aliiert
el ejército	Heer
sublevarse	rebellieren, sich auflehnen
▸ la sublevación	Aufstand
conducir a *(-zco/-j-)* **algo**	zu etw. führen
el partido político	politische Partei
la elección ▸ elegir *(-i-; g-j)*	Wahl
municipal	Stadt-
voluntario, voluntaria E *voluntary*	freiwillig
la tensión	Spannung
insostenible = insoportable	unerträglich
el asesinato	Mord
▸ el asesino, la asesina	Mörder(in)
la chispa = el desencadenante	Funke, Auslöser
el alzamiento = el levantamiento	Aufstand, Erhebung
pasar algo	etw. überqueren
el estrecho	Meerenge
la escuadrilla	Geschwader
el objetivo = el fin	Ziel
el foco industrial	Industriezentrum
la cuenca minera	Bergbaurevier, -gebiet
la comarca agrícola	landwirtschaftliche Gegend, Agrar-gebiet
el hecho ▸ hacer algo	Ereignis
bélico, bélica	kriegerisch, Kriegs-
la campaña	Feldzug
el bombardeo ▸ la bomba	Bombardierung
la aviación	Luftwaffe
el frente	Front
! la frente	*Stirn*
caer en manos de alguien	in die Hände von jdm geraten

3ce7td

La era franquista

El sistema político del **franquismo** fue una dictadura con concentración de poderes y supresión de libertades políticas y **sindicales**. A estos principios políticos se opusieron los movimientos **liberalizadores**.

En los años 60 se **impulsó** la industrialización y **equipamiento** de la mayor parte del país. A ello contribuyeron la entrada de capital extranjero, los **ahorros** enviados por los emigrantes y los beneficios procedentes del turismo. En política internacional la dictadura franquista comenzó con un periodo de **aislamiento**, dada su confusa neutralidad en la **Segunda Guerra Mundial**, pero poco a poco se fue **abriendo el cerco** y, en 1952, España entró en la Unesco y en 1955 en la ONU.

Desde 1947 el Estado español se definió como **monarquía hereditaria**. En las relaciones de Franco con Juan de Borbón (hijo de Alfonso XIII) se acuerda que la educación del Príncipe Juan Carlos se realizará en España. En 1969 fue aceptado por las Cortes como sucesor Don Juan Carlos de Borbón. Entre tanto la oposición al régimen se organizaba en distintos frentes, sobre todo **estudiantiles** y **obreros**.

Tras la muerte de Franco (1975), el Rey, verdadero motor del cambio político, optó por reformar el sistema anterior y **alcanzar** un régimen de democracia plena. Confió a Adolfo Suárez, **Presidente del Gobierno**, la reforma política: **legalización** de partidos políticos y de sindicatos, decretos de amnistía, supresión de **tribunales** especiales, reconocimiento de las instituciones propias del País Vasco y Cataluña… Todo ello condujo a la Constitución de 1978.

La Constitución de 1978

Una comisión de parlamentarios se encargó de la **elaboración** de la nueva Constitución. El texto constitucional **votado** y **aprobado** por las **Cortes** fue **sometido a referendo del pueblo** el 6 de diciembre de 1978 (**fiesta laboral** desde entonces en todo el Estado).

El artículo 1 marca las ideas básicas: España se constituye en un **Estado** social y democrático **de derecho**, propone como valores superiores la libertad, la **justicia**, la **igualdad** y el pluralismo político. Además, proclama que la soberanía nacional **reside en** el pueblo del que **emanan** los poderes del Estado y que la forma política del Estado español es la monarquía parlamentaria.

La constitución reconoce y **garantiza** el derecho a la autonomía de las **nacionalidades**. Se organizan las Cortes en dos **cámaras: Congreso de los Diputados** y Senado. El Rey **sanciona** en el plazo de 15 días las leyes aprobadas por las Cortes Generales y las **promulga** y ordena su inmediata publicación. El Estado se organiza territorialmente en **municipios**, en provincias y en Comunidades Autónomas. Todas estas **entidades gozan de** autonomía para la **gestión** de sus respectivos intereses.

el franquismo	Franco-Ära
sindical	gewerkschaftlich
▸ el sindicato	Gewerkschaft
liberalizador	Befreiungs-
▸ liberar a alguien	jdn befreien
impulsar algo	etw. (vor)antreiben
▸ el impulso	Anstoß, Impuls
el equipamiento	Ausstattung, Ausrüstung
los ahorros	Ersparnisse
▸ ahorrar algo	etw. sparen
el aislamiento	Isolierung
la Segunda Guerra Mundial	Zweiter Weltkrieg
abrir el cerco	Umklammerung lösen
la monarquía hereditaria	Erbmonarchie
estudiantil ▸ el, la estudiante	studentisch
obrero, obrera	Arbeits-
alcanzar *(z-c)* **algo**	etw. erreichen
el Presidente del Gobierno	(spanischer) Ministerpräsident
la legalización ▸ legal	Legalisierung
el tribunal	Gericht
la elaboración	Ausarbeitung
votar algo/a alguien = elegir *(-i-; g-j)*	etw./jdn wählen
aprobar *(-ue-)* **algo**	etw. genehmigen, etw. annehmen
las Cortes	spanisches Parlament
someter a referendo del pueblo	einem Volksentscheid unterziehen
la fiesta laboral	Feiertag
el Estado de derecho	Rechtsstaat
la justicia ▸ justo, justa	Gerechtigkeit
la igualdad ≠ la desigualdad	Gleichheit
residir en algo	bei etw. liegen
emanar de algo	aus etw. hervorgehen
garantizar *(z-c)* **algo**	etw. garantieren
▸ la garantía	Garantie
la nacionalidad	Nationalität
la cámara	Kammer
el Congreso de los Diputados	Abgeordnetenhaus
sancionar algo	etw. sanktionieren, etw. billigen, etw. gutheißen
promulgar una ley *(g-gu)*	Gesetz erlassen
el municipio	Gemeinde(bezirk)
la entidad	Körperschaft
gozar de *(z-c)* **algo**	etw. genießen
la gestión	Verwaltung

3ce7td

La Memoria Histórica

El 26 de diciembre de 2007 se aprobó la Ley de la Memoria Histórica. Una ley que faltaba elaborar en este país para **hacer justicia** con las víctimas del golpe de Estado franquista, la Guerra Civil y la posterior dictadura que **asoló** España durante 40 años. Una ley que condena finalmente el golpe de Estado contra la República y que acaba con la **amnesia colectiva**.

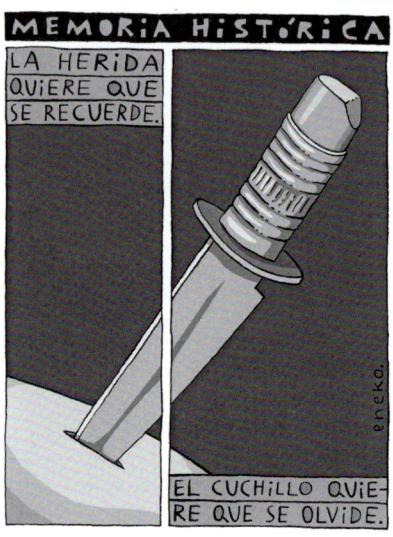

La ley nace del esfuerzo colectivo por **desenterrar** la verdad. Nace de la tierra, de las **fosas comunes**, de todas y cada una de las **excavaciones** realizadas en estos últimos años. Nace de los actos de **recuerdo** y **homenaje** que han tenido lugar en cada pequeño rincón del país y también de ese **afán** por **sacar a la luz** todo lo ocurrido y lo sufrido. Es una ley para todos los que durante años han **invertido tiempo**, **recursos** y, sobre todo, mucha **ilusión** para **devolver** la **dignidad** tantos años perdida.

Se comienza con la retirada de símbolos franquistas de las calles de las ciudades y la mejora de derechos económicos para las víctimas y sus familiares. Destaca en este punto el derecho a una **indemnización** para los **beneficiarios** de quienes fallecieron entre 1968 y 1977 en defensa de las libertades.

hacer justicia a alguien	jdm Gerechtigkeit widerfahren lassen
▸ justo, justa	gerecht
asolar algo	etw. verwüsten
la amnesia colectiva	kollektiver Gedächtnisverlust

desenterrar algo/a alguien	etw./jdn ausgraben
✦ enterrar algo/a alguien	etw./jdn begraben, etw./jdn bestatten
la fosa común	Massengrab
la excavación	Ausgrabung
el recuerdo	Erinnerung
el homenaje	Ehrung
el afán	Eifer, Streben
sacar a la luz	aufdecken, zum Vorschein bringen
✦ ocultar algo	etw. verbergen
invertir tiempo	Zeit investieren
los recursos = los bienes	Mittel, Vermögen
la ilusión	sehnlicher Wunsch, Hoffnung, Traum
devolver algo a alguien	jdm etw. zurückgeben
la dignidad	Würde
▸ digno, digna	würdevoll

la indemnización	Entschädigung
beneficiario, beneficiaria	Nutznießer(in)
▸ el beneficio	Nutzen, Vorteil

3ce7td

4 La diversidad política en Hispanoamérica

📖 Formas de gobierno en Hispanoamérica

Las naciones de Hispanoamérica han pasado por muchas crisis y cambios políticos desde su **independencia**. Además, los **movimientos constitucionalistas** y las revoluciones no siempre han representado la **voluntad popular**.

Los líderes de las revoluciones de las **clases medias**, trabajadores y campesinos defendieron diferentes ideologías (**populismo**, nacionalismo, socialismo...). Y, desgraciadamente, en muchos casos la **población civil** ha sufrido la violencia de estas revoluciones y de los grupos paramilitares al servicio de los **terratenientes**.

Peor aún, durante muchos años Hispanoamérica ha sido el **campo de batalla** de una **política exterior** agresiva de los dos bloques **comunista** y **capitalista**. También hubo numerosos **golpes de Estado** y dictaduras y las **juntas militares** usaban la **tortura**, el **secuestro** y el **asesinato** para garantizar su **poder**. Pero hoy en día parece que la democracia se va abriendo camino en la mayoría de los países latinoamericanos.

La república es la forma de gobierno más común en los Estados hispanohablantes. Y así tenemos diferentes tipos de república:

- república en Nicaragua, Ecuador, Costa Rica y la República Dominicana;
- **república presidencialista** en Venezuela, Colombia, Perú, Bolivia, Paraguay, Guatemala y El Salvador;
- república parlamentaria en Chile y Uruguay;
- **república popular** en Argentina;
- **república federal** en México;
- república socialista en Cuba.

Y, por último, tenemos Puerto Rico, que tras la **guerra** entre España y los EE. UU. se convirtió en un **Estado libre asociado** con dependencia en **ejército** y **asuntos exteriores** de EE. UU., pero con autonomía **interna**.

la forma de gobierno ▸ gobernar *(-ie)*	Regierungsform
▸ el gobernador, la gobernadora	Gouverneur(in)
la independencia ε *independence*	Unabhängigkeit
el movimiento ▸ mover *(-ue-)* algo	Bewegung
constitucionalista ▸ la constitución	Verfassungs-
la voluntad popular	Volkswille

la clase media	Mittelklasse
el populismo	Populismus *(Politik, die die Gunst der Massen zu gewinnen sucht)*
▸ popular	populär, beliebt
la población civil	Zivilbevölkerung
el, la terrateniente	Großgrundbesitzer(in)

el campo de batalla	Schlachtfeld
la política exterior	Außenpolitik
comunista ▸ el comunismo	kommunistisch
capitalista ▸ el capitalismo	kapitalistisch
el golpe de Estado	Staatsstreich
dar un golpe de Estado	einen Staatsstreich durchführen
la junta militar	Militärjunta
la tortura ▸ torturar a alguien	Folter
el secuestro ▸ secuestrar a alguien	Entführung
el asesinato	Mord
▸ el asesino, la asesina	Mörder(in)
el poder	Macht
garantizar el poder	sich an der Macht halten

la república presidencialista	Präsidialrepublik
▸ el presidente, la presidenta	Präsident(in)
la república popular	Volksrepublik
la república federal	Bundesrepublik

la guerra	Krieg
el Estado libre	Freistaat
asociar algo con algo	etw. mit etw. verbinden
el ejército	Heer, Armee
el asunto exterior	äußere Angelegenheit
interno, interna	innere (r, s)

8847p3

La República de Chile

El presidencialismo chileno

La actual República de Chile está basada en una constitución que se **aprobó** mediante **plebiscito** en 1980 y que se **aplicó** en 1989 tras una reforma. El sistema político chileno es un **sistema presidencialista**. El Presidente de la república, elegido por **votación popular** cada seis años, posee el **poder ejecutivo** junto con un **gabinete** que él mismo **nombra**. Sus principales funciones son: **presentar**, **promulgar** y tener **derecho a veto** de leyes; nombrar a los gobernadores, a los **magistrados** y **fiscales** de la **Corte de Apelación**; **llevar a cabo** las **negociaciones** internacionales y **firmar acuerdos** y **tratados**; **disponer de** las fuerzas de seguridad del Estado y del ejército.

El Congreso Nacional posee el **poder legislativo** y **está formado por** dos cámaras: la **cámara de diputados**, con 120 miembros, y el Senado con 48. Todos los diputados y parte de los senadores son elegidos a través de elecciones por los **ciudadanos** chilenos mayores de 18 años. No obstante, hay algunos Senadores **vitalicios**, que **tienen asegurado** el **cargo** durante toda su vida, como, por ejemplo, todos los ex presidentes que hayan desempeñado su cargo al menos 6 años.

Las fuerzas políticas en el Senado y el Congreso están agrupadas en dos coaliciones: la **Concertación de Partidos** para la Democracia, formada por los **socialistas** y **democratacristianos**, y otra, la Alianza por Chile, **conservadores**, formada por Unión Demócrata Independiente y **Renovación** Nacional, entre otros.

La Cámara de Diputados controla al Presidente y ambas cámaras conjuntamente pueden **provocar su cese**. El poder judicial está formado por la **Corte Suprema** y los Tribunales de Apelación.

aprobar *(-ue-)* **algo**	etw. genehmigen
≠ **rechazar** *(z-c)* **algo**	etw. ablehnen
el plebiscito	Volksbefragung
aplicar *(c-qu)* **algo**	etw. anwenden
el sistema presidencialista	Präsidialsystem
la votación popular	Volksabstimmung
el poder ejecutivo	Exekutive
el gabinete	Kabinett
nombrar algo/a alguien	etw./jdn ernennen
▸ **el nombramiento**	Ernennung
presentar algo a alguien	jdm etw. vorlegen
promulgar una ley	Gesetz erlassen
el derecho a veto	Vetorecht
tener derecho a veto	Vetorecht haben
el magistrado, la magistrada	Richter(in)
el fiscal	Staatsanwalt, Staatsanwältin
la Corte de apelación	Berufungsgericht
llevar algo a cabo	etw. durchführen
la negociación ᴇ *negotiation*	Verhandlung
firmar un acuerdo	Vereinbarung unterschreiben
el tratado ᴇ *treaty*	Vertrag
disponer *(≈ poner)* **de algo**	über etw. verfügen

el poder legislativo	Legislative
estar formado, formada por	bestehen aus
la cámara de diputados	Abgeordnetenkammer
▸ **el diputado, la diputada**	Abgeordnete(r)
el ciudadano, la ciudadana	Bürger(in)
▸ **la ciudad**	Stadt
vitalicio, vitalicia ▸ **la vida**	auf Lebenszeit
tener algo asegurado, asegurada	sich etw. versichert sein
el cargo	Amt, Posten
desempeñar un cargo	Amt ausüben

la concertación de partidos	*Zusammenschluss von Parteien*
el, la socialista	Sozialist(in)
el democratacristiano, la democratacris-	Christdemokrat(in)
tiana = el democristiano, la democris-	
tiana	
conservador ▸ **conservar algo**	konservativ etw. bewahren
la renovación ▸ **nuevo, nueva**	Erneuerung

provocar *(c-qu)* **el cese**	Amtsentlassung auslösen
la Corte Suprema ᴇ *Supreme Court*	oberster Gerichtshof

8847p3

Pinochet y el poder del ejército chileno

En 1970 fue elegido Salvador Allende como Presidente democrático. Durante su gobierno **se vio enfrentado** a graves problemas económicos. Por un lado la crisis mundial de 1972–1973, por otro el Gobierno **tomó unas decisiones** económicas **erráticas** así que el país **cayó en una crisis económica** y la hiperinflación llegó a cifras de alrededor del 600 y 800%.

En 1973 Allende fue **derrocado** en el golpe de Estado del general Pinochet. El Gobierno de la República fue **asumido** por el ejército. Así comenzó un **régimen militar dictatorial** apoyado por el CIA, **compañías multinacionales**, la **oligarquía** y las clases medias chilenas. Pinochet logró aumentar el **crecimiento económico**, pero, al mismo tiempo, comenzó una fuerte **represión** política que terminó con miles de **detenidos** desaparecidos, personas asesinadas, torturadas o exiliadas.

La transición a la democracia

Gracias a la **presión popular**, en 1989 Pinochet tuvo que **negociar** una reforma de la Constitución. En ese año se **celebraron** las primeras **elecciones** democráticas tras el golpe de Estado de 1973. Como resultado de los **comicios presidenciales**, el candidato democristiano Aylwin fue elegido **por mayoría**. Aylwin comenzó el **proceso de transición** a la democracia mediante numerosas reformas económicas. También nombró una comisión para investigar las **violaciones de los derechos humanos** cometidas durante el **régimen dictatorial** de Pinochet, pero la Corte Suprema y el ejército se negaron a **colaborar**. Incluso **defendieron** su conducta durante la dictadura.

Pinochet guardó durante mucho tiempo, a través de sus senadores **designados**, la influencia del ejército y de él mismo en la política chilena. Pero no solo dentro sino también fuera de su país **disfrutó** del apoyo de importantes **grupos de poder**. Así fue que en 1998 evitó su **extradición** de Inglaterra a España para ser juzgado por el delito de crímenes contra la humanidad. La **denuncia se basó en** la tortura y desaparición de ciudadanos españoles durante la dictadura.

En el año 2000 resultó elegido Ricardo Lagos. Este presidente estabilizó el país y consiguió **firmar tratados** de **libre comercio** con EE. UU., China y Japón. Pero no solucionó el conflicto mapuche: tierras que los indígenas mapuches **reclaman** porque pertenecieron a sus ancestros. Desgraciadamente, en estas tierras existen muchos intereses económicos por parte de empresas multinacionales. »»»

verse enfrentado, enfrentada a algo/a alguien	sich etw./jdm gegenübersehen
tomar una decisión errática	Fehlentscheidung treffen
caer en la crisis económica	in die Wirtschaftskrise geraten

derrocar *(c-qu)* **a alguien**	jdn stürzen
asumir algo	etw. übernehmen
asumir el Gobierno	Regierung übernehmen
el régimen militar dictatorial	autoritäres Militärregime
la compañía multinacional	internationales Unternehmen
la oligarquía ≠ **la democracia**	Oligarchie *(die Herrschaft weniger)*
el crecimiento económico	Wirtschaftswachstum
la represión E *repression*	Unterdrückung
detener a alguien *(≈ tener)*	jdn festnehmen

la presión popular	Druck des Volkes
negociar algo	etw. aushandeln
▸ la negociación	Verhandlung
celebrar algo E *to celebrate sth*	etw. feiern
la elección	Wahl
▸ **elegir** *(-i-, g-j)* **algo/a alguien**	etw./jdn wählen
los comicios	Wahlen
presidencial	Präsidentschafts-
▸ el presidente, la presidenta	Präsident(in)
por mayoría ≠ **la minoría**	mehrheitlich
el proceso de transición	Übergang zur Demokratie
la violación de los derechos humanos	Menschenrechtsverletzung
el régimen dictatorial	autoritäres Regime
colaborar ▸ la colaboración	zusammenarbeiten
defender algo	etw. verteidigen
defender la conducta	Verhalten rechtfertigen
▸ la defensa	Verteidigung

designar a alguien	jdn nominieren
disfrutar de algo	etw. genießen
▸ disfrutar de apoyo	Unterstützung haben/genießen
el grupo de poder	mächtige Gruppe/Gruppierung
la extradición	Auslieferung
la denuncia ▸ denunciar a alguien	Anklage
basarse en algo	sich auf etw. stützen
▸ la base	Basis, Grundlage

firmar un tratado	Vertrag unterzeichnen
▸ la firma	Unterschrift
el libre comercio	freier Handel
reclamar algo	etw. verlangen
! la reclamación	*Reklamation; Klage, Beschwerde*

8847p3

Michelle Bachelet **sucedió a** Ricardo Lagos en el año 2006 y ha sido la primera **mujer presidenta** en Chile. Sus **principales logros** fueron una mayor igualdad entre hombres y mujeres, una **red de protección social** para las personas más pobres y el **ingreso** en la **OCDE** (Organización para la Cooperación y el Desarrollo Económicos). Este mismo año **falleció** el general Pinochet, el cual nunca **respondió en un juicio** por sus crímenes.

El rico **empresario** de tendencia conservadora, Piñera Echeñique, fue elegido como presidente en el año 2010. Tampoco **resuelve el conflicto** mapuche y, además, tuvo que **enfrentarse** a **manifestaciones estudiantiles**. Los estudiantes chilenos **solicitaban** una educación gratuita y accesible para todos ya que la economía chilena es una de las más fuertes y seguras en América Latina.

La república Argentina

El Peronismo

La república Argentina es uno de los países más importantes en Sudamérica, tanto por su **peso** político internacional como económico. Durante la **Segunda Guerra Mundial** Argentina vivió una gran **expansión económica** debido a que exportaba **materias primas** a Europa, sobre todo al Reino Unido. Estos fueron años de gran **bonanza** económica. En 1946 **subió al poder** Juan Domingo Perón, uno de los presidentes argentinos más **emblemáticos**. Perón, junto a su mujer Eva, son un símbolo político todavía hoy en la Argentina. Se han realizado varias películas biográficas y un musical con Madonna.

Perón **instauró** el llamado Peronismo o partido Peronista: un **movimiento de masas** basado en la **justicia social**. Por una parte intentaba ayudar a las clases más pobres: "Queremos una Argentina socialmente justa, económicamente libre, y políticamente soberana". Por otra parte llevó a cabo duras **represiones** contra cualquier tipo de oposición. Uno de los mayores logros de Perón fue el **acercamiento** a Estados Unidos.

suceder a alguien ▸ el sucesor, la sucesora	jdm nachfolgen
la mujer presidenta	Präsidentin
principal	Haupt-, wichtigste (r, s)
el logro	Erfolg
▸ lograr algo	etw. erreichen
la red de protección social	Sozialfürsorge
el ingreso	Beitritt
▸ ingresar en algo	etw. beitreten
la OCDE *(Organización para la Cooperación y el Desarrollo Económicos)*	OECD *(Organisation für wirtschaftliche Zusammenarbeit und Entwicklung)*
fallecer *(-zco)* = morir *(-ue-)*	sterben
responder en un juicio	vor Gericht aussagen

el empresario, la empresaria ▸ la empresa	Unternehmer(in)
resolver *(-ue-)* **un conflicto**	Konflikt beilegen
enfrentarse a algo	sich etw. gegenübersehen
▸ el enfrentamiento	Konfrontation, Zusammenstoß
la manifestación	Demonstration
manifestarse a favor/en contra de algo	sich für/gegen etw. aussprechen
	FF la demostración; *Beweis, Erklärung*
estudiantil ▸ el, la estudiante	Studenten-, studentisch
solicitar algo	etw. verlangen

el peso	Gewicht
la Segunda Guerra Mundial	Zweiter Weltkrieg
la expansión económica	wirtschaftlicher Aufschwung
la materia prima	Rohstoff
la bonanza	Wohlstand
subir al poder	an die Macht gelangen
emblemático, emblemática	vorzeigbar, repräsentativ

instaurar algo	etw. einführen
el movimiento de masas	Massenbewegung
▸ mover *(-ue-)* algo	etw. bewegen
la justicia social	soziale Gerechtigkeit
la represión	Unterwerfung
el acercamiento	Annäherung
▸ acercarse *(c-qu)* a alguien	sich jdm (an)nähern

8847p3

Evita Perón

Mientras Perón se dedicaba a la política, su mujer Eva **se convirtió en** la **primera dama**. Ella llegó a ser más famosa que su marido gracias a su **labor** social de ayuda a los más pobres y **desamparados**. Eva **presidía** una **fundación social** que repartía alimentos, **artículos de primera necesidad**, organizaba hospitales, escuelas, orfanatos. Otro punto importante en su **ideario** fue la **igualdad de derechos** políticos y **civiles**. En 1952 murió Eva Perón y se convirtió en un símbolo de **caridad** y de feminismo en Argentina.

La dictadura argentina y la Guerra de las Malvinas

Durante el periodo de 1976–1983, Argentina vivió una dictadura **sangrienta** llamada Proceso de Reorganización Nacional. Las **Fuerzas Armadas** tomaron el poder. En este tiempo se **cometieron crímenes** contra la humanidad, secuestros, asesinatos, torturas, **violaciones**, **desapariciones**, **robos de niños**… Se calcula que 30 000 personas desaparecieron.

Durante la dictadura **aconteció** la Guerra de las Malvinas (1982). Argentina tenía entonces una enorme inflación y las clases medias se encontraban muy empobrecidas. La causa de esta guerra entre Argentina y el Reino Unido fue la **soberanía** de las Islas Malvinas. La **derrota** por parte de Argentina **empujó el final** de la dictadura en Argentina y **reforzó** políticamente a Margaret Thatcher, que volvió a ser **reelegida** en el Reino Unido en 1983.

Caminos hacia la democracia

En 1977, ya bajo la dictadura, se formó el grupo de las Madres de la Plaza de Mayo. Estas mujeres buscaron a sus hijos desaparecidos y se encontraron cada jueves en la Plaza de Mayo. Luego, hasta hoy en día, intentaron **forzar** la **investigación** por los responsables de los crímenes contra la humanidad.

convertirse *(-ie-)* **en algo**	sich in etw. verwandeln
la primera dama	First Lady
la labor	Arbeit
el desamparado, la desamparada	Obdachlose
presidir algo	etw. leiten
la fundación social	soziale Stiftung
el artículo de primera necesidad	Bedarfsartikel
el ideario ▸ la idea	Gedankengut
la igualdad de derechos	Gleichberechtigung
civil	bürgerlich
▸ la civilización	Zivilisation
la caridad	Nächstenliebe, Wohltätigkeit
el acto de caridad	Benefizveranstaltung

sangriento, sangrienta	blutig
las Fuerzas Armadas	Streitkräfte
cometer *(-ie-)* **un crímen**	Verbrechen begehen
la violación ᴇ *violation*	Vergewaltigung
la desaparición	Verschwinden
▸ desaparecer *(-zco)*	verschwinden
el robo de niños	Kindesentführung
▸ robar algo a alguien	jdm etw. stehlen

acontecer	geschehen
▸ el acontecimiento	Ereignis
la soberanía	Landeshoheit
la derrota	Niederlage
empujar el final	Ende einleiten
reforzar algo/a alguien	etw./jdn stärken
reelegir a alguien ᴇ *to reelect sb*	jdn wiederwählen

forzar *(-ue-)* **algo**	etw. erzwingen
la investigación	Ermittlung, Untersuchung

8847p3

Cuando se **restableció** nuevamente la democracia en 1983, con el presidente electo Alfonsín, se investigaron dichos crímenes y varios militares fueron condenados, pero años después **recibieron el indulto** por el siguiente presidente, Carlos Menem.

Carlos Menem sucedió a Alfonsín en 1991. Menem aplicó una política neoliberal mediante privatizaciones y **desregulación de los mercados**. Esta política aumentó la pobreza, la **desigualdad** y el **desempleo**.

En 1999 Fernando de la Rúa **asumió la presidencia** de Argentina que entonces **sufría** una enorme **deuda externa** y una **fuga** masiva **de capitales**. Como respuesta aplicó en el 2001 el "corralito" que consistió en una **restricción** de la **libre disposición de dinero** de las cuentas bancarias. Así se intentaba evitar la **salida de capital**, es decir el pánico bancario. Debido al corralito, que duró hasta 2002, Argentina sufrió consecuencias catastróficas: **paralización** del comercio y del **crédito, tensiones** sociales y manifestaciones **continuas**.

En 2003, Néstor Kirchner ganó las elecciones y consiguió estabilizar el país mediante una política de **nacionalizaciones**, la reactivación del **sector agropecuario**, industrial y de la **construcción**. Estas medidas **condujeron a** una **disminución** del desempleo, un **aumento** del **PIB** y también a una mayor inflación. Su esposa Cristina Fernández le sucedió en la presidencia en el año 2007 y continuó con la misma política económica. Fue reelegida en el año 2011.

restablecer *(-zco)* **algo**	etw. wiederherstellen
▸ el restablecimiento	Wiederherstellung
recibir *(-ie)* **el indulto**	Begnadigung bekommen

la desregulación de mercados	Deregulierung des Wirtschaftsraums
la desigualdad	Ungleichheit
la desigualdad de clases	Klassenunterschied
el desempleo = el paro	Arbeitslosigkeit

asumir la presidencia	Präsidentschaft übernehmen
sufrir E *to suffer*	leiden
la deuda externa	Auslandsverschuldung
▸ adeudar algo a alguien	jdm etw. schulden
la fuga de capitales	Kapitalflucht
la restricción	Beschränkung
la libre disposición de dinero	frei verfügbares Geld
▸ disponer *(≈ poner)* de algo	über etw. verfügen
la salida de capital	Abheben von Geld
la paralización	Lähmung
▸ paralizar *(z-c)* algo	etw. lahm legen
el crédito	Kredit
conceder un crédito a alguien	jdm einen Kredit gewähren
la tensión E *tension*	Spannung
continuo, continua	anhaltende (r, s)

la nacionalización	Verstaatlichung
▸ nacionalizar *(z-c)* algo	etw. verstaatlichen
el sector agropecuario	landwirtschaftliche Branche
la construcción	Baubranche
▸ construir *(-y-)* algo	etw. bauen
conducir *(-zco)* **a algo**	zu etw. führen
la disminución	Rückgang
el aumento	Steigerung
el PIB *(producto interior bruto)*	Bruttosozialprodukt

8847p3

5 Política en España

📖 España, una monarquía parlamentaria

La **Constitución** de 1978 **fija** la estructura del Estado español actual. Desde esa fecha, España es una monarquía parlamentaria cuya **soberanía** nacional **reside en** el pueblo español. Es decir, los **ciudadanos** eligen a sus **representantes** a través de su voto en **elecciones**.

La Constitución española **proclama** que España es un **Estado social y democrático de derecho**. Sus principales funciones son:

- **Separación de los** tres **poderes** (legislativo, ejecutivo y judicial);
  Defensa de derechos y libertades de los **ciudadanos** españoles, como el pluralismo político o la **libertad de expresión**;
- **División territorial** del Estado español en **Comunidades Autónomas (CC. AA.)**.
- El **Tribunal Constitucional** es el **encargado** de interpretar y defender esta norma fundamental del Estado.

Los españoles eligen a sus representantes cada 4 años en elecciones **legislativas**, autonómicas, **municipales.** Así como el resto de los ciudadanos europeos eligen al Parlamento Europeo.

Todo ciudadano español mayor de 18 años que se encuentre en el **censo electoral** tiene **derecho a voto**. Al igual que en las elecciones municipales, todos los ciudadanos de la Unión Europea que residan en España y lo **soliciten**.

El papel de la Corona

El Rey es el **Jefe del Estado**, **ejerce** una función **arbitral** y **moderadora** en el funcionamiento de las instituciones del Estado. Además de ser la más alta representación en las relaciones internacionales. Según la Constitución, las competencias que tiene el Rey son casi exclusivamente representativas. El Rey **transmite** formalmente propuestas de tres **ámbitos**: **Presidente del Gobierno**, Presidente del **Congreso de los Diputados** y de los Ministros. Además, es el **Comandante en Jefe** de todos los ejércitos. En este cargo demostró su **fidelidad** a la Constitución y a la democracia (**abortó** el golpe de Estado en febrero de 1981).

la monarquía parlamentaria	parlamentarische Monarchie
la constitución ᴇ *constitution*	Verfassung
fijar algo	etw. vorgeben
la soberanía	Souveränität
residir en alguien	bei jdm liegen
el ciudadano, la ciudadana	Bürger(in)
▸ la ciudadanía	Bürgerschaft
el, la representante	Stellvertreter(in)
las elecciones	Wahlen
▸ elegir *(g-j)* algo/a alguien	etw./jdn wählen

proclamar algo	etw. bekanntgeben
el Estado social y democrático de derecho	Sozialstaat

la separación de poderes	Gewaltenteilung
legislativo	Legislative
ejecutivo	Exekutive
judicial	Judikative
el ciudadano, la ciudadana	Bürger(in)
la libertad de expresión	Meinungsfreiheit
la división ▸ dividir algo	Aufteilung
territorial	Gebiets-
la Comunidad Autónoma (CC. AA.)	autonome Region
el Tribunal Constitucional	Verfassungsgericht
el encargado, la encargada	Beauftragte(r)

legislativa	gesetzgebend
municipal	Gemeinde-

el censo electoral	Wählerliste
el derecho a voto	Stimmrecht
solicitar algo	etw. beantragen
▸ presentar una solicitud	Antrag stellen

la Corona	Krone
el, la Jefe de Estado	Staatschef(in)
ejercer algo	etw. ausüben
▸ ejercer un derecho	Recht ausüben
arbitral	schiedsrichterlich
moderador, moderadora	mäßigend, Moderator(in)-
transmitir algo	etw. übermitteln
▸ transmitir una propuesta	Vorschlag unterbreiten
▸ transmitir una queja	Beschwerde vorbringen
el ámbito	Bereich, Ebene
el Presidente, la Presidenta de Gobierno	Ministerpräsident(in)
el Congreso de Diputados	Abgeordnetenkammer
el Comandante en Jefe	Befehlshaber
la fidelidad ᴇ *fidelity*	Treue
▸ fiel	treu
abortar algo = hacer fracasar algo	etw. vereiteln

p22f7v

El poder legislativo

El sistema parlamentario español está formado por dos cámaras: el **Congreso de los Diputados** y el Senado. El Congreso se compone de 350 **diputados**. Es la cámara con mayor peso político, sus principales atribuciones son:

* **debatir** todas las leyes;
* realizar la **investidura** del Presidente;
* provocar la **dimisión** del Presidente a través de una **moción de censura**.

El Senado es una cámara de **representación territorial** con 256 senadores (208 elegidos por **sufragio universal** y 48 elegidos por las **Asambleas** legislativas de las CC. AA.). El Senado tiene una doble función, por una parte cuidar de los intereses de las Comunidades Autónomas y por otra el **derecho a veto** o **enmienda** sobre todas las leyes que examina el Congreso.

Los partidos políticos

Las **fuerzas políticas** más importantes del país son:

* Partido Popular (PP), perteneciente a la **democracia cristiana**;
* Partido Socialista Obrero Español (PSOE), de tendencia socialdemócrata;
* Izquierda Unida (IU), una federación de partidos de izquierda que agrupa a comunistas, **ecologistas** y pacifistas.

Además de éstos, hay varios partidos nacionalistas en las diferentes CC. AA. que también tienen representación en las Cortes generales:

* En Cataluña: Convergencia y Unión (CiU): Una coalición de dos partidos catalanes de tendencia democristiana. Este partido ha formado **mayorías gubernamentales** con Gobiernos tanto del PSOE como del PP.
* En el País Vasco: Partido Nacionalista Vasco (PNV) con una ideología democristiana. Su mayor problema ha sido y es su relación con la **banda terrorista** ETA.
* En Galicia: Bloque Nacionalista Gallego (BNG), de izquierdas.

El poder ejecutivo

Este poder reside en el **Consejo de Ministros** formado por el Gobierno, es decir, el **Presidente**, los **Vicepresidentes** y los Ministros. Los **grupos parlamentarios** eligen por votación al Presidente del Gobierno y su **programa de Gobierno**. Después, el presidente se encarga de la **formación de Gobierno**. El **Defensor del Pueblo** y el **Tribunal de Cuentas** controlan al Gobierno en el **ejercicio** de sus funciones.

el Congreso de los Diputados	Abgeordnetenhaus
el diputado, la diputada	Abgeordnete(r)

debatir algo E *to debate sth*	etw. besprechen
▶ el debate	Verhandlung
la investidura	Einsetzung
la dimisión	Rücktritt
▶ dimitir	zurücktreten
provocar *(c-qu)* la dimisión	Rücktritt erzwingen
la moción de censura	Misstrauensantrag
▶ censurar a alguien	jdn beurteilen

la representación territorial	Vertretung des Landes
el sufragio universal	allgemeines Wahlrecht
la asamblea	Versammlung
▶ convocar *(c-qu)* una asamblea	Versammlung einberufen
el derecho a veto	Vetorecht
▶ tener derecho a veto	Vetorecht haben
la enmienda	Änderungsantrag

el partido	Partei
la fuerza política	politische Kraft
la democracia cristiana ▶ democristiano, democristiana	christlich demokratische Partei
el, la ecologista	Umweltschützer(in)
▶ el ecologismo	Umweltschutz

la mayoría gubernamental	Regierungsmehrheit
la banda terrorista	terroristische Bande
▶ el terrorismo	Terrorismus

el Consejo de Ministros	Kabinettsitzung
el presidente, la presidenta	Vorsitzende(r)
el vicepresidente, la vicepresidenta	stellvertretender Vorsitzender
el grupo parlamentario	Fraktion
el programa de Gobierno	Regierungsprogramm
▶ implantar un programa	ein Programm einsetzen
la formación de Gobierno	Regierungsbildung
▶ formar un Gobierno	eine Regierung bilden
el Defensor del Pueblo	Ombudsmann
▶ defender algo/a alguien	etw./jdn verteidigen
el Tribunal de Cuentas	Rechnungshof
el ejercicio	Ausübung
▶ ejercitar algo	etw. ausüben

p22f7v

El poder judicial

Los **tribunales** garantizan la **defensa** de los derechos de los ciudadanos. Para ello pueden elegir un **abogado** o, en caso de que quieran o no tengan recursos económicos, un **abogado de oficio**. Este abogado defiende sus intereses ante el **juez** y el **fiscal** durante el **juicio**.

Dependiendo del tipo de **delito** que se cometa, hay tribunales diferentes : **tribunales penales**, **tribunales civiles** o la **Audiencia Nacional**.

Para ayudar a los tribunales a garantizar e **impartir justicia** está la Policía. La Policía **investiga**, **interroga** a los **presuntos** criminales y **ejecuta** las **órdenes** del juez. También el juez puede **dictar una orden** de **arresto**, fijar una **fianza** o exigir **prisión preventiva** para evitar su **fuga**.

Las instituciones de España

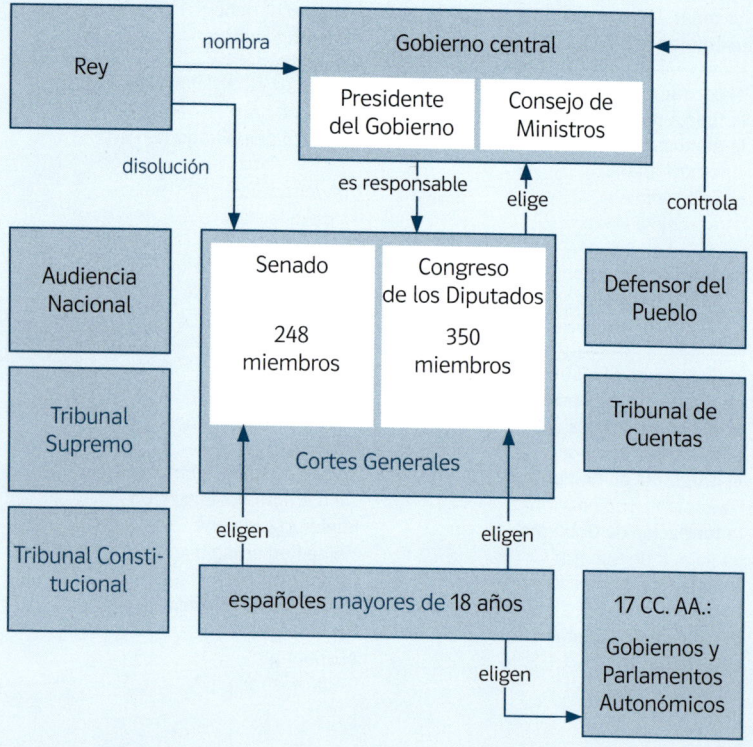

el tribunal	Gericht
la defensa	Verteidigung
▸ defender algo/a alguien	etw./jdn verteidigen
el abogado, la abogada	Anwalt, Anwältin
el abogado/la abogada de oficio	Pflichtverteidiger(in)
el juez, la jueza	Richter(in)
▸ juzgar *(g-gu)* algo/a alguien	etw./jdn aburteilen
el, la fiscal	Staatsanwalt, Staatsanwältin
el juicio	Prozess

el delito	Verbrechen
cometer un delito	Verbrechen begehen
el tribunal penal	Strafgericht
el tribunal civil	Zivilgericht
la Audiencia Nacional	Obergericht für zentrale Fragen

impartir justicia	Recht walten lassen
investigar *(g-gu)* **algo E** *to investigate*	etw. untersuchen
▸ la investigación	Untersuchung
interrogar *(g-gu)* **a alguien**	jdn befragen
▸ el interrogatorio	Befragung
presunto, presunta = supuesto, supuesta	vermutlich, vermeintlich
ejecutar algo	etw. ausführen
la orden ! *(pl.)* **las órdenes**	Befehl
! el orden	*Ordnung*
dictar una orden de arresto	Haftbefehl erlassen
dar una orden a alguien	jdm einen Befehl erteilen
▸ el arresto	Haftstrafe
la fianza	Kaution
fijar una fianza	eine Kaution festsetzen
la prisión preventiva	Untersuchungshaft
estar en prisión	im Gefängnis sein/sitzen
la fuga	Flucht
▸ fugarse *(g-gu)*	fliehen, flüchten

nombrar a alguien	jdn ernennen
▸ el nombramiento	
la disolución	Auflösung
el Tribunal Supremo	Oberstes Gericht
el Tribunal Constitucional	Verfassungsgericht
las Cortes Generales	spanische Parlament
mayor de ≠ menor de	älter als

p22f7v

La división territorial española

Las Comunidades Autónomas

Gracias al proceso de **descentralización** política y administrativa a partir del año 78, el Estado español está dividido en 17 Comunidades Autónomas y dos Ciudades Autónomas: Ceuta y Melilla.

Cada una de las CC. AA. dispone de un **Estatuto de Autonomía** que regula su propio Gobierno, su parlamento y las diferentes competencias. Las CC. AA. han **asumido** estas competencias para su autogobierno. Algunas están **compartidas** entre la **administración** autonómica y central. Pero otras son exclusivas.

Para ejercer estas competencias toda CC. AA. tiene:

- Un **Parlamento autonómico** con poder legislativo en las competencias de la Comunidad. Además, elige entre sus miembros al Presidente de la Comunidad Autónoma y controla al Gobierno Autonómico.
- Un Gobierno Autonómico con poder ejecutivo que está formado por el Presidente autonómico y los **Consejeros**.

La **Administración local**

Las CC. AA. se dividen en provincias y **municipios**. Existen 50 provincias y numerosos municipios. Las instituciones de Gobierno de las provincias son las **Diputaciones Provinciales**; en las Islas Canarias se llaman los **Cabildos** y en las Islas Baleares, los **Consejos Insulares**. No existen diputaciones provinciales en las comunidades **uniregionales**, como Madrid, Murcia y La Rioja, aunque sus competencias han sido asumidas por los Gobiernos autonómicos.

De la misma manera los municipios tienen sus **órganos de Gobierno** en los **Ayuntamientos**. Estos órganos son elegidos por sufragio universal cada cuatro años y están presididos por el **Alcalde** y por los **Concejales**.

El ejército y las Fuerzas y Cuerpos de Seguridad del Estado

Las Fuerzas y Cuerpos de Seguridad del Estado están formados por:

- el **Cuerpo nacional de Policía** y la **Guardia Civil** que dependen del Gobierno central;
- los **Mossos d'Esquadra** en Cataluña, la **Ertzaina** en el País Vasco y la Policía Foral de Navarra que dependen de las Comunidades Autónomas;
- las **policías locales**. 》》

la descentralización	Dezentralisierung
el Estatuto de Autonomía	Autonomiestatut
asumir algo	etw. übernehmen
compartir algo = tener algo en común	etw. teilen
la administración	Verwaltung
el Parlamento autonómico	Regionalparlament
el Consejero, la Consejera	*etwa: Minister eines Bundeslandes*
la Administración local	Lokalbehörde, örtliche Verwaltung
el municipio	Gemeinde
la Diputación Provincial	Provinzialrat
el Cabildo	*Provinzialrat auf den Kanaren*
el Consejo Insular	*Provinzialrat auf den Balearen*
uniregional	mit einer Region
el órgano de Gobierno	Regierungsbehörde, -stelle
el ayuntamiento	Gemeinderat, Stadtrat; Rathaus
el Ayuntamiento de Barcelona	Rathaus von Barcelona
el alcalde, la alcaldesa	Bürgermeister(in)
el Alcalde de Madrid	Bürgermeister von Madrid
el concejal, la concejala	Stadtrat, Stadträtin
las Fuerzas y Cuerpos de Seguridad del Estado	staatliche Sicherheitskräfte und Polizei
el Cuerpo nacional de Policía	staatliche Polizei *(dem Innenministerium unterstellt)*
la Guardia Civil	Guardia Civil *(kasernierte Polizei)*
la policía local	örtliche Polizei

p22f7v

Desde 2003 España posee un **ejército de profesionales**. Lo que significa que los jóvenes ya no tienen que **cumplir** el **servicio militar** o la **prestación social sustitutoria**. El ejército español está formado por el **Ejército de tierra**, la **Armada** y el **Ejército del aire**. Junto a su tarea en la **defensa nacional**, en las últimas décadas el ejército español ha ampliado su **campo de acción**. Este ejército también participa en **misiones de paz** y de **ayuda** humanitaria, como misiones en Afganistán o Irak. Las acciones internacionales se deben a los **compromisos** con la Unión Europea y la **Organización del Tratado del Atlántico Norte** (OTAN).

El terrorismo en España

El nacionalismo y su versión radical: ETA

España está formada por diversas culturas. Desde siempre ha habido problemas en el **reconocimiento** de estas culturas por parte de la administración central española. Los **movimientos nacionalistas** de Cataluña, País Vasco y Galicia **resurgieron con fuerza** en el siglo XIX y **dieron lugar a** las Comunidades Autónomas.

Pero no todas las **formaciones** políticas o sociales están de acuerdo con el **régimen** de autonomía que han conseguido. Cataluña y el País Vasco utilizaron la **lucha armada** para conseguir sus **objetivos**. La más famosa: ETA, la organización **independentista** vasca (Euskadi ta Askatasuna – El País Vasco y Libertad).

ETA nació en los años 60 para luchar por una nación vasca independiente y contra la **dictadura franquista**. Su proyecto de nación vasca **abarca** el actual País Vasco español, Navarra y el País Vasco francés. Para conseguir sus objetivos **perpetró atentados** contra las **Fuerzas Armadas**, concejales de partidos no nacionalistas del PP o del PSOE, así como personajes del mundo de la cultura: profesores de universidad, **artistas**, **periodistas** y **jueces**.

La historia de ETA ha sido muy complicada. Todos los Gobiernos españoles han intentado negociar el **desarme** de la banda terrorista. A lo largo de su historia ETA ha anunciado varias **treguas** que nunca fueron permanentes. Pero en enero de 2011 tres **encapuchados** grabaron un vídeo en el que se **anunció** un **alto al fuego** permanente, general y **verificable**. Aunque ETA no habló de **abandonar las armas**. Hasta el año 2012 ETA ha asesinado a más de 800 personas **en nombre de** la libertad del Pueblo Vasco.

el ejército de profesionales	Berufsarmee
cumplir algo	etw. leisten
el servicio militar	Wehrdienst
la prestación social sustitutoria	Zivildienst
el Ejército de tierra	Landstreitkräfte, Heer
la Armada E *army*	Seestreitkräfte, Kriegsmarine
el Ejército del aire	Luftstreitkräfte, -waffe
la defensa nacional	Verteidigung des Landes
el campo de acción	Handlungsgebiet, Aufgabenfeld
la misión de paz	Friedensmission
la ayuda ▸ ayudar a alguien	Hilfe
el compromiso	Vereinbarung, Übereinkunft
la Organización del Tratado del Atlántico Norte (OTAN)	NATO

el reconocimiento	Annerkennung
▸ reconocer *(-zco)* algo/a alguien	etw./jdn anerkennen
el movimiento nacionalista	nationalistische Bewegung
resurgir *(g-j)*	wiederaufleben, wieder auftauchen
con fuerza E *force*	kraftvoll, mächtig
dar lugar a algo	zu etw. führen

la formación	Gruppierung, Verband
el régimen ! *(pl.)* los regímenes	Regierungsform, Regierungssystem
la lucha = la batalla	Kampf
▸ luchar por algo	für etw. kämpfen
armado, armada	bewaffnet
! el arma *(f.)*	*Waffe*
el objetivo = la meta	Ziel
conseguir *(-i-)* un objetivo	Ziel erreichen
independentista	Unabhängigkeits-
▸ independiente	unabhängig

la dictadura franquista	Diktatur des Generals Franco
abarcar *(c-qu)* algo	*etw. umfassen*
perpetrar un atentado	*Attentat verüben*
las Fuerzas Armadas	Streitkräfte
el, la artista E *artist*	Künstler(in)
▸ el arte	Kunst
el, la periodista	Journalist(in)
el juez, la jueza	Richter(in)

el desarme	Entwaffnung
la tregua	Waffenstillstand, Ruhepause
▸ decretar una tregua	Waffenstillstand anordnen
encapuchado, encapuchada	vermummt
anunciar algo E *to announce sth*	etw. ankündigen
el alto al fuego	Waffenstillstand, Feuerpause
verificable	überprüfbar, verifizierbar
abandonar las armas	Waffen niederlegen
en nombre de	im Namen von

p22f7v

El terrorismo islamista en España

Los atentados del 11 de septiembre de 2001 **supusieron** un duro golpe para el terrorismo **a nivel mundial**. Debido a ello se incrementaron las **medidas antiterroristas** en todo el mundo y se **bloquearon** todas las **cuentas corrientes**. Así se intentó cortar su financiación.

La existencia de grupos terroristas islamistas en España es una **certeza**. Ya en 1985 se produjo un atentado contra el restaurante madrileño El Descanso. En este restaurante solían comer **militares** estadounidenses. En el atentado murieron 18 personas y más de 100 resultaron heridas. En la década de los 90 se establecieron los primeros grupos islamistas radicales en España; estos grupos, principalmente **de origen argelino** o **sirio**, **captaban** miembros entre los **inmigrantes**.

11M

Se llamó así al atentado del 11 de marzo de 2004. En este atentado perdieron la vida 191 personas –141 españoles, 16 **rumanos**, 6 **ecuatorianos**, 4 **polacos**, 4 **búlgaros**, 3 peruanos, 2 dominicanos, 2 colombianos, 2 **marroquíes**, 2 **ucranianos**, 2 **hondureños**, un **senegalés**, un cubano, un chileno, un brasileño, una **francesa** y un filipino– y más de 1800 resultaron heridas.

Durante 4 minutos ocurrieron 10 explosiones casi simultáneas en cuatro trenes. Más tarde, la policía **detonó de forma controlada**, dos bombas más que no habían **estallado**. También **desactivó** otro **artefacto** que permitió identificar a los autores. Casi un mes después, el 3 de abril de 2004, la policía localizó y rodeó a varios miembros del comando terrorista islamista en Leganés, Madrid. Los miembros **se suicidaron** haciendo estallar el piso en el que se habían **atrincherado**.

Consecuencias sociales y políticas del 11M

La respuesta social al atentado fue inmensa y muy emotiva. El mismo día del atentado miles de personas **acudieron a donar sangre** en los **servicios sanitarios**. En pocas horas los **bancos de sangre** de todos los hospitales, tanto en Madrid como en otras ciudades, estaban completos. Hubo **manifestaciones** en todas las ciudades y **concentraciones silenciosas** en las universidades.

El mismo día del atentado, las «Brigadas de Al-Qaida» **reivindicaron** la masacre de Madrid en un e-mail a un diario árabe. Aún así, el Gobierno denunció a ETA como la autora de los atentados. Durante los dos días siguientes **aparecieron las dudas** por parte de la policía, pero el Gobierno no **rectificó** su tesis. Además, ETA **desmintió** ser la autora del atentado. El día 14 de marzo hubo elecciones generales. Gran parte del pueblo español **acusó** al Gobierno de mentir sobre el atentado y las elecciones fueron ganadas por la oposición.

islamista	islamistisch
suponer *(≈ poner)* **algo =** implicar algo	sein, etw. darstellen
a nivel mundial	weltweit
▸ el mundo	Welt
las medidas antiterroristas	Antiterrormaßnahme
bloquear algo	etw. sperren
la cuenta corriente	Bankkonto

la certeza ▸ cierto, cierta	Gewissheit
el, la militar	Soldat(in)
de origen	Herkunft
argelino, argelina	algerisch
sirio, siria	syrisch
captar a alguien	jdn für sich gewinnen
el, la inmigrante	Einwanderer, Einwanderin

el rumano, la rumana	Rumäne, Rumänin
el ecuatoriano, la ecuatoriana	Ecuadorianer(in)
el polaco, la polaca	Pole, Polin
el búlgaro, la búlgara	Bulgare, Bulgarin
el, la marroquí	Marokkaner(in)
el ucraniano, la ucraniana	Ukrainer(in)
el hondureño, la hondureña	Honduraner(in)
el senegalés, la senegalesa	Senegalese, Senegalesin
el francés, la francesa	Franzose, Französin

detonar algo	etw. detonieren lassen
de forma controlada	kontrolliert
estallar	explodieren
desactivar algo	etw. ausschalten
el artefacto	Sprengkörper
suicidarse ▸ el suicidio	Selbstmord begehen
atrincherarse en algún lugar	sich irgendwo verschanzen

acudir a un lugar	zu einem Ort hingehen
donar sangre	Blut spenden
el servicio sanitario	Sanitätsdienst
el banco de sangre	Blutbank
la manifestación	Demonstration
la concentración silenciosa	stille Versammlung

reivindicar algo	sich zu etw. bekennen
aparecer *(-zco)* **la duda**	Zweifel auftauchen
rectificar algo	etw. berichtigen
desmentir *(-i-)*	widersprechen
acusar a alguien	jdn beschuldigen

p22f7v

6 La economía

📖 El papel del Estado

Los dos **sistemas económicos** tradicionales son:

- La **economía de libre mercado** de los países capitalistas, donde el Estado apenas interviene. El mercado funciona de acuerdo con las reglas de la **libre empresa**, es decir, la ley de la **oferta** y la **demanda**.
- La **economía de planificación** en la que los **bienes de producción** son **propiedad** del Estado y este **fija** los **objetivos**.

Hoy en día existen también **sistemas intermedios** en los que el Estado fija solo las líneas generales de la **política económica**. Es el caso de la **economía social de mercado** en la que el Estado **regula** y controla la actividad económica desarrollada por el **sector privado** (a través de planes **a medio** o **corto plazo** para garantizar la libre **competencia**). Además, el Estado también protege a los trabajadores **tomando medidas** como **jubilaciones anticipadas**, ayudas para **montar una empresa** o asegurándoles una **prestación por desempleo**.

La economía española

España sufrió de **aislacionismo** internacional y de una economía **autárquica** en la década de los 40 y 50. Los **sucesivos** Gobiernos democráticos **se** han **esforzado** por acercar la economía española a las primeras economías europeas. Con el **cumplimiento** de los **criterios de convergencia** europea, España pasó a formar parte de la Unión Europea (UE). Además, este país adoptó la **moneda única**, el euro, en el año 2002.

Las grandes líneas de la política económica las dicta el **Ministerio de Economía y Hacienda** con el ministro y sus secretarios económicos elaboran la política económica. Ahora el objetivo es hacer que la economía española y los productos españoles sean **competitivos** en el mercado internacional.

Desde 1998, el Banco Central Europeo (BCE) y los Bancos Centrales de los **países miembros** de la zona euro dirigen la **política monetaria**, se ocupan de la **estabilidad de precios** y de la **política de cambio**. Con su **sede** en Frankfurt, el BCE depende políticamente de los Gobiernos de la zona euro y de las instituciones de la Unión Europea.

el papel	Rolle
▸ desempeñar un papel	eine Rolle spielen
el sistema económico ▸ la economía	Wirtschaftssystem
la economía de libre mercado	freie Marktwirtschaft
la libre empresa	freies Unternehmertum
▸ la empresa	Firma, Unternehmen
la oferta ▸ ofrecer *(-zco)* algo	Angebot
la demanda	Nachfrage
la economía de planificación	Planwirtschaft
los bienes de producción	Produktionsgüter
la propiedad	Besitz, Eigentum
▸ propio, propia	eigene (r, s)
fijar algo	etw. festlegen, etw. bestimmen
el objetivo = la meta	Ziel

el sistema intermedio	Mischsystem
la política económica	Wirtschaftspolitik
la economía social de mercado	soziale Marktwirtschaft
regular algo	etw. regulieren, etw. regeln
el sector privado ≠ el sector público	Privatsektor
a medio plazo, a corto plazo ▸ a largo plazo	mittel-, kurzfristig
la competencia	Wettbewerb **FF** la concurrencia; *Zulauf*
tomar medidas	Maßnahmen ergreifen
la jubilación	Ruhestand
anticipado, anticipada	vorgezogen
montar una empresa	Unternehmen gründen
la prestación por desempleo	Arbeitslosengeld

el aislacionismo	Isolationismus
▸ aislado, aislada	isoliert
autárquico, autárquica	autark, (wirtschaftlich) unabhängig
sucesivo, sucesiva	(aufeinander) folgend
esforzarse *(-ue-)* **por hacer algo**	sich anstrengen etw. zu tun
▸ el esfuerzo	Anstrengung, Bemühung
el cumplimiento ▸ cumplir	Erfüllung
los criterios de convergencia	Konvergenzkriterien
la moneda única	einheitliche Währung

el Ministerio de Economía y Hacienda	Wirtschafts- und Finanzministerium
competitivo, competitiva	konkurrenzfähig
▸ la competencia	Konkurrenz

el país miembro	Mitgliedsland
la política monetaria	Währungspolitik
la estabilidad de precios	Preisstabilität
la política de cambio	Wechselpolitik
la sede	Sitz

qi6d23

Los sectores económicos

El sector servicios, el **comercio** y la industria son las actividades económicas básicas, tanto por su **aportación** al PIB, como por el número de **empleos** que generan.

El sector primario

En este sector se encuentran las empresas que se dedican a **explotar** los **recursos naturales**.

La **agricultura**: La agricultura es uno de los sectores con más éxito de la economía española, gracias a las **ayudas comunitarias**. En los últimos años se ha llevado a cabo la modernización del campo con nuevos **métodos de explotación** y sistemas de **riego** más eficaces. Estas medidas han aumentado su **competitividad** así como las exportaciones. La producción **agrícola** española supone una cuota importante en el conjunto de la UE. Además, se ha financiado la **formación** de los **agricultores**, también en el ámbito de la **agricultura ecológica**, con lo que se ha conseguido estabilizar el **éxodo rural**.

Los **cultivos** son muy diversos, destacando las frutas y las **hortalizas** –la mitad de la producción agrícola española–, como el olivo y sobre todo el **viñedo**. España es el tercer productor de vino del mundo. Y en menor cantidad se producen **cereales**, **algodón**, maíz y **girasol**.

La **ganadería** no es tan importante en el conjunto de la producción de la UE. La más importante es la ganadería **porcina** y **ovina**, seguida de la **vacuna**. Desde el 2010 se está introduciendo también la ganadería ecológica.

La **industria agroalimentaria** de este sector (queso y jamón entre otros) ocupa los primeros lugares en cuanto a **ventas** e **inversiones** y tiene un gran futuro.

La **pesca**: España tiene una gran tradición en pesca. Su flota es la más importante de la UE y es el tercer país del mundo (después de Japón y Rusia) en el sector. El **ramo** de la pesca en su conjunto –**industria conservera**, **construcción naval**, logística, etc.– es de suma importancia para la economía nacional. Los barcos españoles pescan en casi todos los mares.

Pero España, además de ser uno de los países **pesqueros** más importantes en la **comercialización** de este producto, es también uno de los mayores consumidores europeos. Los españoles consumen más de 24 kilos al año por habitante (la **media** europea es de 15 kg). Esta demanda hace que la producción nacional se complemente con la importación del exterior. ⟫

el comercio	Handel
la aportación	Beitrag
el empleo	Stelle, Job
▸ el empleado, la empleada	Angestellte(r)

el sector primario	primärer Sektor
explotar algo	etw. nutzen
los recursos naturales	natürliche Ressourcen

la agricultura	Landwirtschaft
la ayuda comunitaria	Beihilfe der EU
el método de explotación	Anbaumethode
el riego	Bewässerung
la competitividad ▸ competitivo, com-petitiva	Wettbewerbsfähigkeit
agrícola	Agrar-, landwirtschaftlich
la formación	(Aus)Bildung
▸ la formación profesional	Berufsausbildung
el agricultor, la agricultora	Landwirt(in)
la agricultura ecológica	ökologische Landwirtschaft
el éxodo rural	Landflucht

el cultivo	Anbau, Pflanzung
la hortaliza	Gemüse
el viñedo	Weinanbau
los cereales E *cereals*	Getreide
el algodón	Baumwolle
el girasol	Sonnenblume

la ganadería ▸ el ganado	Viehzucht
porcino, porcina ▸ el cerdo	Schweine-
ovino, ovina ▸ la oveja	Schaf-
vacuno, vacuna ▸ la vaca	Rinder-

la industria agroalimentaria	Industrie zur Verarbeitung landwirt-schaftl. Produkte
la venta ▸ vender algo	Verkauf
la inversión ▸ invertir *(-ie-)* algo	Investition

la pesca	Fischfang
el ramo = el sector	(Industrie)Zweig
la industria conservera	Konservenindustrie
la construcción naval ▸ la nave	Schiffbau

pesquero, pesquera ▸ la pesca	Fischerei-
la comercialización	Vermarktung
la media = el promedio	Durchschnitt

qi6d23

En este sector, se ha de defender además la **explotación responsable** de los recursos y así evitar la **extinción** de algunas **especies**, para lo que se están desarrollando **legislaciones** adecuadas.

Los **bosques**: El **corcho** es el principal recurso. La producción de **pulpa** y **madera** es insuficiente para **cubrir** las necesidades del país.

La **minería**: Esta se localiza sobre todo en el norte de España y se **extrae**, entre otros, **carbón**, **lignito** y cinc; así como un poco de **petróleo**. Pero los altos costes de **extracción** y el lento **agotamiento** de los recursos hace que la minería se encuentre **en declive**.

El sector secundario: la industria

La industria española es relativamente pequeña en relación con el conjunto de la UE. En el sector **energético**, España produce electricidad principalmente de **centrales térmicas**, seguida de **centrales nucleares** e **instalaciones hidroeléctricas**.

Las energías alternativas –solar, **eólica**, **maremotriz** y **geotérmica**– van adquiriendo gran importancia. La energía eólica es la fuente de energía alternativa más importante en España, que ya es el tercer productor de este tipo de energía en el mundo.

El sector del automóvil tiene un peso muy importante en la economía española. La industria química y **aeronáutica** también aunque en menor escala. Pero los sectores tradicionales de la industria como la **siderometalurgia**, la construcción naval y la industria de la madera, han sido **reconvertidos**.

Tenemos como sectores rentables la **industria manufacturera** de producción textil, de confección, de **cuero** y **calzado**; así como la **industria alimentaria** con un gran futuro. Otro sector en expansión es el de cultura y **ocio** y la **industria editorial**.

La apertura del mercado español a la Unión Europea y los mercados mundiales es muy positiva, pero también **plantea retos**. La economía española necesita un número significativo de **pequeñas y medianas empresas** (PYMES) para poder responder a una constante demanda. Por ejemplo, la **participación** de las grandes empresas españolas en el empleo industrial es **inferior a** la de Alemania, Francia o el Reino Unido. 》》》

la explotación responsable	verantwortliche Nutzung
la extinción	Aussterben
la especie E *species*	Gattung, Art
la legislación	Gesetze

el bosque	Wald
el corcho	Kork
la pulpa	Holzmasse
la madera	Holz
cubrir algo ! la cobertura	etw. decken

la minería ▶ el minero	Bergbau
extraer (≈ *traer*) algo	etw. abbauen, etw. fördern
el carbón	Kohle
el lignito	Braunkohle
el petróleo E *petrol*	Erdöl
la extracción	Förderung
el agotamiento	Erschöpfung
en declive ≠ en alza	im Abschwung

el sector secundario	sekundärer Sektor
energético, energética	Energie-
la central térmica	Wärmekraftwerk
la central nuclear	Atom-, Kernkraftwerk
la instalación hidroeléctrica	Wasserkraftwerk

eólico, eólica	Wind-
maremotriz	Gezeiten-
geotérmico, geotérmica	Erdwärme-

aeronáutico, aeronáutica E *aeronautic*	Luftfahrt-
la siderometalurgia	Eisenmetallurgie
reconvertir (-i-) algo	etw. restrukturieren, etw. umstrukturieren

la industria manufacturera	verarbeitende Industrie
el cuero	Leder
el calzado	Schuhwerk, Schuhe
la industria alimentaria	Nahrungsmittelindustrie
el ocio = el tiempo libre	Freizeit
la industria editorial	Verlagsgewerbe

plantear un reto	Herausforderung stellen
las PYMES (pequeñas y medianas empresas)	kleine und mittlere Unternehmen
la participación E *participation*	Beteiligung
inferior a ≠ superior a	geringer als

qi6d23

Pero además de esto, en los últimos años, gran parte de las empresas que **pertenecían** al Estado o a los bancos españoles han sido compradas por capital extranjero. Esto hace, por una parte, que la economía española **dependa de** las decisiones de las multinacionales extranjeras, y por otra parte que no se **invierta** el capital necesario para **ampliar** la industria española y **favorecer** su competitividad **a largo plazo**.

El **sector terciario**

Este sector agrupa el conjunto de actividades que ofrecen servicios. Es, por tanto, muy **heterogéneo** y comprende, entre otros: **transporte**, comercio, **finanzas**, ocio y turismo, telecomunicaciones o **administración pública**.

El sector **financiero** y la **bolsa**: Entre los años 2000 y 2010 este sector **ha atravesado** una etapa de fusiones y OPAS (Ofertas Públicas de **Adquisición**). En la actualidad hay un gran número de **cajas de ahorro** (con capital público) y bancos. Los principales grupos financieros españoles son el Santander Central Hispano (SCH) y el Banco Bilbao Vizcaya Argentaria (BBVA), entre los bancos; y CajaMadrid y la Caixa, entre las cajas. Con la liberalización del mercado europeo, este sector ha tenido que buscar nuevos mercados, sobre todo en Latinoamérica.

En España hay 4 bolsas: Madrid, Barcelona, Bilbao y Valencia; donde se compran o venden **acciones**, **obligaciones** o **fondos**. El IBEX, Índice General de **Cotización** de las Bolsas Españolas, es un indicador de las cotizaciones, y el IBEX-35 agrupa los 35 **valores** más **negociados**.

El turismo: El turismo es una de las principales **fuentes** de empleo e **ingresos** económicos **a escala mundial** y su importancia en la economía española es inmensa. A pesar de las numerosas **crisis** del sector, España ocupa una de las primeras posiciones mundiales en destino de viajes turísticos internacionales, tanto en número de visitantes como en ingresos. Más de un 90% de los turistas que llegan a España son europeos, especialmente del Reino Unido, Alemania y Francia.

En lo que se refiere al empleo en turismo, la mayoría de los **puestos de trabajo** se reparten entre **personal hotelero** y en restaurantes; así como agencias de viajes y, en un segundo plano, **transporte** de **pasajeros**, **alquiler de automóviles** y actividades culturales y deportivas. »»

pertenecer *(-zco)* **a alguien**	jdm gehören
depender de alguien	von etw./jdm abhängig sein
invertir *(-ie-)* **algo**	etw. investieren
ampliar algo	etw. vergrößern, etw. ausbauen
favorecer *(-zco)* **algo** E *to favour sth*	unterstützen, begünstigen
a largo plazo ✢ a corto plazo	langfristig

el sector terciario	Dienstleistungssektor
heterogéneo, heterogénea	verschiedenartig, heterogen
✢ homogéneo, homogénea	
el transporte	Verkehr
las finanzas	Finanzen
la administración pública	öffentliche Verwaltung
E *administration*	

financiero, financiera	Finanz-
la bolsa	Börse
atravesar *(-ie-)* **algo**	etw. durchmachen
la adquisición	Kauf, Erwerb
la Oferta Pública de Adquisición	öffentliches Kaufangebot
la caja de ahorro	Sparkasse

la acción	Aktie
la obligación	Obligation
el fondo	Fonds
la cotización	Kurs, Aktiennotierung
el valor	Wertpapier
❗ el valor	*Mut*
negociar algo	etw. handeln

la fuente	Quelle
los ingresos ✢ los gastos	Einnahmen, Einkünfte, Erträge
a escala mundial ✢ a escala local	weltweit
la crisis ❗ *(pl.)* las crisis	Krise

el puesto de trabajo	Arbeitsplatz, ~stelle
el personal hotelero	Hotelpersonal
el transporte	Beförderung, Transport
el pasajero, la pasajera	Reisende(r)
el alquiler de automóviles	Autovermietung

El turismo tiene un **papel clave** para la economía española. Ya que los ingresos de este sector **equilibran** la **balanza comercial** española. No obstante, los últimos años han mostrado que el actual modelo de turismo sol y playa está anticuado. Es necesario atraer con otras ofertas a un turista de mayor **poder adquisitivo**. Cada vez hay más turistas cuyo destino es España, pero estos cada vez gastan menos. Además, países como Croacia, Turquía y Bulgaria **compiten con** el mismo producto y con un precio menor. Para salvar esta situación, se está trabajando en varias direcciones: **diversificar** la oferta ofreciendo destinos alternativos, crear una oferta cada vez más **sostenible** respetando el medioambiente y **promocionar** mejor el país explicando las diferentes regiones y sus atractivos.

Para diversificar la oferta se intenta **dar a conocer** mejor la riqueza cultural de España y **fomentar** así el turismo **rural** y cultural. En este país existe un rico **patrimonio cultural** con muchos lugares declarados **Patrimonio Cultural de la Humanidad** por la Unesco y que turísticamente no se **aprovechan** lo suficiente.

Se está creando una oferta para **clientes** cada vez más **exigentes**, apoyando un modelo sostenible y respetuoso con el **entorno**. Para conseguirlo, se han desarrollado diferentes modelos como fue la **ecotasa** en Baleares o el **diseño** de **planes urbanísticos** sostenibles. Todas estas medidas intentan **preservar** y **recuperar** el **medio ambiente**, además de frenar el **turismo de masas** que lleva al **desastre** ecológico y a la **pérdida** de clientes.

Las Oficinas Españolas de Turismo en el Exterior son las **encargadas** de promocionar las ofertas turísticas españolas. Además, está el "**Portal** del Turismo" www.spain.info que alcanza en la **red** a nuevos clientes con productos turísticos **a medida**.

Y por último, otro reto de este sector es su internacionalización. Muchas **cadenas hoteleras** españolas están buscando otros centros turísticos donde ofrecer sus servicios. Sobre todo para salvar las pérdidas que sus empresas sufren en los meses de menor **ocupación**. Y, como era de esperar, las zonas preferidas se encuentran en Latinoamérica, sobre todo en Centroamérica.

El mundo del trabajo

Profesiones y oficios

El mercado de trabajo ya no es lo que era antes. No todas las **profesiones liberales** (**abogados**, médicos, arquitectos…) o los que han hecho una **carrera universitaria** tienen asegurado un puesto de trabajo. Es más, tampoco todos los que lo consiguen reciben una buena **remuneración**. En los últimos años, **economistas**, filólogos o **historiadores**, entre otros, han tenido que aceptar empleos en otros sectores. Algunos **se** han **presentado a oposiciones** y hoy en día son **funcionarios** del Estado, muchos de ellos en niveles de la administración mucho más bajos que los que por sus estudios les corresponderían. 〉〉〉

el papel clave	Schlüsselrolle
equilibrar ≠ desequilibrar	ausgleichen
la balanza comercial	Handelsbilanz
el poder adquisitivo	Kaufkraft
competir *(-i-)* **con algo/alguien**	mit etw./jdm konkurrieren
▸ la competencia	Konkurrenz
diversificar *(c-qu)*	vielseitig gestalten, diversifizieren
sostenible E *sustainable*	nachhaltig
el desarrollo sostenible	nachhaltige Entwicklung
promocionar algo	für etw. werben

dar a conocer algo	etw. bekannt machen
fomentar algo	etw. fördern, etw. ankurbeln
rural	ländlich
≠ urbano, urbana	städtisch
el patrimonio cultural	Kulturgut, -erbe
el Patrimonio Cultural de la Humanidad	Weltkulturerbe
aprovechar algo ≠ desaprovechar	etw. nutzen, sich etw. zunutze machen

el, la cliente E *client*	Kunde, Kundin
exigente	anspruchsvoll
▸ exigir *(g-j)* algo	etw. fordern, etw. verlangen
el entorno	Umgebung
la ecotasa	Ökosteuer, Ökoabgabe
el diseño	Entwurf, Skizze
el plan urbanístico	Bebauungsplan
preservar algo	etw. schützen
recuperar algo	etw. wiedergewinnen
el medio ambiente	Umwelt
el turismo de masas	Massentourismus
el desastre E *disaster*	Katastrophe
la pérdida ▸ perder *(-ie-)* algo	Verlust

el encargado, la encargada	Beauftragte(r)
el portal	Homepage, Portal
la red = Internet	Netz, Internet
a medida	maßgeschneidert

la cadena hotelera	Hotelkette
la ocupación E *occupation*	Belegung

las profesiones liberales	freie Berufe
el abogado, la abogada	Rechtsanwalt, Rechtsanwältin
la carrera universitaria	Universitätsstudium
la remuneración	Bezahlung, Lohn
el, la economista E *economist*	Wirtschaftswissenschaftler(in)
el historiador, la historiadora	Historiker(in)
presentarse a oposiciones	*an Auswahlprüfungen für den öffentl. Dienst teilnehmen*
el funcionario, la funcionaria	Beamte(r)

qi6d23

Los salarios han dado un giro de 180º y las personas que han aprendido un oficio como los **carpinteros**, **electricistas**, **cerrajeros**, **albañiles** o mecánicos tienen más oportunidades de encontrar un trabajo. Hay personas que deciden montar una empresa como los **peluqueros**, **panaderos** o, en un mercado, **carniceros**, **pescaderos** o **charcuteros**; aquí ya aparecen más riesgos. Además, con la flexibilización de los **horarios de apertura** quizá consigan hacer más **negocio**, pero a costa de sacrificar también el tiempo que pasan con su familia y su tiempo libre.

La **artesanía** sigue estando muy mal pagada, antes y ahora. Esto, junto con las nuevas técnicas de producción, hace que muchas profesiones como ceramista u **orfebre** prácticamente desaparezcan o solo existan gracias a subvenciones **estatales**. Pero, sobre todo con los cambios en el mercado de trabajo, se han creado nuevas profesiones como programador, administrador de sistemas, **diseñador Web**, animador cultural, **auxiliares de geriatría** y **cuidadores de ancianos**.

Los sindicatos y las organizaciones empresariales

La Constitución española de 1978 reconoce el papel de los sindicatos de trabajadores y de las organizaciones empresariales en la **defensa** y **promoción** de los intereses económicos de **ambas** partes. La Constitución garantiza el derecho a la **negociación colectiva** y pone en manos de los **agentes sociales** la **determinación** de las condiciones de trabajo. El **convenio colectivo** es el instrumento que trabajadores y empresarios tienen para **llegar a acuerdos** en los **aumentos de sueldo** o en la determinación de la **jornada laboral**. Así como adaptar su actividad a las nuevas tecnologías y a las condiciones económicas, sociales o **jurídicas** del momento. En estas negociaciones, el Gobierno desempeña un papel **mediador** y todos mantienen un contacto permanente para reformar el mercado de trabajo.

La organización para la defensa de los intereses **empresariales** es la **Confederación Española de Organizaciones Empresariales** (CEOE). Esta organización agrupa a todas las empresas **asociadas** por sectores (automóvil, banca, turismo, etc.) o por tamaño (pequeñas y medianas). Las empresas del País Vasco y Cataluña poseen sus propias **asociaciones** empresariales.

Los trabajadores españoles tienen derecho a defender sus intereses a través de la **afiliación** a algún sindicato y a **declararse en huelga**. Los sindicatos más representativos son:

- la Confederación Sindical de Comisiones Obreras (CC. OO.), en sus **orígenes** de **orientación** comunista;
- la Unión General de Trabajadores (UGT), de orientación socialista y **vinculada** al Partido Socialista Obrero Español (PSOE);
- la Unión Sindical Obrera (USO);
- el Sindicato Independiente de Funcionarios (CSIF).

el carpintero, la carpintera	Schreiner(in), Tischler(in)
el, la electricista	Elektriker(in)
el cerrajero, la cerrajera	Schlosser(in)
el, la albañil	Maurer(in)
el peluquero, la peluquera	Friseur(in)
el panadero, la panadera ▸ el pan	Bäcker(in)
el carnicero, la carnicera ▸ la carne	Metzger(in), Fleischer(in)
el pescadero, la pescadera	Fischhändler(in)
el charcutero, la charcutera	Metzger(in)
el horario de apertura	Öffnungszeiten
el negocio	Geschäft, Umsatz

la artesanía ▸ el arte	Kunsthandwerk
el, la orfebre	Kunstschmied(in)
estatal ✚ privado	staatlich
el diseñador, la diseñadora Web	Webdesigner(in)
el, la auxiliar de geriatría	Altenpfleger(in)
el cuidador, la cuidadora de ancianos	Altenbetreuer(in)

el sindicato ▸ sindical	Gewerkschaft
la organización empresarial	Arbeitgeberorganisation
la defensa ✚ el ataque	Verteidigung
la promoción	Förderung
ambos, ambas	beide
la negociación colectiva	Tarifverhandlung
el agente social	Tarifpartner
la determinación	Bestimmung, Beschluss
el convenio colectivo	Tarifvertrag
llegar a un acuerdo	sich einigen
el aumento de sueldo	Gehaltserhöhung
la jornada laboral	Arbeitstag
jurídico, jurídica	rechtlich
mediador	vermittelnd, Mittler

empresarial	Unternehmens-
▸ la empresa	Firma, Unternehmen
Confederación Española de	*spanische Unternehmerorganisation*
Organizaciones Empresariales (CEOE)	
asociado, asociada	zusammengeschlossen, asoziiert
la asociación	Verband

la afiliación ▸ afiliarse a algo	Beitritt
declararse en huelga	in (den) Streik treten
▸ la huelga	Streik

el origen ! *(pl.)* los orígenes **E** *origin*	Ursprung
la orientación	*(polit.)* Einstellung
vinculado, vinculada a algo	verbunden mit

El paro

La reforma y modernización del mercado de trabajo se ha mostrado como una de las medidas más eficaces para reducir la alta **tasa de desempleo** en España. Entre las medidas tomadas se encuentran:

- la creación de nuevos **contratos** que aseguren el puesto de trabajo **estable** y den facilidades a los **empresarios** para la **contratación** y el **despido** de trabajadores;
- medidas para garantizar la integración efectiva de la mujer en el mercado laboral español;
- **fomentar** el **empleo juvenil** a través de **ayudas fiscales**;
- fortalecer la **formación profesional**;
- **prolongar** la **vida laboral**;
- reducir las prestaciones por desempleo: se amplía el tiempo que hay que **cotizar** para conseguir la prestación y se vincula el pago de la misma a que el **parado** acepte ofertas de empleo adecuadas a su nivel de formación.

La tasa de desempleo plantea un enorme reto para la economía española, aunque no cabe duda de que estas medidas han conseguido crear más empleo y a su vez más estable. Sobre todo es el sector de servicios el que da trabajo a las dos terceras partes de la **población activa**.

El papel de los inmigrantes en la economía española

En los años 80, España pasó de ser un país de **emigrantes** a recibirlos. Aunque su número es **inferior** al de otros países de la UE.

La forma de entrar legalmente en el mercado de trabajo es poseer un **permiso de trabajo**. Se ha fijado un **contingente anual** de trabajadores extranjeros que pueden trabajar en España, para evitar así la contratación **irregular** y **prevenir** la explotación. No obstante, desgraciadamente, gran parte de los trabajadores pertenecen a la **próspera economía sumergida** española. Tienen que trabajar **a destajo** en el **mercado negro** de trabajo sin **seguros** y en condiciones **humillantes**. ⟫⟫

Un trabajador en una plantación en Andalucía

la tasa de desempleo	Arbeitslosenquote
▸ el desempleo **=** el paro	Arbeitslosigkeit

el contrato	Vertrag
el empresario, la empresaria	Unternehmer(in)
la contratación ▸ contratar a alguien	Einstellung, Anstellung
el despido ▸ despedir *(-i-)* a alguien	Entlassung
fomentar algo	etw. fördern, etw. unterstützen
el empleo juvenil	Arbeitsplätze für Jugendliche
▸ juvenil	Jugend-, jugendlich
la ayuda fiscal	Steuererleichterung
la formación profesional	Berufsausbildung
prolongar *(g-gu)* **algo**	etw. verlängern
la vida laboral	Arbeitsleben
cotizar *(z-c)* **algo**	Beiträge zahlen
el parado, la parada	Arbeitslose(r)

la población activa	arbeitende Bevölkerung

el, la inmigrante ᴇ *immigrant*	Einwanderer(in)
el, la emigrante	Auswanderer(in)
inferior a ⧧ superior a	niedriger als

el permiso de trabajo	Arbeitserlaubnis
el contingente	Kontingent, Quote
anual ▸ el año	jährlich
irregular	ordnungswidrig
prevenir *(≈ venir)* **algo**	etw. vermeiden, etw. vorbeugen
próspero, próspera	florierend, blühend
la economía sumergida	Schattenwirtschaft
a destajo	im Akkord
el mercado negro	Schwarzmarkt
el seguro	Versicherung
humillante ᴇ *humiliating*	erniedrigend

qi6d23

El mayor número de trabajadores inmigrantes se encuentra en las Comunidades de Cataluña, Madrid y Andalucía, donde **residen** más de dos tercios del total. Son en su mayor parte de Marruecos, Latinoamérica (Ecuador y Colombia sobre todo) y los países del este de Europa (Rumanía y Bulgaria principalmente). En cuanto a los empleos que desempeñan, trabajan sobre todo en el **servicio doméstico**, cuidador de ancianos, agricultura, **hostelería**, construcción y **comercio al por menor**.

España en la globalización

El comercio exterior

En general se puede decir que España importa más que exporta, y por lo tanto su balanza comercial es en la mayoría de los años **deficitaria**. Entre las principales importaciones a España se encuentran **combustibles**, petróleo, **maquinaria** y **equipos** de transporte, productos **manufacturados**, alimentos, animales vivos y productos químicos. Los principales productos exportados son maquinaria y equipos de transporte, alimentos y animales vivos, **vehículos de motor**, **hierro** y **acero**, así como textiles y artículos de confección.

España realiza sus principales **intercambios** comerciales con la UE, seguida de América Latina y los Estados Unidos.

Las inversiones en el exterior

En los últimos años, la **inversión directa** de la UE en Latinoamérica ha vivido una constante expansión y España, en particular, ha sido el país más activo. Este enorme **flujo de capital** ha dado lugar a que 7 de las multinacionales más importantes en Latinoamérica sean europeas y 3 estadounidenses. España ha invertido en Latinoamérica para vender productos que no tenían éxito en el continente europeo. Estos productos, sin embargo, encontraban en Latinoamérica un mercado especialmente **propicio** para ellos por la cultura y lengua comunes.

Los **ingresos** en Latinoamérica de las empresas más importantes como Telefónica o Repsol **asentadas** allí suponen una importante cuota de sus ingresos totales. Las inversiones se han concentrado en los siguientes sectores:

- Energía eléctrica: En la que la industria española tiene la **mayoría dominante,** sobre todo en los mercados de Argentina, Brasil, Chile y México.
- Sector de las telecomunicaciones: Telefónica de España es el máximo inversor, seguido de France Télécom y Telefonica Italia.
- Sector de la banca: Dos grandes bancos españoles **compiten por** las **cuotas de mercado** latino: el Banco Bilbao Vizcaya Argentaria (BBVA) y el Santander Central Hispano (SCH). Las zonas preferidas para sus inversiones son el Cono Sur y México. El **escaso uso** que todavía se hace de los servicios bancarios en la zona promete grandes beneficios en el futuro; siempre y cuando mejoren las **condiciones de seguridad**, tanto económicas como personales.

residir *(en un lugar)*	*(an einem Ort)* wohnen
el servicio doméstico	Haushaltsdienstleistungsgewerbe
la hostelería *(LA)* la hotelería	Hotel- und Gaststättengewerbe
el comercio al por menor	Einzelhandel
⧧ el comercio al por mayor	Großhandel

la globalización	Globalisierung

deficitario, deficitaria	defizitär
el combustible	Kraftstoff, Treibstoff
la maquinaria	Maschinerie
el equipo	Ausrüstung, Ausstattung
manufacturado, manufacturada	Fabrik-, Manufaktur-
el vehículo de motor	Kraftfahrzeug
el hierro	Eisen
el acero	Stahl

el intercambio	Austausch

la inversión directa	Direktinvestition
el flujo de capital	Kapitalfluss
propicio, propicia	günstig

los ingresos	Einnahmen, Einkünfte, Erträge
asentado, asentada	ansässig
▸ asentarse *(-ie-) (en un lugar)*	sich niederlassen *(an einem Ort)*

la mayoría ⧧ la minoría	Mehrheit
dominante	herrschend
competir *(-i-)* **por algo**	um etw. konkurrieren, im Wettbewerb um etw. stehen
la cuota de mercado	Marktanteil
escaso, escasa E *scarce*	gering
el uso	Gebrauch
▸ usar algo	etw. benutzen, etw. gebrauchen
la condición de seguridad	Sicherheitsbedingung

qi6d23

La economía latinoamericana en la globalización

En la economía interrelacionada de la globalización, los periodos de **recesión** económica **afectan** más a **países en vías de desarrollo** que a **países desarrollados**. Es el caso de la economía latinoamericana cuya **dependencia** de la economía mundial, y en especial de la economía norteamericana, es inmensa. En términos generales, aproximadamente el 75 % de las producciones de Latinoamérica **se dirigen al mercado exterior**, en su mayoría a EE. UU., la UE y Asia. México ocupa un lugar especial de dependencia con EE. UU. por sus acuerdos comerciales a través del **Tratado de Libre Comercio** con ese país y Canadá

En un mercado mundial, la **desaceleración** de la economía de las principales potencias económicas hace que se **reduzcan** las importaciones de productos de sus **socios comerciales**. Esta situación **acarrea** la **caída de precios** de las **materias primas** y los productos manufacturados, lo que reduce notablemente una de las principales fuentes de ingresos de estos países. La caída del producto interior bruto (PIB) **per cápita** aumenta el desempleo; y la **pobreza** en la zona no solo **persiste**, sino que aumenta. Además, resulta imposible una **distribución** más justa de la **renta**, así como el desarrollo de un **mercado interior** sano.

Existe un escaso **margen de maniobra** de los Gobiernos latinoamericanos para mejorar la **precaria** situación social y económica. Además, estos Gobiernos deben pagar los **intereses** de la **deuda exterior contraída** en las pasadas décadas. Pago que se ha hecho todavía más difícil por la **devaluación** de sus monedas. Por otra parte, la inestabilidad política y social de algunos países (Venezuela, Cuba y Ecuador) ha provocado, junto con otros factores, que los **países inversores** busquen zonas más estables que les proporcionen beneficios más **inmediatos**.

Desgraciadamente, las reformas que se estaban realizando en algunos de los países de la región no han **dado los frutos** que se esperaba de ellas. Unas veces por **insuficientes**, otras veces a causa de la recesión de la economía mundial. Por otra parte, no hay que olvidar que gran parte de las consecuencias de estas reformas las sufre directamente la clase media y baja. La falta de ayudas en estos casos tiene como consecuencia que estas clases empiecen a creer en las falsas promesas de políticos populistas (como, por ejemplo, Chávez en Venezuela). Estos políticos no realizan las reformas y por consecuencia la situación económica de esas **capas sociales** no mejora a largo plazo y, en general, tampoco la economía latinoamericana. 》》

la recesión	Rezession
afectar a alguien E *to affect sb*	betreffen
el país en vía de desarrollo	Entwicklungsland
el país desarrollado	Industrienation
la dependencia ✢ la independencia	Abhängigkeit
dirigirse *(g-j)* **a algo**	sich auf etw. richten
el mercado exterior ✢ el mercado interior	Auslandsmarkt
el Tratado de Libre Comercio (TLC)	(nordamerikanisches) Freihandelsabkommen (NAFTA)

la desaceleración	Verlangsamung
reducir *(-zco)* **algo**	etw. reduzieren, etw. beschränken
el socio comercial	Handelspartner
acarrear algo	etw. mit sich bringen
la caída de precios	Preisverfall
la materia prima	Rohstoff
per cápita	pro Kopf
la pobreza ✢ la riqueza	Armut
persistir	anhalten, fortdauern
la distribución ▶ distribuir *(-y-)* algo	Verteilung
la renta	Ertrag, Einkommen
el mercado interior ✢ el mercado exterior	Binnenmarkt

el margen de maniobra	Handlungsspielraum
precario, precaria	heikel, ungewiss
el interés E *interest*	Zinssatz, Zinsen
la deuda exterior	Außenhandelsschulden
contraer *(≈ traer)* **deudas**	Schulden machen
la devaluación	Abwertung
el país inversor	Investitionsland
inmediato, inmediata E *immediate*	unmittelbar

dar fruto	Ertrag abwerfen
insuficiente E *insufficient*	ungenügend
la capa social	Gesellschaftsschicht

qi6d23

No obstante, las reformas son necesarias; y en esta **tarea** no solo están **comprometidos** los países de la zona, sino también los países desarrollados que tienen intereses en Latinoamérica. Estos, la mayoría de ellos también **acreedores**, deberían suavizar las condiciones de pago de la deuda exterior. Así podrán obtener mayores beneficios a medio y largo plazo. Además, los **países deudores** pueden realizar las reformas necesarias para participar en la economía mundial de forma más **saludable**.

Las nuevas reformas son necesarias en dos **frentes**: el económico y el político-social. Entre las medidas económicas se encuentran:

- fomentar la inversión en infraestructuras y personal, con el fin de mejorar la distribución de la productividad y las **oportunidades** en la sociedad;
- apoyar la **investigación** y **difusión** del **conocimiento** técnico y crear **mano de obra cualificada**;
- crear un **espacio** para las pequeñas y medianas empresas.

En lo político y social se han de **acometer reformas institucionales** que permitan transparencia y **pluralidad** política, que **generen hábitos** democráticos y fomenten el perfeccionamiento de la **justicia** y la estabilidad institucional.

Crisis económica a principios del siglo XXI

La burbuja inmobiliaria

A finales de la década de los 90 el precio de pisos, casas, locales y garajes en España experimentó un increíble aumento. Este aumento no era **acorde con** el **incremento** del **IPC** (Índice de Precios al Consumo) o de las **rentas**.

Las principales causas fueron: los **beneficios fiscales** para la adquisición de una **vivienda**, la falta de **suelo edificable**, la especulación, la **recalificación** de suelos y el exceso de crédito.

Los **bancos** concedieron créditos **con mucha facilidad** y muchas familias pidieron estos créditos aún sin tener un trabajo estable. Los bancos **concedían dinero** a un interés muy bajo, pero variable anualmente y sin realizar un estudio sobre la **viabilidad** del pago de la deuda.

Las viviendas se **sobrevaloraron** en cientos de miles de euros y para poder pagarlas la gente pidió hipotecas altísimas. Algunas llegaron a ser de 40 y 50 años. Incluso en algunas situaciones estas hipotecas se podían **heredar** de padres a hijos.

la tarea	Aufgabe
comprometido, comprometida	*(politisch)* engagiert
el acreedor, la acreedora ≠ el deudor, la deudora	Gläubiger(in)
el país deudor	Schuldnerland
saludable = sano, sana	gesund

el frente	Front
! la frente	*Stirn*

la oportunidad E *opportunity*	Gelegenheit
la investigación	Forschung
la difusión ▸ difundir algo	Verbreitung
el conocimiento	Kenntnis(se)
la mano de obra	Arbeitskraft
cualificado, cualificada	qualifiziert
el espacio	Raum
! el espacio	*Weltraum*

acometer reformas	Reformen in Angriff nehmen
institucional	institutionell, der öffentlichen Einrichtungen
la pluralidad	Vielfältigkeit
generar algo	etw. hervorrufen
el hábito = la costumbre	(An)Gewohnheit
la justicia	Justiz

la burbuja inmobiliaria	Immobilienblase
acorde con algo/alguien	in Übereinstimmung (mit etw./jdm)
el incremento	Zunahme
IPC (Índice de Precios al Consumo)	Index der Verbraucherpreise
la renta = los ingresos	Einkommen

el beneficio fiscal	Steuervorteil
la vivienda	Wohnung
el suelo edificable	Baugrundstück
la recalificación	Neubewertung

el banco	Bank
con mucha facilidad	problemlos
conceder dinero	Kredit gewähren
la viabilidad	Machbarkeit

sobrevalorar algo ≠ infravalorar algo	etw. überbewerten
heredar algo	etw. vererben

qi6d23

Influencia en el mercado laboral

Durante estos primeros años el mercado inmobiliario español tuvo una expansión sin precedentes. Se **construyeron** cientos de miles de viviendas por año para **satisfacer** la demanda. En el ámbito laboral miles de trabajadores fueron necesitados, albañiles, **fontaneros**, carpinteros… Muchos de ellos eran inmigrantes **provenientes de** Europa del este y de Latinoamérica. Estos nuevos trabajadores de la construcción **solicitaban** también créditos y nuevas viviendas. Así la demanda fue aumentando constantemente.

Durante estos años el sector de la construcción fue el motor económico en España. La tasa de paro descendió enormemente, además, los servicios en escuelas, hospitales, comercios creció por el aumento de población (España superó los 45 millones de habitantes) y los Gobiernos **tenían superávit**. España se convirtió en un país de **nuevos ricos**, ya que además de pisos se concedieron cientos de miles de millones en créditos para segundas residencias, coches, ordenadores, reformas, aparatos tecnológicos, viajes al extranjero… En muchas familias el 80 % del sueldo desaparecía el primero de mes para pagar los créditos al banco.

Hubo muchas voces que **alertaron del** peligro de esta situación. Ya que la construcción de pisos no podía durar eternamente. Pero los Gobiernos **hicieron oídos sordos**. Incluso **tacharon de alarmistas** a los críticos de la nueva situación económica.

Pinchazo de la burbuja

La situación económica cambió radicalmente en agosto de 2007. En este año la burbuja inmobiliaria estadounidense **reventó**. Los problemas de Estados Unidos, con la caída de precios y las **hipotecas basura** se reflejaron en España al año siguiente, en 2008. A partir de este año, la **compraventa** de viviendas en España **cayó en picado**. La gente dejó de comprar viviendas, y debido a ello de construirlas. Por lo que muchas personas se quedaron en paro. Sobre todo aquellas sin cualificación profesional que habían trabajado como albañiles.

Miles de familias debían pagar unas altas hipotecas durante años, pero no tenían trabajo. Estos nuevos parados no tenían **formación** para otro trabajo. Además, muchas de estas personas eran emigrantes, que tenían su familia ya en España y su situación era dramática.

Crisis financiera

La crisis financiera mundial **se originó** en Estados Unidos en el año 2008 y tuvo **repercusiones** en todo el planeta. La **gestión** corrupta de varias compañías, bancas y **aseguradoras** sin control **fiscal** provocaron la mayor **bancarrota** del sistema financiero **occidental**. 》》

construir *(-y-)* **algo**	bauen
satisfacer algo	etw. erfüllen, etw. befriedigen
satisfacer la demanda	Nachfrage erfüllen
el fontanero, la fontanera	Klempner(in)
proveniente de	stammend von
solicitar *(un crédito)* ≠ rechazar algo	*(Kredit)* beantragen
▸ la solicitud	Anfrage, Antrag

tener superávit ≠ déficit	Überschuss haben
el nuevo rico, la nueva rica	Neureiche(r)

alertar a alguien de algo	jdn. vor etw. warnen
hacer oídos sordos	sich taub stellen
≠ ser todo oídos	genau zuhören
tachar a alguien de alarmista	jdn als Panikmacher beschuldigen
▸ el alarma *(f.)*	Alarm

el pinchazo	Stich
reventar *(una burbuja)*	*(Blase)* platzen
la hipoteca basura	Hypothek mit hohem Ausfallrisiko
= el bono basura	Junk-Bond
la compraventa	Kauf und Verkauf
caer en picado	einen Preissturz erleben

la formación	Ausbildung
la formación básica	Grundausbildung

originarse	verursacht werden
la repercusión E *repercussion*	Auswirkung
la gestión	Management
▸ gestionar algo	etw. führen, etw. leiten
la aseguradora	Versicherungsgesellschaft
la entidad aseguradora	Versorgungsträger
fiscal	Finanz-
la bancarrota	Pleite, Bankrott
declararse en bancarrota	sich Bankrott erklären
occidental	westlich
≠ oriental	östlich

qi6d23

España sufrió sus consecuencias de forma durísima, debido a que en dos años se enfrentó a una doble crisis, la inmobiliaria y la financiera mundial. A partir del año 2009 el índice de paro **se disparó**, así como la **deuda pública**. Los bancos empezaron a tener problemas de **liquidez** y algunos tuvieron que ser **rescatados**. En el año 2012 la banca española y el Gobierno español solicitaron ayuda al FMI (Fondo Monetario Internacional) y a la Unión Europea.

Repercusiones sociales de la crisis

Debido a la dureza de la crisis, en el año 2012 el gobierno reformó los servicios sociales estatales para destinar más dinero al pago de la deuda pública. Así comenzaron los **recortes** más drásticos de la democracia española que **sufrieron** los más débiles y pobres.

Primero, el Gobierno reformó las **leyes laborales**, el **despido** del trabajador es más barato, los sindicatos tienen menos poder y los empresarios disfrutan de mayores **beneficios** fiscales. Así como la prestación social por desempleo disminuyó en cantidad y duración.

Jóvenes protestando contra los recortes sociales en Madrid

Después, anuló millones de euros en ayudas sociales a ancianos, mujeres, **discapacitados físicos** y psíquicos, mujeres embarazadas, mujeres maltratadas, niños, niñas y adolescentes con problemas, integración de emigrantes… Se recortaron los servicios sociales básicos en sanidad y educación, menos escuelas, menos profesores, peores hospitales con menos médicos.

El Gobierno aplicó nuevos **impuestos**, **suprimió** una paga y aumentó la **jornada laboral** a los funcionarios españoles –policía, bomberos, médicos, profesores–. El Gobierno también aumentó la **presión** fiscal a la clase media y subió el IVA para poder pagar la **deuda soberana** y así **sufragar** el rescate de la banca.

dispararse	in die Höhe schießen
los precios se disparan	Preise schießen in die Höhe
la deuda pública	Staatsschulden
asumir la deuda	Schulden bedienen
la liquidez	Liquidität
rescatar a alguien	jdn retten
▸ el rescate	Rettung

el recorte	Kürzung
el recorte social	sozialer Kahlschlag
sufrir algo	etw. erleiden
sufrir pérdidas	etw. einbüßen

la ley laboral	Arbeitsgesetz
aprobar (-ue-) una ley	Gesetz beschließen
el despido	Entlassung
▸ despedir a alguien	jdn entlassen
el beneficio ≠ la pérdida	Profit

el discapacitado, la discapacitada	Behinderte(r)
físico, física	körperlich, Körper-

el impuesto	Steuern
recaudar un impuesto	Steuern einziehen
suprimir algo	etw. abschaffen
la jornada laboral	Arbeitstag
reducir la jornada laboral	Arbeitszeitverkürzung
la presión	Druck
aguantar la presión	Druck aushalten
la deuda soberana	Staatsschulden
sufragar algo	etw. bestreiten

7 El mundo hispanohablante

📖 Lenguas de España e Hispanoamérica

La terminología

El **significado** de la diferente terminología usada para hablar del mundo **hispanohablante** es bastante confuso, por eso vale la pena empezar por aclarar lo que significa cada uno de los **términos**. Suramérica, por ejemplo, no **incluye** Centroamérica. Iberoamérica reune a todos los pueblos de América que en la **colonización formaron parte de** España o Portugal. Tanto Latinoamérica como América Latina **se refieren a** todos los países donde se hablan lenguas que **provienen del latín**. Hispanoamérica por el contrario **hace referencia** solamente **a** los países del continente americano en los cuales se habla el español como **lengua oficial**.

¿Se habla español o **castellano**? Pues, a decir verdad, español, ya que esta palabra **se aplica a** la lengua hablada en toda España, Hispanoamérica y en otras partes del mundo incluyendo Guinea Ecuatorial, las Filipinas y los Estados Unidos. El castellano, por el contrario, **hace alusión a** la lengua que comenzó a hablarse en Castilla en la **Edad Media**. Más tarde **se difundió en** todo el territorio español y hoy se reconoce en el mundo entero como lengua oficial de **organismos internacionales** como la **ONU** (Organización de las Naciones Unidas) y la **UE** (Unión Europea).

No obstante, algunos hablantes en España prefieren el término castellano al de español por respeto a las otras lenguas oficiales.

El español como lengua

Tanto en España como en Hispanoamérica el idioma oficial es el español. De manera que el español es idioma oficial de 21 países con aproximadamente 400 millones de **hablantes nativos** en el mundo, **obviando** los 40 millones que viven en los Estados Unidos. Ahí la **hispanofonía cuenta con** varias **cadenas de radio** y televisión con **emisiones** totalmente en español. Así que, por número de hablantes, el español es la segunda lengua más hablada del mundo trás el **chino**. En Internet ocupa el tercer lugar, después del chino y el inglés.

El español **se extiende por** todo el planeta y se habla en lugares muy **distantes**, pero mantiene una **uniformidad** en el **idioma culto** y **escrito** que permite la **comprensión** entre todos sus hablantes sin mayor dificultad.

la terminología	Terminologie, Fachwortschatz
el significado ▸ significar *(c-qu)* algo	Bedeutung
hispanohablante	Spanisch sprechend
el término ▸ la terminología	(Fach)Ausdruck, Wort, Begriff
incluir *(-y-)* algo	etw. einschließen, etw. umfassen
todo incluido	alles inklusive
la colonización ▸ colonizar *(z-c)* algo	Kolonisation, Besiedelung
▸ colonial	
formar parte de algo	zu etw. gehören
referirse *(-ie-)* a algo ᴇ *to refer to sth*	sich auf etw. beziehen
provenir *(≈ venir)* de algo	von etw. herkommen, aus etw. stammen
el latín	Latein
hacer referencia a algo = referirse a algo	sich auf etw. beziehen
la lengua oficial	Amtssprache

el castellano	Spanisch
aplicarse *(c-qu)* a algo	auf etw. anwenden, für etw. verwenden, für etw. gebrauchen
hacer alusión a algo	etw. andeuten, auf etw. anspielen
la Edad Media	Mittelalter
difundirse en ▸ la difusión	sich ausbreiten, sich verbreiten
el organismo internacional	internationale Organisation
la ONU *(Organización de las Naciones Unidas)*	UNO *(Vereinte Nationen)*
la UE *(Unión Europea)*	EU *(Europäische Union)*

el hablante nativo, la hablante nativa	Muttersprachler(in)
obviar *(-í-)* algo	*hier:* mit Ausnahme von etw.
la hispanofonía	spanischsprachige Bevölkerung
contar *(-ue-)* con algo/alguien	etw./jdn haben
la cadena de radio	Radiosender
la emisión	Übertragung, Sendung
▸ emitir algo	etw. aussenden, etw. übertragen
el chino	Chinesisch

extenderse *(-ie-)* por algo ᴇ *to extend*	sich über etw. ausbreiten, sich über etw. verbreiten
distante ≠ cerca *(adv.)*	entfernt, abgelegen
▸ la distancia	Entfernung, Abstand
la uniformidad	Einheitlichkeit
el idioma culto	Hochsprache, Standardsprache
el idioma escrito	Schriftsprache
la comprensión ᴇ *comprehension*	Verständigung
▸ comprender algo	etw. verstehen

c5kp4k

El bilingüismo

El español no es la única lengua oficial en España ya que desde la **Constitución** de 1978 existen otras tres **lenguas cooficiales**: el **catalán**, el **gallego** y el **vasco**. Las dos primeras **se derivan**, al igual que el español, **del** latín; y el vasco, también llamado euskera, es de origen desconocido. Desde 1978, en las **Comunidades Autónomas** donde el castellano coexiste con una de las otras lenguas, se ha promovido el bilingüismo en las escuelas, en el uso burocrático y **cotidiano**. Esto fue **rotundamente prohibido** durante el **franquismo**.

El catalán es la segunda lengua más hablada en España con casi 10 millones de hablantes en Europa. En Cataluña el aprendizaje del castellano se limita al **ambiente familiar. A nivel educativo** es el catalán la lengua utilizada por los **docentes**, tanto fuera como dentro de clase por aplicación de la Ley de Política Lingüística de 1998. **Hecho** que ha **desencadenado** una serie de problemas a nivel de discriminación **lingüística**.

En Hispanoamérica hay una gran **riqueza** lingüística. En algunos países, como Panamá o Costa Rica, el español es la única lengua oficial, pero en otros son dos y tres lenguas las oficiales. Así es que en Perú aparece el español como lengua oficial junto al quechua y el aimara. En Bolivia, desde 2009, se reconocen 37 idiomas como oficiales. En la mayoría de los países hispanohablantes se hablan varias **lenguas indígenas** y en algunas constituciones esto aparece de manera bastante **explícita**.

La constitución colombiana, por ejemplo, lo expresa de la siguiente manera: "Las lenguas y dialectos de los **grupos étnicos** son también oficiales en sus **territorios**. La **enseñanza** que se **imparta** en las comunidades con tradiciones lingüísticas propias será **bilingüe**". Algunas de las lenguas indígenas más conocidas son: el náhuatl hablado principalmente en el sur de México y Guatemala, el quechua, sobre todo en Perú y Bolivia, o el guaraní, hablado principalmente en Paraguay.

Desarrollo del español a través de los siglos

El español ha sido **enriquecido** durante siglos no solo por las lenguas indígenas sino también por otras más como lo hizo el árabe en España y como lo está haciendo el inglés en Hispanoamérica y España.

El **legado de origen árabe** pertenece sobre todo a las áreas de las matemáticas y el comercio ya que los árabes **abastecieron** hasta el siglo X los puertos del sur peninsular. **Muestras** de estas **aportaciones** son **alfombra** o **almacén** del árabe –como muchas de las palabras que empiezan con *a-* o *al-* en español–, **líder** o **camping** del inglés. El legado de origen indígena es principalmente en el **campo** de la fauna, la flora y los frutos. Algunos ejemplos son: caimán, tomate, cacao, tabaco, ananá, o **aguacate** del náhualt, **cancha** del quechua. 〉〉〉

el bilingüismo	Zweisprachigkeit, Bilingualismus
la constitución E *constitution*	Verfassung
las lenguas cooficiales	gemeinsame Amtssprachen
el catalán	Katalanisch
el gallego	Galizisch
el vasco = el euskera	Baskisch
derivarse de algo	aus etw. hervorgehen, von etw. ableiten
la Comunidad Autónoma	autonome Region *(entspricht etwa einem Bundesland)*
cotidiano, cotidiana	alltäglich
prohibir algo rotundamente	etw. strikt verbieten
el franquismo	Franco-Regime *(Diktatur Francos in Spanien von 1939 bis 1975)*

el ambiente familiar	Kreis der Familie
a nivel educativo	im Bildungsbereich
el, la docente ▸ el profesor, la profesora	Lehrer(in), Dozent(in)
el hecho	Tatsache
desencadenar algo	etw. auslösen
▸ la cadena	Kette
lingüístico, lingüística	sprachlich

la riqueza ≠ la pobreza	Reichtum
la lengua indígena	indigene Sprache
explícito, explícita ≠ implícito, implícita	ausdrücklich, explizit

el grupo étnico	Volksgruppe
el territorio E *territory*	Gebiet
impartir enseñanza ▸ enseñar algo	Unterricht erteilen
bilingüe	zweisprachig, bilingual
▸ monolingüe	einsprachig

enriquecer *(-zco)* **algo**	etw. bereichern
▸ rico, rica	reich

el legado = la herencia	Erbe
de origen árabe	aus dem Arabischen; arabischen Ursprungs
▸ el origen	Ursprung, Entstehung
abastecer *(-zco)* **a alguien de/con algo**	jdn. mit etw. beliefern, jdn. mit etw. versorgen
la muestra ▸ mostrar *(-ue-)* algo	*hier:* Beispiel
la aportación = la contribución	Beitrag
la alfombra	Teppich
el almacén	Lager
el líder E *leader*	Chef, Anführer
el camping	Campingplatz
el campo	Bereich, Gebiet
el aguacate	Avocado
la cancha	*(LA)* Spielplatz, Sportplatz, Spielraum

c5kp4k

Además de estas diferencias **léxicas**, el español de España y el español de América presentan más diferencias que se pueden encontrar también dentro de España. Hay, por ejemplo, una gran diferencia en la pronunciación del **ceceo** o **seseo.** En Latinoamérica y el sur de España se pronuncian igual las palabras *coser* y *cocer*. Otro caso es la pronunciación de *y* y *ll* que se pronuncian también igual: "Yo me llamo".

También es importante **resaltar** el uso de *ustedes* en vez de *vosotros* en Latinoamérica. En España la pregunta "¿*Vosotros vais* a salir con *vuestras* amigas?" es en Latinoamérica "¿*Ustedes van* a salir con *sus* amigas?".

Y, finalmente, en algunos países de América se sustituye el pretérito perfecto por el indefinido. Se dice: "Esta mañana *desayuné* mucho". en vez de "Esta mañana *he desayunado* mucho".

A pesar de estás y otras cuantas diferencias el español obra como elemento **unificador** entre continentes ya que todos se entienden.

España internacional

España y la Unión Europea

España **es miembro de** varias de las organizaciones internacionales más importantes como la **OMC** (Organización Mundial del Comercio), la **OTAN** (Organización del **Tratado** del Atlántico Norte), la ONU (Organización de las Naciones Unidas) incluyendo a varios de sus **organismos** especializados como la **OMS** (Organización Mundial de la Salud), Unicef y la Unesco, y también de la UE (Unión Europea).

La **apertura política** de España hacia el exterior comenzó con su **adhesión** a la Comunidad Europea en enero de 1986 aunque el **primer paso** se **dio** ya en 1951 con la **incorporación** de España a la OMS. Con ello España dejó atrás la **época franquista** y **prefranquista** que la **tenían aislada** del resto de Europa.

La **Comunidad Económica Europea** (CEE) nació en 1957 con seis **países miembros**, entre ellos Alemania, Francia e Italia. Hoy **reúne a** 27 países. La **ampliación** del sur empezó con Grecia en 1981 seguida, cinco años más tarde, por España y Portugal. En 2007 entraron los últimos dos **integrantes**: Rumanía y Bulgaria. La UE igualmente se seguirá extendiendo a lo largo de este siglo a Albania, Croacía, Islandia, Macedonia, Montenegro, Kosovo, Serbia, Turquía, Bosnia y Herzegovina por las **negociaciones** que se están **llevando a cabo** con algunas de estas naciones. »»

léxico, léxica	lexikalisch *(das Vokabular betreffend)*
el ceceo	Lispeln *(Aussprache des -s- als -z-)*
el seseo	*(Aussprache des -c- als -s-)*

resaltar algo = destacar algo	etw. hervorheben

unificador ▸ unir (dos elementos)	verbindend

ser miembro de algo ▸ E *to be a member of*	bei/von etw. Mitglied sein
la OMC	Welthandelsorganisation
la OTAN	NATO
el tratado	Vertrag
el organismo	*hier:* Organisation
la OMS	Weltgesundheitsorganisation (WHO)

la apertura política ▸ abrir algo	politische Öffnung
la adhesión	Beitritt
dar el primer paso	den ersten Schritt tun
la incorporación	Eingliederung, Aufnahme
la época franquista ▸ el franquismo	*Diktatur Francisco Francos in Spanien von 1936/39 bis 1975*
la época prefranquista	*Zeit vor der Machtergreifung von Franco*
tener aislado, aislada a alguien	jdn isolieren
▸ el aislamiento	Isolation

la Comunidad Económica Europea (CEE)	Europäische Wirtschaftsgemeinschaft
el país miembro	Mitglied(s)staat
reunir a algo/a alguien ▸ la reunión	etw./jdn vereinigen, etw./jdn versammeln
la ampliación	Erweiterung
▸ amplio, amplia	weit, geräumig
el, la integrante	Mitglied
la negociación E *negotiation*	Verhandlung
▸ negociar algo	etw. verhandeln
llevar a cabo algo	etw. durchführen

c5kp4k

La **participación** en la Unión Europea no le ha traído solo **ventajas** a España. Por lo visto, le falta todavía mucho para considerarse en el nivel de los demás países que la componen. La **implementación** del euro fue el verdadero **inicio** de la **Unión Económica y Monetaria** (UEM) en 1998. En 2002, en España, como en once más de los **países comunitarios** de la UE, cambiaron sus **monedas** y **billetes** –las pesetas en España, los marcos alemanes en Alemania– y así, por fin, **entró en circulación** el euro. El euro ha **traído consigo beneficios** esenciales como la **eliminación** de los costes de cambio, la creación de un **mercado transparente** en la comparación de precios, una mayor **estabilidad monetaria**, aunque también ha **contribuido al aumento** de la inflación.

Desde 2008 la **crisis económica mundial** ha tenido una fuerte **repercusión** en España. Ha habido un imparable **crecimiento** de **desempleo** y numerosas empresas han presentado **suspensión de pagos**. En 2012, el **paro** es de 5,3 millones de desempleados. Otra cosa es el coste de la vida diaria que es supremamente alto en España mientras que los **salarios** son muy bajos. En 2012 el salario medio en España es de 21 500 euros brutos al año, que es la mitad que el de Alemania. Al mismo tiempo suben los costes de la vida diaria como el precio del gas y de la electricidad.

A causa del paro, del **aumento** en las **tasas universitarias** y otras razones más, los jóvenes españoles –también conocidos como los **indignados**– comenzaron en 2011 a protestar pacíficamente en la Puerta del Sol de Madrid en el famoso Movimiento del 15-M.

En 2012, más de la mitad de los jóvenes en España está sin trabajo y si lo tienen necesitan casi 80 % del salario para pagar el piso. Razón por la cual la mayoría de los jóvenes emancipados necesitan ayuda de sus padres. Por estos motivos muchos académicos están saliendo del país. La mayoría de ellos **van rumbo a** Alemania.

España y Latinoamérica

A razón de la misma historia, ya que España fue la que **conquistó** y **colonizó** a Iberoamérica, la relación entre España y Latinoamérica ha sido un poco como la relación entre padres e hijos –como lo describió el escritor argentino Julio Cortázar. **De ahí que** Iberoamérica haya necesitado distanciarse de España para empezar una relación más abierta y directa. Antes y aún hoy en día se pueden encontrar **huellas** de una **actitud** de **recelo de parte y parte**. En cuanto al idioma podemos observar que por un lado los españoles **se sorprendían** por la forma de hablar de los hispanoamericanos y, por el otro, los hispanoamericanos **ironizaban** el acento español. Tanto por su historia como por compartir la misma lengua y cultura, España **constituye** un puente unificador entre Hispanoamérica y Europa. 》》》

la participación ᴇ *participation*	Beteiligung
la ventaja ≠ la desventaja	Vorteil
la implementación	Einführung
el inicio = el comienzo	Beginn
la Unión Económica y Monetaria (UEM)	Wirtschafts- und Währungsunion
el país comunitario	*(EU)* Mitgliedsland
la moneda	Münze; Währung
el billete	Banknote, Geldschein
entrar en circulación	in Umlauf kommen/sein
traer consigo	mit sich bringen
el beneficio	Nutzen, Vorteil
la eliminación	Beseitigung, Entfernung
el mercado	Markt
transparente	durchschaubar
la estabilidad monetaria	Währungsstabilität
contribuir *(-y-)* a algo	zu etw. beitragen, bei etw. mithelfen
el aumento = el crecimiento	Anstieg, Anwachsen

la crisis económica mundial	weltweite Wirtschaftskrise
la repercusión	Auswirkung
el crecimiento = el aumento	Anstieg, Anwachsen
el desempleo ≠ el empleo	Arbeitslosigkeit
▸ emplear a alguien	jdn beschäftigen
▸ el desempleado, la desempleada	Arbeitslose(r)
la suspensión de pagos	Aussetzung der Gehälter
▸ el pago	Lohn, Gehalt
el paro = el desempleo	Arbeitslosigkeit
el salario ᴇ *salary*	Gehalt
el salario medio	Durchschnittseinkommen

el aumento = el crecimiento	Anstieg, Anwachsen
la tasa universitaria	Studiengebühr
indignado, indignada	empört, zornig
expresar su indignación	seinem Unwillen Ausdruck verleihen

ir rumbo a	Kurs nehmen auf

a razón de	aufgrund von
conquistar ▸ el conquistador, la conquistadora	erobern
colonizar ▸ la colonia	kolonisieren
de ahí que	daher, deshalb
la huella	Spur
la actitud ▸ actuar	Haltung, Verhalten
el recelo	Argwohn, Misstrauen
de parte y parte	auf beiden Seiten
sorprenderse ▸ la sorpresa	überrascht sein/werden
ironizar algo/a alguien ▸ la ironía	sich über etw. lustig machen
constituir *(-y-)* algo	etw. bilden, etw. darstellen

c5kp4k

Las **relaciones económicas** entre Europa y América Latina no son muy fuertes, ya que para la Unión Europea América Latina representa tan solo el 2% de las exportaciones de la UE y Latinoamerica tiene sobre todo intercambios intrarregionales con EE. UU.. Sin embargo, España siempre ha mantenido relaciones diplomáticas con América Latina y **juega un papel central** en cuanto al acercamiento comercial de Europa a Latinoámerica. **A su vez**, España **fortalece** su economía en los países latinoamericanos, especialmente en el **sector financiero** y de **construcción** de **servicios públicos**. Un buen ejemplo es la presencia de dos grandes bancos españoles en América Latina: el Santander y el Bilbao Vizcaya Argentaria (BBVA) que obtienen en Latinoamerica aproximadamente 50% de sus **utilidades**.

España y Alemania

Las **inversiones** económicas traen consigo el **apoyo** para una mejor comprensión entre sus gentes. Hoy en día se está **haciendo** un mayor **hincapié en** las relaciones interculturales y personales para obtener mejores resultados económicos. Es así que la enseñanza del idioma, la interculturalidad y el interés económico son **signos** de globalización y **movilización** flexible que **va más allá de las fronteras**. Un ejemplo para el **auge** del español es que en las escuelas alemanas su enseñanza ha aumentado de tal forma que ha llegado a convertirse en la tercera y hasta en la segunda lengua aprendida, dependiendo de la región.

Uno de los **requisitos** para que el mercado económico sea **satisfactorio** a nivel mundial es el contacto humano y social, **eliminando barreras** para personas y capitales. La **Fundación Goethe España** y el Instituto Cervantes son ejemplos de **entidades** que apoyan e intensifican tanto las lenguas –alemán y español– como las relaciones culturales entre Alemania y España.

No hay que olvidar los importantes **hermanamientos** entre ciudades españolas y alemanas. La **formación** de éstos **surge** por diferentes motivos: algunas veces de **personas particulares**, otras veces de **sociedades**. Uno de los hermanamientos más antiguos es el de Paderborn y su **ciudad gemela** Pamplona, que cuenta con un origen histórico y **data de** la época del **emperador Carlomagno**. En el caso de Maguncia (Mainz) y Valencia fue por un **intercambio** de teatros y de **directores**. 》》

la relación	Beziehung
económico, económica	Wirtschafts-
▸ la economía	Wirtschaft
jugar *(-ue-)* **un papel central**	eine zentrale Rolle spielen
a su vez	seinerseits, ihrerseits
fortalecer *(-zco)* **algo/a alguien**	stärken
≠ debilitar algo/a alguien	jdn schwächen
el sector financiero = las finanzas	Finanzbereich
la construcción ▸ construir *(-y-)* algo	Bauauftrag
el servicio público	öffentliche Hand
la utilidad	Gewinn

la inversión	Investition
el apoyo = la ayuda	Hilfe, Unterstützung
▸ apoyar a alguien	jdn unterstützen, jdm helfen
hacer hincapié en algo = hacer énfasis	auf etw. beharren, etw. betonen
en algo	
el signo E *sign*	Zeichen
la movilización ▸ mover *(-ue-)* algo	Mobilisierung, Einsatz
ir más allá de la frontera	über die Grenzen hinausgehen
el auge	Boom

el requisito	Voraussetzung, Erfordernis
▸ requerir algo	etw. erfordern
satisfactorio, satisfactoria ▸ satisfacer a	zufrieden stellend
alguien *(satisfecho)*	
eliminar algo E *to eliminate*	etw. entfernen, etw. beseitigen
la barrera	Schranke, Barriere
la Fundación Goethe España	Goethe Institut in Spanien
la entidad	Körperschaft

el hermanamiento = la hermandad	(Städte)Partnerschaft
▸ el hermano, la hermana	Bruder, Schwester
la formación	Bildung
▸ formar algo	etw. bilden
surgir *(-j-)*	entstehen, aufkommen
la persona particular	Einzelperson
la sociedad E *society*	Gesellschaft
la ciudad gemela	Partnerstadt
▸ el gemelo, la gemela	Zwilling
datar de	stammen von, datieren aus
el emperador, la emperatriz	Kaiser(in)
▸ el imperio	Kaiserreich
Carlomagno	Karl der Große
el intercambio	Austausch
el director, la directora	Dirigent(in)
	FF el, la dirigente; *Leiter,*
	Manager

c5kp4k

Así hoy en día hay unas tres docenas de estas hermandades que organizan toda clase de actividades, desde presentaciones folclóricas y viajes a las respectivas ciudades, hasta intercambios universitarios. Estos últimos **son de** mucha **acogida** y **respaldados** por diferentes **entidades** como el DAAD (Deutscher Akademischer Austausch Dienst) y Erasmus.

Latinoamérica internacional

Relaciones entre los países hispanohablantes de América y sus vecinos

Los problemas de Latinoamérica son más o menos **homogéneos** para todos los países que la componen. Una razón por la que estas naciones se ven obligadas a trabajar unidas para fortalecer sus **puntos débiles** como son la protección de los **derechos humanos**, la **lucha** por la **paz**, la democracia, la **desigualdad** social, la pobreza, el analfabetismo, la corrupción, el **narcotráfico** y el **fomento** del comercio. Los ideales **perseguidos** son muy parecidos, los resultados también lo son. Desgraciadamente, es muy poco lo que cambia a pesar de la **voluntad** y los **esfuerzos** de todas las organizaciones que luchan unidas.

Una de las organizaciones que **tiene como meta** lograr los **objetivos compartidos** de los 35 países del Caribe, de América del Norte, del Centro y del Sur es la OEA (Organización de los Estados Americanos) **fundada** en 1948. Existen también otras organizaciones interamericanas que **hacen énfasis en** el **desarrollo** económico como:

- el MERCOSUR (El Mercado Común del Sur) constituido en 1991 por Argentina, Brasil, Paraguay y Uruguay;
- el TLC (Tratado de **Libre Comercio**) con los Estados Unidos y Canadá desde 1993;
- la CAN (La Comunidad Andina) una **zona de libre comercio** establecida desde 1993 y que reúne a Bolivia, Colombia, Ecuador y Perú; Venezuela fue miembro hasta 2006 y Chile entre 1969 y 1976;
- el ALCA (Área de Libre Comercio de las Américas) nació en 1994, fue suspendido en 2005 y, en 2012, durante la VI cumbre de las Américas, los Presidentes de 34 de los países democráticos de América **acordaron** ponerla nuevamente en marcha;
- la AP (Alianza del Pacífico) está formada por Chile, México, Perú y Colombia. Su intención es la integración regional para un mayor crecimiento y desarrollo de la economía de estos cuatro países.

ser de acogida	Zustimmung finden
▸ acoger a alguien	jdn aufnehmen, jdn empfangen
respaldar algo/a alguien	etw./jdn unterstützen
la entidad	Körperschaft, Vereinigung

homogéneo, homogénea ≠ heterogéneo, heterogénea	homogen, einheitlich
el punto débil ≠ el punto fuerte	Schwäche, Schwachstelle
los derechos humanos	Menschenrechte
la lucha	Kampf
▸ luchar contra/por algo	gegen/für etw. kämpfen
la paz	Frieden
▸ pacífico, pacífica	friedlich
la desigualdad ≠ la igualdad	Ungleichheit, soziale Ungerechtigkeit
el narcotráfico	Drogenhandel
el fomento	Förderung, Unterstützung
▸ fomentar algo	etw. fördern
perseguir *(e-i; gu-g)* **algo**	etw. verfolgen
la voluntad	Wille
el esfuerzo	Anstrengung
▸ esforzarse *(-ue-)*	sich anstrengen

tener como meta	als Ziel haben
▸ la meta **=** el objetivo	Ziel
el objetivo compartido	gemeinsames Ziel
fundar algo	etw. gründen
hacer énfasis en algo = hacer hincapié en algo	etw. betonen
el desarrollo	Entwicklung

el libre comercio	freier Handel
la zona de libre comercio	Freihandelszone
acordar *(-ue-)* **algo**	etw. vereinbaren, etw. beschließen
▸ el acuerdo	Vereinbarung, Abkommen

c5kp4k

Relaciones entre Latinoamérica y Europa

En Europa también hay instituciones que se preocupan por las actividades comerciales de Latinoamérica y la Península Ibérica. La **Asociación Ibero-América**, fundada en 1916 en Hamburgo, **promueve** el comercio y la inversión y **se esfuerza en profundizar** las relaciones económicas, sociales y culturales de Alemania y de la Unión Europea con estas regiones. Los miembros de esta asociación son, en su mayoría, **empresas privadas** de países europeos, principalmente de Alemania, con intereses en América Latina, así como también empresas latinoamericanas que desean **mantener vínculos** con Alemania.

Desde 2004 existe la primera iniciativa de libre comercio por parte de Europa con un país del continente americano llamada El tratado de libre comercio entre la Unión Europea y México (TLCUEM). Otros **acuerdos** que han **entrado en vigencia** han sido entre los países que conforman la Asociación Europea de Libre Comercio (AELC), a saber Liechtenstein, Suiza, Noruega e Islandia, con dos países andinos: Perú y Colombia.

Se está **proyectando** un acuerdo euro-latinoamericano para promover las negociaciones entre la Unión Europea y los países de América Latina. En junio de 2012, Colombia y Perú estarán firmando este Acuerdo de Asociación que les permitirá exportar el 99,9 % de productos industriales con libre acceso y **sin aranceles**.

Las relaciones entre Europa y Latinoamérica se pueden ver no solo en cuestiones económicas sino también personales, ya que los hermanamientos en los últimos años han aumentado. A pesar de la falta de **medios económicos** y de las grandes distancias, muchas universidades buscan soluciones desarrollando programas a distancia con la ayuda de Internet o de profesorado de las universidades hermanas.

Los profesores viajan a **impartir cursos** especiales para que los estudiantes no tengan **gastos de viajes**, **estancia** y otros que se presentan al ir a estudiar al extranjero. Así la educación logra **superar** las barreras de tiempo, distancia y **recursos**. Los **grados** se **convalidan** a través de las universidades hermanas que se apoyan según sus **puntos fuertes**. Este nuevo modelo educativo **virtual** todavía es un proyecto muy joven que, sin embargo, ha tenido una gran **acogida** hasta el momento.

Los Estados Unidos y Latinoamérica

Hispanohablantes dentro de los EE. UU.

Como gran parte de los latinoamericanos que viven en esta **gran potencia** de Norteamérica son **trabajadores indocumentados** o ilegales, la cifra de hispanos aproximada es de 40 millones. Así, este país **se convierte** –después de México, España, Colombia y Argentina– en el quinto país en población hispanohablante del mundo. **》》**

la Asociación Ibero-América	Ibero-Amerika-Verein
promover *(-ue-)* **algo**	etw. fördern ▸ **FF** la promoción; *Förderung/Promotion*; el doctorado
esforzarse en *(-ue-)* **algo**	sich um etw. bemühen
▸ el esfuerzo	Anstrengung, Bemühung
profundizar *(z-c)* **algo**	etw. vertiefen
▸ profundo, profunda	tief
la empresa privada	Privatunternehmen
mantener *(≈ tener)*	aufrechterhalten
el vínculo	Verbindung, Verknüpfung
el acuerdo = el convenio	Abkommen, Vereinbarung
entrar en vigencia	rechtskräftig werden
proyectar algo = planear algo	etw. planen
sin aranceles	zollfrei
los medios económicos	wirtschaftliche Mittel
impartir cursos = enseñar	(Unterricht) erteilen
los gastos de viaje	Reisekosten
la estancia ▸ estar	Aufenthalt
superar algo	etw. überwinden
los recursos	(finanzielle) Mittel
el grado	akademischer Grad
convalidar algo	etw. anerkennen, etw. bestätigen
▸ válido, válida	gültig
el punto fuerte ≠ el punto débil	Stärke, starke Seite
virtual ≠ real	virtuell
la acogida ▸ acoger *(g-j)* algo/a alguien	Aufnahme, Empfang
tener una gran acogida	breite Zustimmung finden
la gran potencia	Großmacht
el trabajador, la trabajadora ▸ trabajar	Arbeiter(in)
indocumentado, indocumentada	ohne (Ausweis)Papiere
el Documento Nacional de Identidad (el DNI)	Personalausweis
convertirse en *(-ie-)* **algo =** hacerse	werden
= transformarse en algo	

c5kp4k

Ya los primeros **pobladores** que llegaron de **ultramar,** especialmente al suroeste de los EE. UU., en el siglo XVI, fueron de origen hispano. Más tarde, por motivos políticos, históricos y geográficos, llegaron sobre todo mexicanos, puertorriqueños y cubanos.

Hoy en día, los **inmigrantes** latinos en los Estados Unidos **provienen de** veinte países hispanohablantes diferentes. Muchos de ellos dejan todo en su país y **emigran** en busca de una mejor vida económica, una **estabilidad** política y con la esperanza de que sus hijos logren lo que ellos no han podido lograr.

(ver también capítulo 8)

Influencia de los EE. UU. en Latinoamérica

En los países latinoamericanos se vive también diariamente una **contradicción**: por un lado los que tienen una actitud **antiestadounidense**, que muestran gran **desprecio** por todo lo que venga de este país y por otro lado una gran mayoría que **codicia** todo lo proveniente o que parezca provenir de los Estados Unidos de América.

Se alimentan con comidas rápidas (McDonalds tiene filiales en 119 países), beben sus bebidas (Coca-Cola se vende en casi todo el mundo), ven sus películas o "**enlatados gringos**" como les llaman, oyen su música, se ponen sus marcas. Hasta el **sentido de la belleza** es **categorizado según** los **modelos** de belleza de las revistas estadounidenses: las personas deben ser rubias, blancas, altas y de nariz pequeña. Asimismo, juega un papel muy importante la moda importada al igual que todos los **fenómenos** que la acompañan, como son las marcas, los **letreros** de camisetas, de bolsos que siempre van en inglés.

Parece ser que hasta la ortografía de muchos de los productos nacionales tiene que **asemejar** la escritura inglesa o por lo menos lo que se piensa que es inglés. Un ejemplo es el uso exagerado de la letra "k" que en español poco uso tiene; las consonantes dobles como en "Betty", llevados a tal extremo que las nuevas palabras formadas no son ni inglés ni español como en "Citty Marcket". Esto solo con el fin de que parezca proveniente de Estados Unidos, lo que para muchos es **sinónimo** de mejor calidad y que por el mismo hecho se puede vender **a mejor precio**.

La política económica de los Estados Unidos de América contribuye también a que estos **síntomas** se **intensifiquen a mayor escala**. El mercado nacional **se impulsa** menos que antes en muchos países hispanoaméricanos. Una de las razones de este desarrollo es la política de **libre mercado** que se introdujo a principios de los 80. Ella ha contribuido a **facilitar el acceso** estadounidense **a** los mercados latinoamericanos, **restringiendo** al mismo tiempo la entrada de Latinoamérica en los mercados de EE. UU.

Con esta nueva política se **atrajo** a los **inversores** extranjeros, pero no se **fomentó** la expansión de mercados nacionales y su consumo. El **beneficio** ha sido solo para una pequeña élite de multimillonarios latinoamericanos.

el poblador ▶ el pueblo	Siedler
el ultramar	Übersee

el, la inmigrante	Einwanderer(in), Immigrant(in)
provenir de (≈ *venir*)	herkommen von, stammen aus
emigrar a	auswandern nach, emigrieren nach
la estabilidad ▶ estable	Stabilität

la contradicción E *contradiction*	Widerspruch
antiestadounidense	antiamerikanisch
el desprecio ≠ el aprecio	Verachtung, Geringschätzung
▶ despreciar algo	etw. verachten
codiciar algo	etw. begehren
▶ la codicia	Habsucht, Habgier

alimentarse con algo	sich von etw. ernähren
la comida rápida	Fast Food
el enlatado gringo	*amerikan. Film von geringer Qualität, ins Spanische übersetzt*
el sentido de la belleza	Schönheitssinn
categorizar según algo	nach etw. richten
▶ la categoría	Kategorie, Gruppe
el, la modelo	Model, Dressman
el fenómeno	Phänomen, Erscheinung
el letrero	*hier:* Aufdruck
▶ la letra	Buchstabe

asemejar	ähneln, ähnlich sein
▶ semejante	ähnlich
el sinónimo	Synonym
≠ el antónimo	Antonym
a mejor precio ≠ a bajo precio	teuer

el síntoma	Symptom
intensificar (*c-qu*) **algo**	etw. verstärken, etw. intensivieren
a mayor escala	in größerem Umfang
impulsarse ▶ el impulso	wachsen
el libre mercado	freier Markt
facilitar algo ▶ fácil	etw. erleichtern
≠ dificultar algo	etw. erschweren
el acceso a	Zugang zu
▶ acceder a algo	Zugang zu etw. haben
restringir (*-j-*) **+algo**	etw. einschränken, etw. begrenzen

atraer (≈ *traer*) **a alguien**	jdn anlocken, jdn anziehen
▶ atractivo, atractiva	attraktiv, anziehend
el inversor, la inversora	Investor(in), Anleger(in)
! invertir (*-ie-*) en algo	*in etw. investieren*
fomentar algo ▶ el fomento	etw. fördern, etw. unterstützen
el beneficio ▶ beneficiar de algo	Nutzen, Vorteil

c5kp4k

8 Los movimientos migratorios

España, un país de inmigración y emigración

En España, como en todas partes del mundo, existen los **clichés** e ideas **estereotipadas** sobre ciertos grupos **étnicos**. En los últimos años han aumentado aquí los actos de **violencia** contra **inmigrantes**. España era hasta hace pocos años, y sobre todo en los años 60, un país de emigración a causa del escaso desarrollo industrial de las primeras décadas del **franquismo**. Los españoles se iban a otros países de Europa y a Hispanoamérica a buscar trabajo. Sin embargo, desde los 90, **se ha convertido en** un país que **acoge a** miles de **emigrantes** legales o ilegales. Algunas regiones como Andalucía, las Islas Canarias o Cataluña, bien por su **situación geográfica** o su **situación económica**, han **recibido** más emigrantes que otras.

A causa de la inmigración masiva que ha habido en las últimas décadas, el Gobierno ha reformado en menos de una década por cuarta vez la **Ley de Extranjería**, en la que se establece el **procedimiento** de **regularización** de los extranjeros que ya hubieran llegado a España. En 2003, alrededor de 220 000 inmigrantes, provenientes fundamentalmente de Marruecos, Ecuador y Colombia, presentaron sus **documentos**, de los cuales más de 85 000 recibieron respuesta favorable.

Con esta reforma se favoreció la inmigración legal y se garantizó su integración y convivencia en la sociedad española. Junto con el **visado** se **otorgó** tanto el **permiso de residencia** como el de **trabajo**. La nueva reforma de 2012 lucha contra los inmigrantes ilegales, contra las víctimas del **tráfico de mujeres**, contra la **violencia de género** y por la **reagrupación** familiar. Según el INE, en 2011 vivían 6,7 millones de personas no nacidas en España en el país, de las cuales solo un millón tienen la nacionalidad española.

Hoy en día, la crisis económica está llevando a muchos españoles a buscarse la vida en el extranjero por la **falta** de **empleo**. Según el **Censo de Españoles Residentes Ausentes** (CERA), la emigración ha **aumentado** el 21,9 % desde el 2008. A diferencia de los años 60 ahora se trata de jóvenes **cualificados** que van sobre todo a Alemania, Gran Bretaña o inclusive a Iberoamérica.

el movimiento migratorio	Wanderbewegung
▸ moverse *(-ue-)*	sich bewegen
▸ migratorio, migratoria	Wanderungs-
la inmigración	Einwanderung, Immigration
la emigración	Auswanderung
el cliché	Klischee
estereotipado, estereotipada	stereotyp, klischeehaft
étnico, étnica	ethnisch, Volks-
la violencia ᴇ *violence*	Gewalt
el, la inmigrante	Einwanderer(in)
el franquismo	Franco-Regime *(Zeit, in der General Franco in Spanien an der Macht war, 1939–1975)*
convertirse en algo = hacerse	zu etw. werden
acoger *(g-j)* **a alguien**	jdn aufnehmen
el, la emigrante ≠ el, la inmigrante	Auswanderer(in)
la situación geográfica	geographische Lage
la situación económica	wirtschaftliche Lage
recibir a alguien	jdn. erhalten, jdn aufnehmen
la Ley de Extranjería	Ausländergesetz
el procedimiento ᴇ *procedure*	Vorgehen, Vorgehensweise
la regularización	Legalisierung, Normalisierung
▸ regular	regulär, ordnungsgemäß
los documentos	(Ausweis)Papiere
! el DNI (Documento nacional de Identidad)	*Personalausweis*
el visado	Visum
otorgar *(g-gu)* **algo**	etw. erteilen, etw. ausstellen
el permiso de residencia	Aufenthaltsgenehmigung
el permiso de trabajo	Arbeitserlaubnis
el tráfico de mujeres	Frauenhandel
la violencia de género	Gewalt gegen Frauen
▸ el género	Geschlecht
la reagrupación	Zusammenführung
la falta	Mangel
el empleo ≠ el desempleo	Beschäftigung, Arbeitsplatz
▸ emplear a alguien	jdn beschäftigen
el censo	statistische Erhebung
el, la residente	Einwohner
▸ residir en un lugar	an einem Ort leben/wohnen
ausente	abwesend
el Censo de Españoles Residentes Ausentes (CERA)	Statistik der im Ausland lebenden SpanierInnen
aumentar ≠ bajar	zunehmen, sich vergrößern
cualificado, cualificada	qualifiziert, gut ausgebildet

8zm8rg

La población no autóctona en España

En los últimos años, a España han llegado muchos hispanoamericanos y africanos, sobre todo de **Marruecos**. Cabe recordar que España y Marruecos están **separados** por solo 12 kilómetros de **distancia**, que son un **paso** muy **propicio** para su viaje legal o ilegal. A esta ruta **se** ha **sumado** la de Canarias que es más larga y más peligrosa.

Hasta hace poco era muy común leer en los periódicos a diario los dramas de las **pateras** encontradas en las costas españolas y la cantidad de muertos y **náufragos**, **víctimas** del **intento** de llegar a cualquier parte de España **clandestinamente** en busca de una mejor vida.

En los últimos diez años la inmigración "**sin papeles**" a España **por vía marítima** se ha ido reduciendo. Este **descenso** se debe a la cooperación de España y los países africanos, a la **instalación** del Servicio Integrado de Vigilancia Exterior (SIVE) y a la Red de Intercambio de Información SEAHORSE.

De los ilegales que logran sobrevivir al viaje, solo algunos encuentran trabajo. Se emplean sobre todo en el **servicio doméstico**, la prostitución, la industria textil, la **agricultura** y en diferentes **campos** en los que los **patronos** necesitan **mano de obra** barata. Los que están en la agricultura, trabajan en invernaderos en condiciones tan malas que son comparables a las del **esclavismo**, ya que les pagan la mitad del **salario mínimo**, y solo tienen una **vivienda precaria**, sin agua ni luz. El trabajo **a** tan **bajo precio** se logra obtener, en muchos casos, por medio del **chantaje** de la **denuncia** de su ilegalidad.

El pueblo gitano

Mucho antes de todo esto, ya en el siglo XV, llegaron supuestamente de India los gitanos a España. Llegaron a una España armoniosa en la que **convivían** tres culturas **pacíficamente**. Así que los gitanos fueron bien **acogidos** y hasta vistos con simpatía. Pero la vida les cambió con la llegada de los Reyes Católicos al **poder**. Con ellos comenzaron las **represiones sin límites** que siguen sufriendo desde hace ya cinco siglos.

Los gitanos viven fundamentalmente en las zonas de Andalucía y Extremadura. Como en todo hay dos caras de la moneda: por un lado existen los gitanos profesionales o los **vendedores ambulantes** que se ganan la vida de forma **digna**. Por otro lado, están los gitanos que viven en la **miseria**, en **chabolas** en las cuales forman guetos **marginados** totalmente. Pero todos ellos conservan características comunes como son su **baile**, sus **costumbres** y su **idioma**, que es una de las lenguas más antiguas, hablada todavía por unos quince millones de personas en el mundo y **transmitida oralmente** de generación en generación.

la población	Bevölkerung
no autóctona	nicht einheimisch
Marruecos *(m.)*	Marokko
separado, separada	getrennt
el paso	Übergang
propicio, propicia = favorable	günstig, vorteilhaft
sumarse a algo	zu etw. hinzukommen
la patera	kleines Holzboot
el náufrago, la náufraga	Schiffbrüchige(r)
el, la víctima	Opfer
el intento	Versuch
clandestino, clandestina	heimlich
sin papeles	*ohne gültige Ausweispapiere*
por vía marítima	über den Seeweg, über das Meer
el descenso ▸ descender *(-ie-)*	Rückgang
la instalación	Einrichten, Aufbau
el servicio doméstico	Haushalt
la agricultura ᴇ *agriculture*	Landwirtschaft
el campo	Bereich, Gebiet
el patrono, la patrona	Arbeitgeber(in)
la mano de obra	Arbeitskraft
el esclavismo ▸ el esclavo, la esclava	Sklaverei
el salario mínimo	Mindestlohn
la vivienda = el piso	Wohnung
precario, precaria	mangelhaft
a bajo precio = barato, barata	billig
el chantaje ▸ chantajear a alguien	Erpressung
la denuncia ▸ denunciar a alguien	(Straf)Anzeige
gitano, gitana ▸ el gitano, la gitana	Zigeuner-
convivir ▸ la convivencia	zusammenleben
pacífico, pácifica	friedlich
acoger a alguien	jdn empfangen
el poder ▸ poderoso, poderosa	Macht
la represión	Unterdrückung
sin límites ᴇ *limit* ▸ el límite	grenzenlos
el vendedor, la vendedora ambulante	Straßenverkäufer(in)
digno, digna	anständig, ehrenwert
la miseria ᴇ *misery*	Elend
la chabola	Baracke
marginar algo	etw. ausgrenzen, etw. ausschließen
el baile ▸ bailar	Tanz
la costumbre ᴇ *costum*	Brauch
el idioma ᴇ *idiom*	Sprache
transmitir algo	etw. überliefern
oralmente	mündlich

8zm8rg

La situación en Latinoamérica

Países en vía de desarrollo

Una persona que visite un país de Latinoamérica tiene que quedar sorprendida al ver dos mundos en un mismo país. Por un lado, en los **barrios populares** o en el campo, puede encontrarse con la pobreza extrema y, por el otro, en los barrios de las **clases altas**, con todo tipo de **comodidades** con las que ni siquiera hubiera **soñado**. Todo parece no ser un gran problema hasta que siente la **inseguridad**, ve las **protecciones** y a los **guardianes**. Esta es una descripción típica de los países del llamado **tercer mundo**. Algunas de sus características son: **alimentación insuficiente**, **deficiencias** en la salud, altas **tasas** de **mortalidad infantil** y analfabetismo, mucha agricultura con baja productividad, industrialización incompleta, dependencia económica, **debilidad** de las clases medias, **desempleo** y **trabajo infantil**, **elevado crecimiento** demográfico.

A pesar de que América Latina y el Caribe lograron sobrevivir a la crisis económica global y a pesar de contar con una riqueza en **materias primas** capaz de dar alimentación a sus habitantes más pobres, hoy en día, diez por ciento de la población sufre de hambre. Según la Comisión Económica para América Latina y el Caribe (Cepal) esta región, aunque no es la más pobre del planeta, es la más **desigual a nivel mundial**. En México, por ejemplo, coexisten **brechas** de desigualdad social inmensas: hay ricos tan ricos como los de la Unión Europea y pobres tan pobres parecidos a los de los países más pobres de África. En Chile, que se supone que es un país más **próspero**, la desigualdad también es **inmensa**.

La desigualdad de los **países subdesarrollados** es un **círculo vicioso** difícil de romper. La educación es lo más importante para acabar con la pobreza, pero cuesta dinero. Los hijos del 30 % de la población más pobre, que vive con menos de dos dólares al día, gasta 100 dólares al año en educación. Una familia rica paga unos 5000 dólares al año. El hijo pobre puede ir a la escuela 4 o 6 años, mientras que el niño rico podrá **asistir** unos 16 o 18 años. Sin educación suficiente es imposible encontrar un buen **empleo** y, sin un buen empleo, no podrá nunca ganar lo suficiente para pagar una mejor educación para sus hijos…

Por otra parte, la **dependencia económica** de las **grandes potencias** es inmensa. Los precios de las materias primas de los países subdesarrollados –como el café, los plátanos, los minerales, entre otros– son impuestos por los países desarrollados; la deuda externa también los hace dependientes. Este **dominio** de las grandes potencias **persigue** asegurar la **explotación** de sus recursos económicos para así tener su control y mantener las **ventajas** económicas.

el país en vía de desarrollo	Entwicklungsland
el barrio popular	Arbeiterviertel
▸ el barrio	(Stadt)Viertel
la clase alta ≠ la clase baja	Oberschicht
las comodidades	Annehmlichkeiten, Komfort
soñar *(-ue-)* **con algo/alguien**	von etw. träumen
▸ el sueño	Traum
la inseguridad	Unsicherheit
la protección	Schutzvorkehrung
el guardián, la guardiana	Wächter(in)
el tercer mundo	Dritte Welt
la alimentación ᴇ *alimentation*	Ernährung
insuficiente ≠ suficiente	ungenügend
la deficiencia ᴇ *deficiency*	Mangel
la tasa	Rate, Quote
la mortalidad infantil	Kindersterblichkeit
la debilidad	Schwäche
▸ débil	schwach
el desempleo	Arbeitslosigkeit
el trabajo infantil	Kinderarbeit
elevado, elevada	erhöht
el crecimiento ▸ crecer *(-zco)*	Wachstum

la materia prima	Rohstoff
desigual ≠ igual	ungleich
a nivel mundial	weltweit
la brecha	klaffende Wunde
próspero, próspera	wohlhabend, florierend
inmenso, inmensa	immens, unermesslich

el país subdesarrollado	Entwicklungsland
▸ subdesarrollado, subdesarrollada	unterentwickelt
el círculo vicioso ᴇ *vicious circle*	Teufelskreis
asistir *(una escuela)*	*(Schule)* besuchen
el empleo	Job, Stelle, Beschäftigung

la dependencia ▸ depender de alguien	Abhängigkeit
económico, económica	wirtschaftlich
la gran potencia	Großmacht
el dominio ▸ dominar a alguien	Vorherrschaft
perseguir *(e-i; gu-g)* **algo**	etw. verfolgen, etw. anstreben
la explotación	Ausbeutung
la ventaja ≠ una desventaja	Vorteil

8zm8rg

Indigenismo y pobreza

Las **minorías** en Latinoamérica no son minorías desde el **punto de vista numérico**. Los países de América Latina presentan una **sociedad** dual, o sea, que hay dos mundos en un mismo mundo: el tercero y el primero. Las **tensiones** son muchas veces **ocasionadas** por la desigualdad económica, por el **abismo** que existe entre una minoría de ricos y una mayoría de pobres. Pero no es solo una **lucha de clases**, es también una lucha étnica. Se habla del **Legado de Malinche** que hace **sentir preferencia por** todo lo que venga del extranjero y el **desprecio de** la propia cultura, de las propias **raíces**.

En Bolivia, por ejemplo, existe la discriminación desde los tiempos de la **colonización**. En aquel tiempo ya se crearon las **bulas papales** con las que **relegaban** a los indígenas. Hoy en día, en Bolivia viven 4 millones de indígenas divididos en 35 pueblos, es decir, la mitad de la población total del país. A pesar de que los blancos son una minoría, el poder político está en sus manos y los indígenas se ven **privados de** las **necesidades básicas**, de **servicios de salud**, de educación, de la **propiedad** de la tierra y de la **participación** en decisiones políticas importantes.

Las organizaciones indígenas luchan contra la **política indigenista** y, en los últimos años, han sido bastante activas en todos los países con población india. Sus métodos de lucha han sido muy diversos: desde **manifestaciones pacifistas**, **marchas**, **reuniones**, rebeliones hasta luchas **armadas**. Lo que quieren conseguir es la **reivindicación** de su cultura, el **derecho** a ser diferentes, el derecho político, social y humano. Las respuestas recibidas varían entre discursos vacíos, **engaños**, **asesinatos**, **encarcelamientos**, **desapariciones**, ayudas económicas, cambios en las constituciones, programas educativos, culturales y hasta deportivos.

Los **afroamericanos**

Los afroamericanos fueron traídos **mayoritariamente** de la costa **occidental** africana como mano de obra. Se dice que, entre 1492 y 1789, llegaron 13 750 000 negros esclavos a América. Muchos de ellos fueron **liberados** con la ley de la "libertad de vientres", que hacía libre a todos los hijos que nacieran de los esclavos, pero esto no terminó con el racismo. Muchos de ellos tuvieron que volver a sus **antiguas** vidas por no tener **herramientas** ni acceso a un **puesto de trabajo**. Los negros constituían la **casta** más baja y la siguen constituyendo hasta nuestros días. El Instituto Argentino contra la Discriminación y la **Xenofobia** (INADIX) dice que el 30,5 % de las denuncias son hechas por personas marginadas por su nacionalidad o su etnia. En Argentina, como en muchos países de América Latina, siendo negro es muy difícil conseguir un trabajo, un buen estudio o una vivienda.

la minoría	Minderheit
el punto de vista	Gesichtspunkt, Standpunkt, Perspektive
numérico, numérica	numerisch, zahlenmäßig
la sociedad	Gesellschaft
la tensión	Spannung
ocasionar algo	etw. verursachen
el abismo ᴇ *abyss*	Kluft, Abgrund
la lucha de clases	Klassenkampf
el Legado de Malinche	Vermächtnis von Malinche *(aztekische Prinzessin)*
sentir preferencia por algo/alguien	Vorliebe für etw./jdn empfinden
el desprecio de algo	Abneigung gegen etw.
la raíz ! *(pl.)* raíces	Wurzel

la colonización	Kolonisierung
la bula papal	päpstliche Bulle
relegar *(g-gu)* **algo/a alguien**	*hier:* etw./jdn verbannen
privado, privada de	ohne
las necesidades básicas	Grundversorgung
el servicio de salud	Gesundheitsversorgung
la propiedad	Eigentum, Besitz
la participación	Teilhabe, Teilnehmen

la política indigenista	*Politik, die sich mit der indigenen Bevölkerung beschäftigt*
la manifestación	Demonstration
	ꜰꜰ la demostración; *Beweis*
pacifísta ▸ paz	friedlich
la marcha	(Protest)Marsch
la reunión ▸ reunirse	Versammlung
armado, armada	bewaffnet
! el arma *(f.)*	*Waffe*
la reivindicación	Forderung (nach), Anspruch (auf)
el derecho	Recht
el engaño	Täuschung, Betrug
el asesinato	Mord
▸ el asesino, la asesina	Mörder(in)
el encarcelamiento	Inhaftierung
▸ la cárcel	Gefängnis
la desaparición	Verschwinden

el afroamericano, la afroamericana	Schwarzafrikaner(in)
mayoritariamente	überwiegend
occidental ≠ oriental	westlich, abendländisch
liberar a alguien ≠ encarcelar a alguien	jdn befreien
antiguo, antigua	ehemalig
la herramienta	Werkzeug
el puesto de trabajo	Arbeitsplatz
la casta	Kaste
la xenofobia	Fremdenfeindlichkeit

8zm8rg

¿Quedarse o marcharse a EE. UU.?

Marcharse a EE. UU. sigue siendo el **sueño** de un mundo mejor para muchos latinoamericanos. Dejan todo en su país y **emigran en busca de** una mejor vida económica, una estabilidad política y con la esperanza de que sus hijos logren lo que ellos no han podido lograr. En 2010 la población hispana en los Estados Unidos **alcanzó** el 16% de la población total lo que **equivale** a una cifra aproximada de 40 millones. Hoy en día, los inmigrantes latinos en los Estados Unidos provienen de 20 países hipanohablantes diferentes. En primer lugar, por cuestiones **fronterizas**, está México, en segundo lugar está Cuba por su **cercanía** a la Florida, seguidos por Salvador y Guatemala.

El **traspaso** de la frontera de México a los Estados Unidos es cada vez más peligroso para los inmigrantes ilegales. Cada año cerca de 150 mil centroamericanos intentan emigrar a EE. UU. El viaje es **físicamente** muy exigente ya que el calor de la zona **provoca** el **agotamiento** y la **deshidratación**. Además, como el viaje normalmente se hace **escondido** en el **techo** de un tren para no ser **atrapados**, corren el peligro de **caerse** y morir. Es por eso que a este tren le llaman "el tren de la muerte". Otro peligro al que están expuestos es a asesinatos y violación a manos de **violentos cárteles de la droga** y a **traficantes** de personas, los "coyotes", que son los que **mandan** en esta zona.

El tren de la muerte

Llegados a los EE. UU. muchos siguen llevando una vida parecida a la de sus países de origen, ya que **se concentran** en tan solo tres estados de los EE. UU.: California, Tejas y Florida. Las 5 ciudades favoritas son San Antonio, Houston, Chicago, Nueva York y Los Ángeles. Aquí se puede hablar en español, hay restaurantes latinos con música latina, periódicos y revistas en español.

Después de un tiempo, muchos **se dan cuenta de** que la vida en EE. UU. también es bastante difícil, sobre todo para los ilegales que tienen que **desempeñar oficios** duros y mal pagados. Sin embargo, algunos se integran completamente, a tal punto que **ocupan cargos altos.** Otros se convierten en famosos y hasta olvidamos que son de origen latino, como Ricky Martin, Jennifer Lopez, Gloria Estefan y Antonio Banderas, para nombrar unos cuantos. *(ver también capítulo 7)*

el sueño	Traum
▸ soñar con algo	von etw. träumen
emigrar a un lugar	auswandern nach
en busca de algo/alguien	auf der Suche nach etw./jdm
alcanzar *(z-c)* **algo/a alguien**	etw./jdn erreichen
equivaler	entsprechen
fronterizo, fronteriza ▸ la frontera	Grenz-
por cuestiones fronterizas	wegen der Nähe zur Grenze
la cercanía	Nähe
▸ cerca ≠ lejos	nah

el traspaso = el paso	Übergang
físicamente	körperlich
≠ psíquicamente	psychisch
provocar *(c-qu)* **algo**	hervorrufen
el agotamiento	Erschöpfung
la deshidratación	Flüssigkeitsmangel
esconder algo/a alguien	etw./jdn verstecken
el techo	Dach
atrapar a alguien	fangen, erwischen
caerse de algo	von etw. herunterfallen
violento, violenta	gewalttätig
▸ la violencia	Gewalt
el cartel de la droga	Drogenkartell
el, la traficante	(Drogen)Händler
mandar	befehlen

concentrarse en un lugar	sich an einem Ort konzentrieren
▸ la concentración	

darse cuenta de algo	sich über etw. bewusst werden
desempeñar un oficio	Beruf ausüben
ocupar un cargo alto	hohes Amt ausüben

8zm8rg

9 Facetas de la sociedad

📖 La infancia

La niñez en América Latina

Cuando se habla de infancia se refiere al periodo de la vida desde que se nace hasta la pubertad. Las leyes y Unicef consideran niño o niña a todo individuo menor de 18 años. En Latinoamérica y el Caribe viven 193 millones de niños, niñas y adolescentes, que representan un 38 % de la población total. La mitad de ellos vive en estado de pobreza. La pobreza infantil viene determinada ya desde el nacimiento. La familia en la que nace un niño no solo determina su étnia, también el nivel económico y social en que se desarrollará este niño en el futuro, ya que no hay grandes posibilidades de escalar. Los pobres, al contrario de los que nacen en familias pudientes, no tienen esperanzas de lograr un bienestar económico que les permita tener un seguro médico, un sistema educativo adecuado y una vivienda apropiada.

Niño llevando café en El Salvador

En Latinoamérica y el Caribe mueren cada año más de 400 000 niños y niñas menores de 5 años a causa de deshidratación, desnutrición e infecciones respiratorias. Las razones de mortandad en estas zonas no son solo los problemas de salud, sino que la niñez es víctima de crisis políticas, de violencia, guerras y conflictos. Algunos de los niños pobres tienen que trabajar, otros sufren el maltrato en el hogar, la prostitución infantil o son niños soldados y hasta guerrilleros.

Ya en 1954 la Asamblea General de la ONU aprobó una resolución para establecer el "Día Universal del Niño". Unicef desarrolla este proyecto y más de cien países celebran este día con el objetivo de llamar la atención de las administraciones públicas en todo lo referente a las necesidades infantiles, como son la protección física y mental, cuidados especiales, alimentación, educación, vivienda… En 1990 entró en vigor la Convención sobre los Derechos del Niño, aprobada por 191 países.

la infancia ɛ *infancy*	Kindheit
la niñez	Kindheit
el estado	Zustand
! el Estado	*Staat*
la pobreza	Armut
infantil	Kinder-
la étnia	Ethnie, Volk, Stamm
económico, económica	wirtschaftlich
desarrollarse ▸ el desarrollo	sich entwickeln
escalar	aufsteigen
pudiente = rico, rica	reich, vermögend
lograr algo	etw. erreichen
el bienestar	Wohlstand
permitir algo	etw. erlauben
▸ el permiso	Erlaubnis
el seguro médico	Krankenversicherung
la vivienda = un piso	Wohnung
apropiado, apropiada = adecuado, adecuada	tauglich, geeignet

la deshidratación	Flüssigkeitsmangel
la desnutrición	Unterernährung
la infección respiratoria	Atemwegserkrankung
▸ la respiración	Atmen
la mortandad	Sterblichkeit
político, política	politisch
la violencia	Gewalt
el maltrato	Misshandlung
el hogar	Zuhause
el niño soldado, la niña soldada	Kindersoldat(in)
el guerrillero, la guerrillera	Guerrillakämpfer(in)

la Asamblea General	Hauptversammlung
aprobar *(-ue-) (una ley)*	(Gesetz) verabschieden
la administración pública	Regierungsbehörde
la necesidad ▸ necesitar algo	Bedürfnis
el cuidado	Sorgfalt; Fürsorge
▸ tener cuidado	vorsichtig sein
la alimentación ɛ *alimentation*	Ernährung
entrar en vigor	in Kraft treten

bb8hv8

Los niños de la calle

Los "canallitas" de Uruguay, los "polillas" de Bolivia y los "gamines" de Colombia son algunos de los nombres usados para referirse a los niños que nacen, viven y mueren en la calle. El fenómeno de los **niños callejeros** se encuentra en todos los países de América Latina, sobre todo en Colombia. Se da en familias que sufren de gran pobreza o de **miseria** absoluta. Así, pues, los niños salen al principio a la calle a vender o **mendigar** para poder ayudar a sus familias. El **trabajo infantil** es a veces bastante **rentable**. Por la **piedad** de los turistas, un niño puede llegar a ganar más que sus padres con un **salario mínimo**.

Muchos niños salen para **escapar de** la violencia cotidiana de sus casas y **barrios**, y muy pocos regresan. Por **falta de dinero**, **techo** y por su analfabetismo se ven obligados a **delinquir** o a prostituirse. La mayoría de ellos no conocen lo que es un **hogar**. **Roban** y, a veces, tienen que **drogarse** o **aspirar pegamento** para olvidar el hambre, el frío o la **soledad**. Muchos de ellos mueren por la misma forma de vida o por la violencia contra los gamines, por parte de **pandillas** de chicos ricos que asesinan a gente pobre de la calle o hasta por determinados policías que **abusan de** ellos y los **maltratan**.

Algunos niños trabajan como "**sicarios**" –antiguamente un sinónimo culto de **asesino**, hoy en día significa asesino **asalariado**–. La mayoría de ellos son niños y jóvenes que hacen este trabajo tan **arriesgado** para salir de la miseria en la que viven. Así esperan alcanzar un nivel de vida superior que no lograrían con cualquier otro tipo de **oficio**.

La niñez en España

A pesar de que ser niño en España es bastante diferente que serlo en Latinoamérica, también se producen **abusos** a **menores**, como en todo el resto de Europa. Las cifras de violencia contra la infancia son imposibles de saber **a ciencia cierta**, ya que son muy pocos los **casos denunciados**. Según los **informes** de UNICEF al menos dos millones de niños son abusados sexualmente cada año en América Latina y el **Caribe**, o sea un promedio de 228 abusos infantiles por hora. Diferentes organizaciones estiman que en España se producen alrededor de medio millón de casos por año, de los cuales solo son denunciados cincuenta mil.

Hoy en día existe una amplia **red** de pornografía infantil distribuida por Internet, y, por supuesto, la violencia doméstica con maltrato físico y psicológico, así como el abuso sexual. Todo esto tiene graves consecuencias para los niños y jóvenes, que pueden caer en el **consumo de drogas** o en depresiones, por ejemplo. Los países de la UE se han propuesto a partir de 2003 **luchar contra** estos abusos de menores y **castigar** estos **delitos** bajo los mismos **criterios**.

》》》

el niño callejero, la niña callejera	Straßenkind
la miseria E *misery*	Elend
mendigar *(-gu-)*	betteln
el trabajo infantil	Kinderarbeit
rentable	rentabel, lohnend
la piedad	Mitleid
el salario mínimo	Mindestlohn

escapar de	(ent)fliehen
el barrio	(Stadt)Viertel
la falta de dinero	Geldmangel
el techo	Dach
delinquir *(qu-c)* ▸ el, la delincuente	straffällig werden, eine Straftat bege- hen
el hogar	Zuhause
robar algo ▸ el robo	etw. stehlen
drogarse *(g-gu-)* = tomar drogas	Drogen nehmen
aspirar pegamento	Klebstoff schnüffeln
la soledad	Einsamkeit
la pandilla	Bande, Clique
abusar de alguien	jdn missbrauchen, jdn ausnutzen
maltratar a alguien	jdn misshandeln
▸ el maltrato	Misshandlung

el sicario, la sicaria	Killer(in)
el asesino, la asesina	Mörder(in)
asalariado, asalariada	bezahlt
arriesgado, arriesgada	riskant
▸ el riesgo	Risiko
el oficio	Beruf, Handwerk

el abuso	Missbrauch
el abuso infantil	Kindesmissbrauch
el, la menor	Minderjährige(r)
a ciencia cierta	mit Sicherheit
el caso	Fall
denunciar algo/a alguien	etw./jdn anzeigen
el informe	Bericht
el Caribe	Karibik

la red	Netz(werk)
el consumo de drogas	Drogenkonsum
luchar contra algo = combatir algo/a alguien	gegen etw. kämpfen
castigar algo/a alguien	etw./jdn bestrafen
el delito	Strafakt, Delikt
el criterio	Kriterium, Maßstab

bb8hv8

Una de las soluciones para estos niños son los **centros** o **residencias de menores**, que, aunque no son lo ideal, ayudan a eliminar la violencia. Para evitar o reducir estas **estancias**, se está buscando la manera de disponer de **familias acogedoras**, que les ofrezcan cuidados, atención y educación en un **medio familiar** adecuado hasta que estén listos para regresar a su **familia biológica**. El **Acogimiento Familiar** es una medida muy **difundida** en muchos otros países de Europa, pero que en España todavía es muy poco **usual**.

La mujer

La mujer latinoamericana

El tema de la mujer en América Latina es complejo por no existir un solo tipo de mujer latinoamericana. Hay diferentes etnias, diferentes **clases sociales** y diferentes **niveles educativos**. No es lo mismo hablar de una mujer india, de una negra o de una blanca. Tampoco hay que olvidar el aspecto económico, porque no vive igual una mujer rica que una mujer pobre. La **lucha** de las mujeres en América Latina no se puede llamar lucha feminista como en otras partes del mundo, porque la realidad de América Latina es diferente a la de Europa. Esta lucha es más bien una lucha **socioeconómica** y política.

En general se puede **afirmar** que las mujeres en Latinoamérica son **autoras** y no solo **espectadoras**. Algunos ejemplos son: las Madres y Abuelas de la Plaza de Mayo en Argentina, las Comadres en El Salvador (ambos grupos **surgidos por** la **represión** del Estado sobre ellas y sus **familiares**); Rigoberta Menchú –ganadora del Premio Nobel de la Paz en 1992– en la lucha por la **defensa** de su pueblo y su cultura; Nina Pacari, ministra indígena de Ecuador, **defensora** también de los derechos de los **oprimidos**.

A pesar de ser tan discrepante el tema de la mujer en América Latina, los **valores** que **giran en torno al** concepto de **igualdad de género** son bastante parecidos en las diferentes clases sociales: el **rechazo** del cuerpo como **mercancía** y de la violencia física, así como la defensa de la igualdad en la **toma de decisiones** o la libertad en la **elección** de educación o profesión.

La mujer indígena

Hoy en día existen en Latinoamérica numerosos **movimientos** de mujeres indígenas, y se organizan **cumbres** en las que se reúnen. Allí tienen la oportunidad de **compartir** sus experiencias y formular **propuestas** sobre derechos humanos, derechos indígenas, **liderazgo** político, educación y desarrollo. »»

el centro de menores	Kinder-, Jugendheim
la residencia de menores	Kinder-, Jugendheim
la estancia	Aufenthalt
la familia acogedora	Pflegefamilie
el medio	Umgebung
! la media	*Durchschnitt*
familiar	familiär
la familia biológica	*etwa:* Herkunftsfamilie
el Acogimiento Familiar	*etwa:* Pflegekinderwesen
difundir algo	etw. verbreiten
usual	gebräuchlich

la clase social	Gesellschaftsschicht
el nivel educativo	Bildungsstand, -niveau
la lucha **=** la batalla	Kampf
socioeconómico, socioeconómica	sozioökonomisch

afirmar algo	etw. bestätigen
el autor, la autora	Autor(in), Handelnde(r)
el espectador, la espectadora	Zuschauer(in)
surgir *(g-j)* por algo **=** aparecer *(-zco)*	wegen etw. entstehen
la represión	Unterdrückung
el, la familiar	Familienangehörige(r)
la defensa ᴇ *defence*	Verteidigung
el defensor, la defensora	Verteidiger(in)
oprimir a alguien ▸ la opresión	jdn unterdrücken

el valor	Wert
girar en torno a algo	um etw. drehen
la igualdad de género	Gleichheit der Geschlechter
el rechazo	Ablehnung, Zurückweisung
la mercancía	(Handels)Ware
la toma de decisiones	Entscheidungsfindung
la elección ▸ elegir *(-i-; g-j)* algo/a alguien	Wahl

el movimiento ▸ moverse *(-ue-)*	Bewegung
la cumbre	Gipfeltreffen
compartir algo	etw. teilen
la propuesta ▸ proponer *(≈ poner)* algo	Vorschlag
el liderazgo ▸ el, la líder	Führung

bb8hv8

Las mujeres indígenas viven en condiciones **marcadas** por la **discriminación**, el **racismo**, la **exclusión** política, la extrema pobreza y el machismo. Además, sufren los **perjuicios** generales de las **comunidades** indígenas como el **aislamiento** territorial que les limita el **acceso a** los mercados económicos, a las **materias primas**, a los **recursos** y al conocimiento.

Estas mujeres luchan contra un **incremento** de la violencia, de la **prostitución forzada** –**dirigida** no solo a mujeres indígenas sino también a niñas y niños– al igual que están directamente **afectadas por** los conflictos armados.

La mujer campesina

El **papel** de las mujeres campesinas es decisivo en el mundo rural, porque son responsables de la mitad de la producción mundial de **alimentos**. Intervienen en la producción de entre el 60 % y el 80 % de los alimentos en la mayoría de los países del **tercer mundo** y **proporcionan** hasta el 90 % de los alimentos básicos como el **arroz**, el **trigo** y el maíz. Sin embargo, a pesar de existir el **Convenio** de la Organización Internacional del Trabajo (OIT) que establece la igualdad de **remuneración** entre hombres y mujeres, los **salarios** de las mujeres en el **sector agrícola** son casi siempre **inferiores** al salario de los hombres aunque **desempeñan** el mismo trabajo.

Entre los trabajos que llevan a cabo las mujeres trabajadoras agrícolas están: la **siembra**, la **aplicación** de **fertilizantes** y **plaguicidas**, la **cosecha**, el **almacenamiento** y la comercialización. En la actualidad se está presentando la feminización de la agricultura, es decir que en la mayoría de las zonas de América Latina las campesinas asuman un papel más importante y la participación de los hombres disminuya. Pero desgraciadamente las mujeres campesinas siguen estando **desfavorecidas**.

La mujer blanca

La mujer blanca perteneciente a la clase alta o media-alta vive de manera muy diferente. Una razón para ello es el posible acceso a una excelente educación que se obtiene solo con dinero. Por gozar de tal educación, cada día hay más y más mujeres que participan de la **vida laboral**, a la par con el **sexo opuesto**, desempeñando **altos cargos**. Un buen ejemplo fue Michelle Bachelet, la presidenta de Chile desde 2006 hasta 2010.

marcar *(c-qu)* **algo**	etw. kennzeichnen
la discriminación	Diskriminierung
el racismo	Rassismus
la exclusión	Ausschluss
el perjuicio E *prejudice*	Nachteil, Benachteiligung
la comunidad	Gemeinde, Gemeinschaft
el aislamiento	Isolierung
el acceso a E *access to sth*	Zugang zu
la materia prima	Rohstoff
los recursos	Ressourcen

el incremento = el aumento	Zunahme, Steigerung
la prostitución forzada	Zwangsprostitution
dirigir *(g-j)* **a algo/a alguien**	gegen etw./jdn richten
estar afectado, afectada por algo	von etw. betroffen sein

la mujer campesina	Bäuerin
el papel	Rolle
los alimentos	Nahrungsmittel
los alimentos básicos	Grundnahrungsmittel
el tercer mundo	Dritte Welt
proporcionar algo	etw. beschaffen; etw. herstellen
el arroz	Reis
el trigo	Weizen
el convenio	Abkommen, Konvention
la remuneración	Bezahlung, Lohn
el salario	Gehalt
el sector agrícola	Landwirtschaftssektor
inferior ≠ superior	niedrige (r, s)
desempeñar un trabajo	Arbeit machen

la siembra ▶ sembrar *(-ie-)* algo	Aussaat
la aplicación	Anwendung, Ausbringen
el fertilizante ▶ fértil	Dünger
la plaguicida	Pflanzenschutzmittel
la cosecha	Ernte
el almacenamiento	Lagerung
desfavorecido, desfavorecida	benachteiligt

la vida laboral	Arbeitsleben
participar de la vida laboral	am Arbeitsleben teilhaben
el sexo opuesto	das andere Geschlecht
el alto cargo	hohes Amt, hoher Posten

bb8hv8

La mujer española

En las últimas décadas, en España, al igual que en Latinoamérica, la mujer **se** ha ido **incorporando a** la vida laboral y profesional, lo que ha provocado un cambio tanto en la **estructura familiar** como en la estructura laboral. Los factores para dicho cambio son por ejemplo:

- el acceso a la formación profesional;
- la **ruptura** con el modelo tradicional femenino, del que formaba parte el **abandono** del trabajo después del matrimonio;
- la **legalización** del **divorcio**;
- el **aborto** o la **píldora anticonceptiva**, que dan a la mujer la posibilidad de decidir entre su carrera profesional o la vida familiar con hijos.

En España no se puede hablar de emancipación femenina hasta principios del siglo XX. Entonces el **rol** de la mujer dejó de centrarse en el papel de madre y esposa para pasar a exigir **derechos civiles**. El **reconocimiento** oficial del derecho a la educación superior se produjo en 1910. A finales del siglo XIX, el analfabetismo femenino era del 70 %.

La Constitución de 1931 significó un gran **avance** en la lucha por los derechos de la mujer. El **sufragio femenino** fue **otorgado** con la **legislación** de la Segunda República Española (1931–1936). Se cambiaron las leyes **discriminatorias** para ofrecer un **tratamiento** legal **igualitario**. El **matrimonio** se basa desde entonces en la igualdad de los **cónyuges** y se **instituyó** el derecho al divorcio (1932). Sin embargo, la Guerra Civil y la dictadura de Franco devolvieron a la mujer a una situación de **dominación** ya que en la época franquista se estimaban sobre todo los **valores** tradicionales y reaccionarios. En la actualidad, la **incorporación** de la mujer a la vida laboral se ve hasta en los cambios lingüísticos. Muchas de las profesiones han ido **adquiriendo** una forma femenina, como **jueza**, **médica** o **ingeniera**. A pesar de todos estos avances, sigue habiendo un alto porcentaje de maltrato a la mujer.

incorporarse a algo	sich in etw. integrieren, sich in etw. eingliedern
la estructura familiar	Familienstruktur

la ruptura ▸ romper con algo	Bruch
el abandono	Aufgeben
la legalización ▸ legal	Legalisierung
el divorcio	Scheidung
el aborto	Abtreibung
la píldora anticonceptiva	(Antibaby)Pille

el rol = el papel	Rolle
los derechos civiles	Bürgerrechte
el reconocimiento ▸ reconocer *(-zco)* algo	Anerkennung

el avance	Fortschritt
el sufragio femenino	Frauenwahlrecht
otorgar *(g-gu)* algo	etw. verleihen, etw. erteilen
la legislación	Gesetzgebung
discriminatorio, discriminatoria	diskriminierend
▸ discriminar a alguien	jdn diskriminieren
el tratamiento ᴇ *treatment*	Behandlung
igualitario, igualitaria	egalitär
el matrimonio ᴇ *matrimony*	Ehe
el, la cónyuge = el esposo, la esposa	Ehemann, Ehefrau
instituir *(-y-)* algo	etw. einführen
la dominación	Beherrschung
el valor	Wert
la incorporación	Integration, Eingliederung
adquirir *(-ie-)* algo	etw. erlangen, etw. erwerben
el juez, la jueza	Richter(in)
▸ juzgar *(g-gu)* a alguien	jdn beurteilen, jdn (ver)urteilen
el médico, la médica	Arzt, Ärztin
el ingeniero, la ingeniera	Ingenieur(in)

bb8hv8

La familia

La familia española y latinoamericana

Tanto españoles como latinoamericanos **conceden** una gran importancia a la familia. Una de las razones de estos **lazos familiares** tan fuertes es la necesidad del **mutuo apoyo**; por un lado, los abuelos **cuidan** a sus **nietos** y, por otro, los abuelos no están solos. Así que es muy normal que los abuelos vivan en la misma casa con sus hijos cuando ya son bastante **mayores** o cuando quedan **viudos**. Los hijos tampoco se van de casa tan pronto. Muchos se quedan hasta que se casan.

En el caso de que las familias no vivan en la misma casa, sus **miembros** tratan de quedarse viviendo en el mismo **barrio** o al menos, en la misma ciudad. De esta manera los encuentros **de costumbre** como los de los domingos a comer o de las diferentes fiestas familiares no se hacen tan difíciles. El concepto de familia es mucho más **amplio** que en muchos de los países **nórdicos** –familia no son solo los que **pertenecen a** ella por llevar la misma **sangre** o tener los mismos **apellidos** sino también los amigos más **cercanos**, que después de un tiempo comienzan a **formar parte de** la familia. Hasta se les nombra **padrinos** de algún hijo para que pertenezcan a ella de forma más explícita. Así que en las fiestas familiares participan no menos de una buena **docena** de personas. Claro que esto ha ido cambiando en España, porque las **parejas** ya no tienen tantos hijos como antes y las familias se han ido **reduciendo**, mientras que en Latinoamérica las familias siguen **aumentando**.

Cambios en la estructura familiar

Una de las razones para tanto cambio en la situación familiar es que tanto en España como en Latinoamérica la situación económica ha cambiado y ha llevado a la incorporación de la mujer al **mercado laboral**. Cada vez hay menos familias con la estructura clásica de la madre como ama de casa y del padre como **único sustentador**. Esto **conlleva** cambios drásticos en las costumbres y **valores** familiares: la familia ya no come junta al mediodía porque no tiene tiempo de ir a casa, hay, por lo general, una **canguro** que cuida a los niños. En las últimas **décadas** ha aumentado tanto la **separación** o el **divorcio** de los padres, como el número de parejas que **vive en cohabitación** antes de casarse y, por consiguiente, también los **nacimientos** fuera del matrimonio.

En España, las familias tienen menos hijos de los que afirman desear y esto se debe, sobre todo, a la **decreciente** influencia de la Iglesia católica y a **motivos** económicos. España, si se compara con el resto de los países de la Unión Europea, es uno de los que cuenta con menos **ayudas familiares**. De los 27 países de la U. E., España ocupa el puesto 25. Solo supera a Portugal y Polonia. Mientras Luxemburgo, **destina** 216 euros al mes para el primer hijo, España solo da 27 euros **mensuales**. Pero, como dato curioso, según el mismo **informe**, España tiene el porcentaje más alto para la **sanidad** y la **vejez**. »»

conceder algo a alguien	jdm etw. zugestehen
el lazo	Band, Bindung
familiar	Familien-, familiär
mutuo, mutua ᴇ *mutual*	gegenseitig
el apoyo = la ayuda	Hilfe, Unterstützung
cuidar algo/a alguien	etw./jdn betreuen
el nieto, la nieta	Enkel(in)
mayor ≠ menor	älter
el viudo, la viuda	Witwe(r)

el miembro	Mitglied
el barrio	(Stadt)Viertel
de costumbre	üblich, gewöhnlich
▸ **la costumbre**	Gewohnheit
amplio, amplia	weit reichend; umfassend
nórdico, nórdica	nordisch
pertenecer a *(-zco)* algo	zu etw. (dazu)gehören
la sangre	Blut
el apellido	Nachname
cercano, cercana	nahe
≠ **lejano, lejana**	entfernt
formar parte de algo	zu etw. gehören
el padrino, la madrina	Patenonkel, Patentante
la docena ᴇ *a dozen*	Dutzend
la pareja	(Ehe)Paar
reducir *(-zco; -j-)* algo ᴇ *to reduce sth*	etw. verkleinern
aumentar	zunehmen, sich vergrößern

el mercado laboral	Arbeitsmarkt
único, única	einzige (r, s)
el sustentador, la sustentadora	Ernährer(in), Versorger(in)
conllevar algo	etw. mit sich bringen
el valor	Wert
el, la canguro = la niñera	Babysitter
la década	Jahrzehnt
la separación	Trennung
el divorcio ᴇ *divorce*	Scheidung
vivir en cohabitación	zusammenleben
el nacimiento	Geburt

decrecer *(-zco)* ≠ **crecer** *(-zco)*	abnehmen
el motivo = una causa	Grund, Beweggrund
la ayuda familiar	Familienbeihilfe
destinar algo/a alguien	etw. für jdn bestimmen, jdm etw. zu- weisen
mensual	monatlich erscheinend
el informe	Bericht
la sanidad = la salud	Gesundheit(swesen)
la vejez ≠ la juventud	Alter

bb8hv8

En Latinoamérica, por el contrario, casi la mitad de las familias vive **en condiciones de vida mínimas**, y sus **ingresos** no les **alcanzan** para adquirir la **canasta** familiar con los alimentos **indispensables**. Sin embargo, las familias latinoamericanas, y, sobre todo, las de **escasos recursos**, siguen creciendo. Ven en sus hijos la única posibilidad de **seguro de vejez** y, además, no usan ningún tipo de **método anticonceptivo**. Bien porque no los conocen, bien porque no los pueden conseguir, bien por cuestiones de creencia.

La tercera edad

Los abuelos, los **ancianos**, los **viejitos**, son algunos de los términos que se emplean para determinar al grupo de personas que forman parte de la llamada tercera edad. En el mundo hispanohablante, el **promedio** de **esperanza de vida** es bastante alto. En España es de 81,5 años (para las mujeres), 74,5 años (para los hombres) y en Latinoamérica de 74 años (mujeres) y 68 años (hombres).

Que los abuelos fueran a vivir a casa de sus hijos era anteriormente lo más normal en España y Latinoamérica; hoy en día esto ha ido cambiando, sobre todo, en las grandes ciudades. Los ancianos comienzan a significar una **carga** para sus familias entre otras razones porque el **tamaño** de los pisos es mucho más pequeño que antes, las mujeres trabajan **fuera del hogar** y no hay quien haga las comidas diarias. Por esto, cada día más ancianos españoles y latinoamericanos viven solos o en **residencias**, **ancianatos** o **casas hogares**.

Aunque existen muchos prejuicios hacia estas alternativas y tanto los hijos –cuando fueran mayores– como los abuelos preferirían vivir en casa de sus hijos con **parientes**, conocidos o amigos: para muchos es la única solución. Este tipo de residencias es más común en España que en Latinoamérica, aunque cada día existen más y mejores, pero también a precios bastante elevados, que solo ciertas personas pueden pagar.

El tiempo libre

El tiempo libre en España

Según **encuestas** realizadas en los últimos años, solamente una **minoría** de los españoles preferiría tener más tiempo libre y menos trabajo. De los países **meridionales** de Europa es España uno de los países en que más horas se trabaja y menos vacaciones se tienen. Una de las razones para esto puede ser que el **presupuesto** no les alcance para viajes o, simplemente, que prefieran **invertir** su dinero en otras actividades diferentes al turismo: el 10 % afirma no invertir ni un solo euro en el turismo. 》》

en condiciones de vida mínimas	am Existenzminimum
▸ las condiciones de vida	Lebensbedingungen
los ingresos	Einkommen
alcanzar *(z-c)*	*hier:* ausreichen
la canasta = la cesta	(Waren)Korb
indispensable = necesario, necesaria	unerlässlich, unbedingt notwendig
escaso, escasa	knapp, gering
los recursos	(finanzielle) Mittel
el seguro de vejez	Altersversicherung
el método anticonceptivo	Verhütungsmethode
la tercera edad	Rentenalter, Ruhestand
el anciano, la anciana	Greis(in)
el viejito, la viejita *(esp)* la persona mayor	*(LA)* Alte(r)
el promedio	Durchschnitt
la esperanza de vida	Lebenserwartung
la carga	Last
el tamaño	Größe
fuera del hogar	außer Haus
la residencia (de ancianos)	Alten(wohn)heim, Altersheim
el ancianato	*(LA)* Altersheim
la casa hogar	*(LA)* (Wohn)Heim
el, la pariente	Verwandte(r)
el tiempo libre	Freizeit
la encuesta = el sondeo	Umfrage
la minoría ≠ la mayoría	Minderheit
meridional	südlich, Süd-
el presupuesto	Budget
invertir *(-ie-; -i-)* **algo**	etw. investieren, etw. anlegen

bb8hv8

El tiempo que tienen libre lo comparten con parientes y amigos, sin tener que hacer grandes viajes ni tener que salir de la ciudad. Así que, si hablamos del **ocio** de los españoles, las actividades que más realizan en su tiempo libre son, **salir de copas**, comer bien, **charlar con** amigos y familiares, llevar a cabo actividades de tipo cultural, ir a la playa o a la montaña o bailar **danzas folclóricas**. Por otro lado, **practicar deportes** de **aventura**, pasar las horas **frente al** ordenador, ver **espectáculos** o desarrollar tareas que **tengan que ver con** la **formación personal** tienen menos importancia para ellos que para los alemanes, por ejemplo.

Los factores decisivos para llevar a cabo una actividad y no otra, dependen de que sea **entretenida** y de que les permita **relacionarse con** otras personas. Por lo tanto, es comprensible que los españoles no pasen más de una hora al día **navegando por Internet** desde casa, pero que naveguen desde su teléfono móvil.

Los españoles jóvenes se encuentran **raramente** en casa, pues es más **común** salir; por eso hay tanta vida fuera. La **gente mayor** se sienta en plazas o en los bares. Por la noche, si no se sale, se ve la televisión con toda la familia y, en muchos casos, el **televisor** está **encendido** todo el tiempo antes, durante y después de la cena, que se toma a partir de las nueve de la noche. Los españoles son las personas que más televisión ven en Europa, aunque ellos mismos lo **nieguen** por no estar bien visto. Pero a la hora de conversar siempre **sale a relucir** el tema de los **programas televisivos**.

Los jóvenes españoles cada vez se mueven menos. El 64 % de los españoles no practica ningún deporte. Por otra parte, el 60 % de la población española mayor de 14 años afirma leer libros, ya sea por ocio, trabajo o estudios. El tipo de deporte depende de las **estaciones del año**: el **esquí** o el **fitness** en invierno; la **pesca**, la **caza**, el fútbol, el voleibol, nadar en el mar, **montar en bicicleta** o en **monopatín**, en verano.

Las actividades **caseras** son más **regulares** durante todo el año, independientemente de las condiciones climáticas. También el sexo influye en la realización de las actividades **deportivas**, pues el ocio femenino está en clara desventaja, ya que las mujeres tienden a **intercalar** las **tareas domésticas** con el tiempo libre, olvidándose muchas veces del tiempo de ocio para sí mismas.

El tiempo libre en Latinoamérica

El ocio en Latinoamérica es una cuestión socioeconómica. La **práctica** de las diferentes actividades de tiempo libre depende, al igual que la educación, de los ingresos económicos. Por motivos de costos de las **instalaciones** necesarias, hay algunos deportes –el golf, el tenis– que son practicados por personas pertenecientes a clases sociales medias y altas. Otros como el **ciclismo** o el fútbol son practicados por las clases sociales más bajas. »»

el ocio	Freizeit; Muße, Nichtstun
salir de copas	ausgehen, einen Trinken gehen
charlar con alguien ▸ la charla	sich mit jdm unterhalten
la danza folclórica	Folkloretanz
practicar *(c-qu)* **deporte**	Sport treiben
el deporte de aventura	Abenteuersport(art)
frente a	vor
el espectáculo	(Theater)Aufführung
tener que ver con algo/alguien	mit etw./jdm zu tun haben
la formación personal	persönliche Weiterbildung

entretenido, entretenida	unterhaltsam, lustig
▸ el entretenimiento	Unterhaltung
relacionarse con alguien	mit jdm Kontakt haben
navegar *(g-gu)* **por Internet**	im Internet surfen

raramente	selten
común	üblich
la gente mayor	die Alten, die Älteren
el televisor	Fernseher, Fernsehgerät
encender *(-ie-)* **algo ≠ apagar** *(g-gu)* **algo**	(Fernseher) einschalten
negar *(-ie-)* **algo**	etw. leugnen, etw. verneinen
salir a relucir	zur Sprache kommen
el programa televisivo	Fernsehsendung

la estación del año	Jahreszeit
el esquí ▸ esquiar	Skifahren
el fitness	Fitnessstudio
la pesca ▸ pescar *(c-qu)*	Angeln
la caza ▸ cazar *(z-c)*	Jagd
montar en bicicleta	Fahrrad fahren
montar en monopatín	Skateboard fahren

casero, casera ▸ la casa	Indoor-, häuslich
regular	regelmäßig, konstant
deportivo, deportiva ▸ el deporte	sportlich
intercalar algo	etw. einfügen, etw. einschieben
la tarea doméstica	Hausarbeit

la práctica	Ausübung
la instalación	Einrichtung, (Sport)Anlage
el ciclismo ▸ la bicicleta	(Fahr)Radfahren

bb8hv8

En Latinoamérica, las reuniones familiares, que incluyen a los amigos cercanos y a los parientes **lejanos**, son igual de importantes que en España. Hasta las vacaciones o los fines de semana se pasan con la familia y los amigos. Los domingos, los **hinchas** de los diferentes **equipos** de fútbol van al **estadio**. Los que no pueden **permitirse el lujo** de pagar la entrada, escuchan las **transmisiones** por radio o las ven en televisión.

Al igual que el fútbol, las **telenovelas** o los **culebrones** son de especial importancia para los latinoamericanos. Estos representan uno de los temas de conversación más importantes en todas las clases sociales. En los barrios más pobres, donde ni siquiera cuentan con **agua potable**, se pueden ver las grandes antenas parabólicas que sobresalen de los **techos** de sus **chozas**.

Los fines de semana, la clase media y alta, por lo general, va a las **fincas** propias o de los amigos. Los más **pudientes** tienen grandes **latifundios**, y los otros simplemente una casita. Si no se sale de la ciudad, los más ricos van a sus **clubes sociales** o **deportivos**, donde cuentan con todo tipo de **recreaciones** para toda la familia: piscinas, tenis, equitación, golf, restaurantes, etc. Los de menos recursos salen a las plazas de las ciudades y pueblos a caminar y a comer toda clase de **golosinas**, que se venden en las **esquinas**.

En la noche, la mayoría sale a bailar, al cine o a comer. El cine tiene una gran **acogida** por ser una **diversión** no muy costosa. Las películas que se presentan, en su mayoría, no son **dobladas**, así que tienen **subtítulos** en español.

La religión

La religión en España – tres culturas, tres religiones

España representó un ejemplo de tolerancia religiosa durante la Edad Media. Durante este periodo, **conviven** tres culturas, tres lenguas y tres diferentes religiones: la árabe – el islam, la **judía** – el **judaísmo** y la **cristiana** – el **cristianismo**. Parece ser que los judíos llegaron a España ya con los **romanos**, que los toleraban, pero no les permitían ni poseer tierras ni casas.

En el año 409 empezaron las dificultades para los judíos con la llegada de los **visigodos**, quienes conquistaron a los romanos y no toleraban a los judíos. Con la conquista de los **musulmanes** sobre los visigodos en el año 711 empezó una época más **relajada** para los judíos, pues las **similitudes** entre estas dos culturas facilitaron la mezcla y la convivencia de las mismas. Los judíos tuvieron la oportunidad de construir sinagogas y **fortalecer** su religión y su cultura. 》》》

lejano, lejana	entfernt
≠ cercano, cercana	nahe
el, la hincha	Fan
el equipo	Mannschaft
el estadio	Stadion
permitirse el lujo de	sich etw. leisten
▸ el lujo	Luxus
la transmisión	Übertragung
la telenovela	Seifenoper, Fernsehserie
el culebrón	Seifenoper, Fernsehserie
el agua potable	Trinkwasser
el techo	Dach
la choza	Hütte, Bruchbude
la finca	Landgut
pudiente	wohlhabend
el latifundio	Großgrundbesitz
▸ el, la latifundista	Großgrundbesitzer(in)
el club social ! *(pl.)* los clubes	*Club der besseren Gesellschaft*
el club deportivo	Sportclub
la recreación	Zerstreuung, Zeitvertreib
la golosina	Süßigkeit
la esquina	Ecke (außen)
! el rincón	*Ecke (innen)*
la acogida	Empfang; *hier:* Zulauf
▸ acoger *(g-j)* a alguien	jdn aufnehmen, jdn empfangen
la diversión	Unterhaltung
doblar *(una película)*	*(Film)* synchronisieren
el subtítulo	Untertitel
convivir con alguien ▸ la convivencia	mit jdm zusammenleben
judío, judía	jüdisch
el judaísmo	Judentum
cristiano, cristiana	christlich
el cristianismo	Christentum
el romano, la romana	Römer(in)
el visigodo, la visigoda	Westgote, Westgotin
el musulmán, la musulmana	Muslim(in)
relajar(se)	(sich) entspannen
la similitud ▸ símil	Ähnlichkeit
fortalecer *(-zco)* **algo** ▸ fuerte	etw. kräftigen, etw. stärken

bb8hv8

En 1492 comenzaron de nuevo los problemas con un **decreto** de **expulsión** por parte de los Reyes Católicos. Los judíos tenían dos posibilidades: quedarse en España o marcharse. Si se quedaban, estaban **obligados a** convertirse a la **fe** cristiana, a renunciar a sus **creencias** y tradiciones y a ser, en cualquier momento, **juzgados** por el **Tribunal** de la Inquisición y ser **sometidos a torturas**. Si **optaban por** la segunda posibilidad, tenían que dejarlo todo y pasaban a ser exiliados judeo-españoles o **sefardíes** en otra parte del mundo. Los musulmanes, por su parte ya habían sido expulsados de los territorios peninsulares dos años antes.

De esta manera y desde entonces, el catolicismo se convirtió en la religión principal de los españoles hasta nuestros días. En la época franquista, el catolicismo fue la **religión del Estado** y, por tanto, cualquier otra religión estaba prohibida. En 1978, la Constitución **estableció** la **separación** de Iglesia y Estado, el **laicismo**, y existe desde entonces la **libertad de culto**.

Hoy en día, el 73 % de los españoles se define como **creyente** católico, el 5 % **profesa** otra religión y el 22 % se considera **ateo** o agnóstico.

La **evangelización** de América Latina – tres culturas, tres religiones

El cristianismo llegó a América junto con el descubrimiento en 1492. Los indígenas fueron **evangelizados** y **bautizados** a la fuerza, también se les obligó a dejar sus creencias religiosas y se destruyeron sus templos. Al hacerlos cristianos, los hacían **súbditos** del Rey de España y tenían la obligación de trabajar para él y pagar **impuestos**. De no convertirse, eran quemados o **torturados**. También hubo **integrantes** de la Iglesia católica, como Fray Bartolomé de las Casas, que actuaron como **protectores** de los derechos de los indígenas e intentaron que fueran tratados como **seres humanos**.

Más tarde, en la época de la **esclavitud**, se trajo a los africanos como esclavos a América. La Iglesia católica repitió el mismo proceso con los negros que con los indígenas. Los africanos, por su parte, trajeron consigo sus ritos, que se mezclaron con las creencias indígenas y con el cristianismo. Así que en Latinoamérica los ritos religiosos son el resultado del **sincretismo** de tres culturas: la indígena, la africana y la cristiana. Estas mezclas han perdurado hasta hoy en día, no solo en los rituales, sino en las creencias y en la vida diaria. No es raro ver a alguien que va a la iglesia y después haga **brujerías** para **espantar** a los malos **espíritus** o que la **Virgen** de Guadalupe, la patrona de la Ciudad de México, tenga la **apariencia** de una india **morena**.

el decreto	Beschluss, Verordnung, Erlass
la expulsión	Ausweisung; Vertreibung
obligar *(g-gu)* **a alguien a hacer algo**	jdn zwingen etw. zu tun
la fe	Glaube
la creencia	Glaube
creer en Dios	an Gott glauben
juzgar *(g-gu)* **a alguien**	jdn verurteilen
el tribunal	Gericht
someter a alguien a la tortura	jdn der Folter unterziehen
optar por algo	sich für etw. entscheiden, etw. wählen
los sefardíes	Sephardim, spanische Juden

la religión del Estado	Staatsreligion
establecer *(-zco)* **algo**	etw. festlegen, etw. festsetzen
la separación ▸ separar	Trennung
el laicismo	religiöse Neutralität
la libertad de culto	freie Religionsausübung

el, la creyente	Gläubige(r)
profesar *(una religión)*	*(Religion)* ausüben
ateo, atea	atheistisch

la evangelización	Evangelisierung
evangelizar *(z-c)* **a alguien**	jdn zum Evangelium bekehren
bautizar *(z-c)* **a alguien**	jdn taufen
el súbdito, la súbdita	Untertan(in)
los impuestos	Steuern
torturar a alguien	jdn foltern
el, la integrante = el miembro	Mitglied
el protector, la protectora	Beschützer(in)
el ser humano	Mensch, menschliches Wesen

la esclavitud ▸ el esclavo, la esclava	Sklaverei
el sincretismo	Verschmelzung, Vermischung
la brujería	Hexerei, Zauberei
▸ la bruja	Hexe
espantar a alguien	jdn vertreiben
el espíritu	Geist
el malo espíritu	böser Geist
la virgen E *virgin*	Jungfrau
la apariencia	Aussehen
moreno, morena	dunkelhäutig, braun

bb8hv8

La iglesia católica con dos caras

En el presente, la mayoría de los latinoamericanos son católicos, ya sea por creencia o por tradición. Los teólogos cristianos en Latinoamérica se han dividido en dos **bandos**: los que siguen formando parte de la Iglesia católica tradicionalista y los que apoyan la **teología de la liberación**. Estos últimos son los que **están del lado de** los pobres para defenderlos. Los teólogos de la liberación dicen que el evangelio de Jesucristo es un **mensaje** de libertad y una **fuerza** de liberación.

Esta corriente de la Iglesia se propone **condenar** los abusos, las **injusticias** y los **ataques** a la libertad y luchar, con sus propios medios, por la defensa y **promoción** de los derechos del hombre, especialmente en las personas de los pobres. Esto ha traído consecuencias **fatales** para sus seguidores. Muchos de ellos, como el **obispo** y teólogo de la liberación, Óscar Romero, han sido asesinados, torturados o expulsados, pues se convierten en una **amenaza** para algunos Gobiernos o para otros grupos sociales.

La salud

La Seguridad Social en España

Todo trabajador **por cuenta ajena**, es decir **contratado**, ha de **cotizar**, por una parte, a **Hacienda** con el llamado IRPF o **impuesto sobre la renta de las personas físicas** y, por otra, a la Seguridad Social. Esta última **aportación** se dirige a la futura **pensión**, a un **seguro de desempleo** –el **paro** como corrientemente se le llama– y al **seguro médico**.

Con la cada vez más alta **esperanza de vida** y el aumento de los **gastos médicos** se hace cada vez más difícil la financiación de la Seguridad Social. Por eso, para garantizar estas **prestaciones sociales**, en los últimos años se han tomado algunas medidas como:

- el **aumento** de los años trabajados para el **cálculo** de las pensiones;
- favorecer el **retraso** de la edad de **jubilación** mediante **ventajas fiscales** para las empresas que tengan en su **plantilla** trabajadores mayores de 65 años;
- fomentar los **fondos de pensiones** a través de **bonificaciones** fiscales;
- reformar el mercado de trabajo, entre otras formas, con nuevos tipos de contratos y la flexibilización del **despido**.

el bando	Partei
la teología de la liberación	Befreiungstheologie
estar del lado de alguien	auf jemandes Seite sein
el mensaje	Botschaft
la fuerza	Kraft

condenar algo/a alguien	etw./jdn verurteilen, etw./jdn verdammen
la injusticia	Ungerechtigkeit
el ataque ▸ atacar *(c-qu)* a alguien	Angriff
la promoción	Förderung
fatal	tödlich
el obispo	Bischof
la amenaza ▸ amenazar *(z-c)* a alguien	Bedrohung

la Seguridad Social	Sozialversicherung
por cuenta ajena	auf fremde Rechnung
≠ por cuenta propia	auf eigene Rechnung
contratar a alguien	jdn einstellen, jdn anstellen
cotizar *(z-c)*	Beiträge zahlen
la Hacienda	Steuerbehörde
el impuesto sobre la renta (de las personas físicas) IRPF	Einkommenssteuer *(für natürliche Personen)*
la aportación = la contribución	Beitrag
la pensión E *pension*	Rente
el seguro de desempleo	Arbeitslosenversicherung
el paro	Arbeitslosigkeit; *hier:* Arbeitslosenversicherung
el seguro médico	Krankenversicherung

la esperanza de vida	Lebenserwartung
el gasto	Kosten, Ausgabe
médico, médica	medizinisch
la prestación social	Sozialleistung

el aumento ≠ la disminución	Zunahme, Erhöhung
el cálculo ▸ calcular algo	Berechnung
el retraso ▸ retrasar	Hinauszögern, Aufschieben
la jubilación	Rente, Ruhestand
la ventaja fiscal	Steuervorteil
la plantilla	Belegschaft
el fondo de pensiones	Pensionsfonds
la bonificación	Ermäßigung
el despido	Entlassung

bb8hv8

El seguro médico en España

En España, el **sistema sanitario** público depende de la correspondiente Comunidad Autónoma. En general, puede **clasificarse de** bueno, aunque siempre depende de los **ambulatorios** y hospitales que se encuentren cercanos al paciente, ya que este no puede elegir médico ni hospital, sino que se lo **asignan**. No obstante, si el paciente no está satisfecho con su médico, puede **solicitar** el cambio.

Otro **inconveniente** de este sistema es que algunas **especialidades** médicas están muy **masificadas** y muchos pacientes tratan de evitar las **listas de espera** con un **seguro privado**. Los **funcionarios** o los **miembros** de las **Fuerzas de Seguridad del Estado** (Guardia Civil, Policía y Ejército) pueden elegir entre la Seguridad Social o algún seguro privado, al igual que los **trabajadores autónomos**.

Las condiciones de salud en Latinoamérica

Los sistemas de seguridad social y de salud de Latinoamérica están **atravesando** momentos críticos en la economía, organización y administración también. En la práctica, sin embargo, solo una minoría de la población tiene la suerte de contar con estos seguros. El resto de la población no cuenta con la atención médica mínima necesaria y **ni hablar** de un seguro social ni de un seguro médico. Además, viven en condiciones **precarias**: sin acceso a agua potable; sin servicios de **alcantarillado** para las **aguas negras**; con un alto índice de **desnutrición** crónica y falta de acceso a medicamentos **esenciales**.

El sistema de sanidad en Bolivia

Según el informe de 2001 del PNUD (Programa de Naciones Unidas para el Desarrollo), Bolivia ocupa uno de los últimos lugares en el índice de **desarrollo humano** entre todos los países hispanohablantes casi **a la par con** Nicaragua, Honduras y Guatemala. Las causas de los problemas de salud podrían generalizarse para muchos de los países de Latinoamérica y el Caribe:

- la situación geográfica y la **falta de** medios de transporte de gran parte de la población dificulta el acceso a los **puestos de salud**;
- falta de **cobertura** de los servicios de salud;
- problemas de comprensión entre la población indígena y los médicos;
- la marginación y **exclusión** de muchos grupos de la población y su pobreza (más del 70 % de la población total que vive en las zonas rurales es pobre);
- **desconfianza** en la medicina occidental; prefieren la medicina de los **hierbateros** o **curanderos**. ⟫⟫

el sistema sanitario	Gesundheitssystem
clasificarse *(c-qu)* **de algo**	etw. beurteilen
el ambulatorio	Ambulanz **FF** la ambulancia; *Kranken-wagen*
asignar algo a alguien	jdm etw. zuweisen
solicitar algo	etw. beantragen
▶ la solicitud	Antrag

el inconveniente	Nachteil, Schwachpunkt
la especialidad	Fachgebiet
▶ el, la especialista médico	Facharzt, Fachärztin
masificado, masificada	überfüllt
la lista de espera	Warteliste
el seguro privado	Privatversicherung
el funcionario, la funcionaria	Beamter, Beamtin
el miembro	Mitglied
las Fuerzas de Seguridad del Estado	staatliche Sicherheitskräfte
el trabajador autónomo, la trabajadora autónoma	Selbstständige(r)

atravesar *(-ie-)* **algo**	etw. durchmachen
ni hablar	nicht einmal, geschweige denn
precario, precaria	heikel
el alcantarillado	Kanalisationsnetz
las aguas negras	Abwässer
la desnutrición	Unterernährung, Mangelernährung
esencial	notwendig, unerlässlich

la sanidad = la salud	Gesundheit
el desarrollo humano	menschliche Entwicklung
a la par con	auf gleicher Höhe mit

la falta de algo	Fehlen von etw., Mangel an etw.
el puesto de salud	Gesundheitsposten
la cobertura	Deckung
la exclusión	Ausschluss
la desconfianza	Misstrauen
el hierbatero, la hierbatera	*(LA)* Heiler, Kräuterdoktor
▶ las hierbas	Kräuter
el curandero, la curandera	Medizinmann

bb8hv8

La tasa de mortalidad está entre las peores y varía de gran manera entre las zonas rurales y las urbanas. La gente pobre de las zonas rurales muere por enfermedades tan simples como una **diarrea** o una **infección respiratoria** y no recibe las **vacunas** esenciales distribuidas por el Gobierno. Igual pasa con el **paludismo**, la malaria, la **tuberculosis** y todas estas enfermedades **transmitidas** por mosquitos o **bacilos** que prácticamente se han **erradicado** en las zonas urbanas.

En Bolivia, se ha estado tratando de cambiar este sistema de salud pública **elitista** con reformas como el **Seguro de Maternidad y Niñez** o el **Seguro de Salud de la Vejez**, con el fin de que la salud sea un derecho de toda la población y que todo el mundo, en caso de necesidad o a manera de **prevención**, pueda ser atendido por un **médico general** o un **especialista: oftalmólogo, pediatra, ginecólogo, dermatólogo**. Lamentablemente, sin mayor éxito, ya que estas reformas no dependen de los médicos sino del sistema económico.

Las drogas

Hay diferentes **adicciones** como el alcoholismo, el **tabaquismo**, la **drogadicción** y una más nueva: a las **redes sociales**; aunque parezca exagerado decir que Internet es una adicción, pero es que su dependencia y su consumo son muy parecidos al del tabaco o la droga.

Se habla de un **vicio** o adicción cuando el uso de alguno es frecuente y su **consumo** excesivo, creando así una dependencia **física** y psicológica. El consumo de éstos es un problema muy serio de salud pública tanto por las consecuencias como por los costes que causa.

El consumo de drogas legales, como el tabaco y el alcohol, está apoyado por la **publicidad** y por la **accesibilidad**. Mucha gente piensa que no son tan **nocivos** como las drogas fuertes y los consumen en situaciones **estresantes** o en actividades sociales. En España, el tabaco resulta ser la principal causa de mortalidad **prematura** y **evitable**, ocasionando el **cáncer de pulmón**, enfermedades **cardiovasculares** y respiratorias. El **abuso** crónico del alcohol durante mucho tiempo también causa cáncer, enfermedades de **hígado** y **úlceras**. ⟫

la diarrea	Durchfall
la infección respiratoria	Atemwegserkrankung
la vacuna E *vaccination*	Impfung
el paludismo	Malaria
la tuberculosis	Tuberkulose
transmitir *(una enfermedad)*	*(Krankheit)* übertragen
el bacilo	Bazillus
erradicar *(c-qu)* algo	etw. ausmerzen

elitista	elitär
el Seguro de Maternidad y Niñez	*Versicherung mit bes. Leistungen während der Schwangerschaft, für das Neugeborene u. Kinder bis 5 Jahre*
el Seguro de Salud de la Vejez	*etwa:* (Alters)Pflegeversicherung
la prevención	Prävention, Vorbeugung
el médico, la médica general	Allgemeinarzt
el, la especialista	Facharzt
el oftalmólogo, la oftalmóloga	Augenarzt(in)
el, la pediatra	Kinderarzt(in)
el ginecólogo, la ginecóloga	Frauenarzt(in)
el dermatólogo, la dermatóloga	Hautarzt(in)

la droga	Droge
la adicción E *addiction*	Sucht
el tabaquismo	Nikotinsucht
la drogadicción	Drogenabhängigkeit
la red social	soziales Netz

el vicio ✳ la virtud	Laster
el consumo	Einnahme, Konsum
físico, física	körperlich, physisch

la publicidad	Werbung
la accesibilidad	Zugänglichkeit
nocivo, nociva	schädlich
estresante ▸ el estrés	stressig
prematuro, prematura	frühzeitig
evitable ✳ inevitable	vermeidbar
el cáncer de pulmón	Lungenkrebs
cardiovascular	Herz-Kreislauf-
el abuso E *abuse*	Missbrauch
el hígado	Leber
la úlcera	Geschwür

bb8hv8

Los **consumidores** de drogas **ilícitas** son menos que los **fumadores** o los que toman alcohol. Lamentablemente, su número está aumentando de tal manera que hoy en día cerca del 4% de la población mundial es consumidora de drogas ilegales como la marihuana, cocaína, crack y **éxtasis**. Estas pueden causar **pérdidas severas de peso**, elevaciones peligrosas de la **presión sanguínea**, **ataques de corazón**, enfermedades **pulmonares** como la bronquitis, **trastornos** emocionales y hasta **enfermedades mentales**. Además, muchos drogadictos que utilizan **jeringuillas se infectan con** el virus del **SIDA**.

Casi todas las naciones del mundo están buscando soluciones para disminuir el consumo de todo tipo de drogas **perjudiciales** para la salud. Algunos intentos son:

- campañas para la prevención en las escuelas;
- la publicidad en contra del consumo de drogas;
- leyes que prohíben la venta, la compra y el llevar consigo cualquier tipo de droga ilícita;
- leyes contra el **lavado de dinero** proveniente de la droga por parte de la mafia y los **traficantes**;
- **sustitución** de las plantaciones **cocaleras** por otro tipo de cultivo lucrativo;
- la creación de centros de rehabilitación para alcohólicos, fumadores y **drogadictos**;
- finalmente, la ayuda para **reintegrarse en** la sociedad.

La terapia genética

La biotecnología es uno de los **focos** de **investigación** más activos en nuestros días. El análisis del **código** genético que todo organismo vivo lleva en su **ADN** es una **tarea** que abre a la humanidad amplias posibilidades en muchos campos del **reino animal** y **vegetal**.

Una de las **aplicaciones** de la ingeniería genética permitida en seres humanos es la **vinculada** al **tratamiento** de enfermedades. A través del análisis genético de los pacientes o la alteración genética de alguna sustancia se pueden **prevenir** o **curar** enfermedades no solo **hereditarias**. En esta dirección se trabaja, por ejemplo, para conseguir una vacuna contra el virus del SIDA. Una vacuna desarrollada en España por Mariano Esteban en 2011 generó respuesta inmunológica al SIDA en un 90% de los 30 voluntarios sanos que fueron vacunados.

En general, se puede afirmar que para la **industria farmacéutica** la ingeniería genética ha **supuesto** una auténtica revolución. No solo por los medicamentos hechos **a la medida del** enfermo, evitando así **efectos secundarios** indeseados; también aparecen nuevas técnicas de fabricación. Es el caso de la insulina para enfermos diabéticos: por medio de **transferencias genéticas**, es decir, de la **incorporación** de genes a otros organismos, se pueden conseguir grandes cantidades de esta **sustancia** a bajo coste. 〉〉〉

el consumidor, la consumidora	Konsument(in)
ilícito, ilícita	unerlaubt, verboten
el fumador, la fumadora	Raucher(in)
el éxtasis	Extasy
la pérdida de peso	Gewichtsverlust
severo, severa	ernste (r, s)
la presión sanguínea	Blutdruck
el ataque de corazón	Herzanfall
pulmonar	Lungen-
▸ el pulmón	Lunge
el trastorno	Störung, Verwirrung
la enfermedad mental	Geisteskrankheit
la jeringuilla	(Injektions)Spritze
infectarse con algo	sich mit etw. infizieren
el SIDA	AIDS

perjudicial = nocivo, nociva	schädlich

el lavado de dinero	Geldwäsche
el, la traficante	(Drogen)Händler
la sustitución ▸ sustituir *(-y-)* algo/a alguien	Ersetzung
cocalero, cocalera	Kokastrauch-
el drogadicto, la drogadicta	Drogenabhängige(r)
reintegrarse en algo	sich wieder in etw. eingliedern

la terapia genética	Gentherapie
el foco	Brennpunkt
la investigación ▸ investigar *(g-gu)* algo	Forschung
el código	Code
ADN *(m.)*	DNA
la tarea	Aufgabe
el reino animal	Tierreich
el reino vegetal	Pflanzenreich

la aplicación	Anwendung, Gebrauch
vincular algo a algo	etw. mit etw. verbinden
el tratamiento	Behandlung
prevenir algo	etw. vorbeugen
curar algo	etw. heilen
hereditario, hereditaria	Erb-

la industria farmacéutica	Pharmaindustrie
suponer algo	etw. bedeuten
a la medida de	maßgeschneidert
el efecto secundario	Nebenwirkung
la transferencia genética	Gentransfer
la incorporación	Integration, Eingliederung
la sustancia	Substanz

bb8hv8

Otro foco de investigación es la clonación que consiste en hacer una copia genética idéntica de otro **ser**. No se trata, por tanto, de una forma de **manipulación genética**, puesto que no altera la estructura del **genoma**. El clon de un organismo porta la misma información en sus **cromosomas** que el organismo del que se **extrajo** la célula manipulada. La clonación vegetal es una práctica **consolidada** desde hace tiempo y tras la clonación de la oveja Dolly se ha abierto la carrera en la clonación de **mamíferos superiores**.

Pero **al margen de** los **beneficios** de estas técnicas, la clonación de mamíferos superiores **plantea** serias **reservas** éticas por ser un paso más hacia la clonación humana. Experimentos en esta dirección no faltan y ya se han producido por clonación **embriones humanos** para obtener **células madre**. La visión de poder **vencer** enfermedades **incurables** hasta ahora, como el Alzheimer o diferentes tipos de cáncer, se presenta al alcance de la mano.

Pero el peligro de un avance incontrolado de la investigación sin tener en cuenta sus consecuencias éticas y biológicas hace necesaria una **regulación** estricta. Por medio de la "Ley sobre técnicas de **reproducción asistida**" se prohíbe en España la clonación humana o la **creación** genética de razas humanas. Sin embargo, permite utilizar embriones **desechables** o no **viables** con fines farmacéuticos, diagnósticos y terapéuticos, pero no para obtener seres humanos.

el ser	Lebewesen
la manipulación genética	Genmanipulation
el genoma	Genom
el cromosoma	Chromosom
extraer algo	etw. extrahieren
consolidar algo	etw. sichern
el mamífero	Säugetier
superior ≠ inferior	höhere (r, s)

al margen de	abseits
el beneficio ≠ la desventaja	Nutzen, Vorteil
plantear una reserva	Vorbehalt aufwerfen
el embrión	Embryo
humano, humana	menschlich
la célula madre	Stammzelle
vencer *(c-z)* **algo**	etw. besiegen
incurable ≠ curable	unheilbar

la regulación	Regulierung, Regelung
la reprodución asistida	künstliche Fortpflanzung
la creación ▸ crear algo	Schaffung, Schöpfung
desechable	nicht verwertete (r, s)
viable ▸ la vida	lebensfähig

bb8hv8

10 La ecología

La **ecología** es el estudio del comportamiento de los **seres vivos** en su **ambiente** natural. También es el estudio de las relaciones entre los seres vivos y el **hogar** común que todos ellos comparten: la Tierra.

Un planeta de recursos finitos

El homo sapiens lleva más de 100 000 años viviendo sobre la Tierra. Los seres humanos utilizan la **agricultura** para **alimentarse** y se organizan en ciudades para vivir hace aproximadamente unos 10 000 años. Pero solo hace 300 años que la **población** y el **capital** comenzaron a desarrollar procesos de **crecimiento** exponencial, con la introducción de la **máquina de vapor** y de los modelos de **explotación** de los recursos, producción y consumo.

Todo ello ha permitido a la **humanidad**, en un período muy corto, consumir más recursos que en el resto de su historia. Como consecuencia, muchos niveles de **contaminación aumentan**, como la **acumulación** en la **atmósfera** de **gases de efecto invernadero**, entre otras causas por la **quema** de **combustibles fósiles** y la **tala** de bosques.

El planeta que habitamos no tiene recursos infinitos, por eso hay que dar un paso adelante en la **redistribución** de la **riqueza** y el **acceso a** recursos naturales y energéticos de manera **equilibrada** y **sostenible** entre todos los habitantes del planeta.

Tras el **desastre** nuclear de Fukushima son muchos los movimientos ecologistas en España que **reivindican** energías **renovables** frente a la energía nuclear; **defienden** la **salud** y vivir en un **entorno** limpio y saludable. La población se está sensibilizando hacia un planeta verde y en paz, en un contexto de **reducción** de consumo de recursos naturales y energéticos.

la ecología ▸ ecológico, ecológica	Ökologie, Umweltforschung
▸ el, la ecologista	Ökologe, Ökologin
el ser vivo ▸ vivir	Lebewesen
el ambiente	Umgebung
el hogar	Zuhause
los recursos finitos	begrenzte Ressourcen
▸ el fin	Ende
la agricultura	Landwirtschaft
alimentarse ▸ el alimento	sich ernähren
la población	Bevölkerung
el capital	Kapital
! la capital	*Hauptstadt*
el crecimiento	Wachstum
la máquina de vapor	Dampfmaschine
la explotación	Nutzung; Ausbeutung
la humanidad ▸ humano, humana	Menschheit
la contaminación	Verschmutzung
el nivel de contaminación	Grad der Verschmutzung
aumentar = crecer *(-zco)*	ansteigen, wachsen
la acumulación	Anhäufung
la atmósfera	Atmosphäre
el gas de efecto invernadero	Treibhausgas
la quema ▸ quemar algo	Verbrennen
el combustible fósil	fossiler Brennstoff
la tala	Fällen
▸ talar bosques	Bäume fällen
la redistribución ▸ redistribuir *(-y-)* algo	Umverteilung
la riqueza ▸ rico, rica	Reichtum
el acceso a	Zugang zu
equilibrado, equilibrada	ausgeglichen
sostenible	nachhaltig
el desastre ᴇ *disaster*	Katastrophe
reivindicar *(c-qu)* **algo**	etw. verlangen
renovable ▸ nuevo	erneuerbar
defender *(-ie-)* **algo** ▸ la defensa	etw. verteidigen
la salud ▸ saludable	Gesundheit
el entorno	Umgebung
la reducción	Reduktion, Senkung
▸ la reducción de consumo	Verringerung des Verbrauchs

yi5e9i

La energía

Fuentes de energía renovables

La población de la Tierra aumenta y se necesita más energía. Los combustibles fósiles se están acabando y, como son **limitados** y no renovables, se está **investigando** sobre posibles fuentes de energía renovables, como la **energía eólica**, **geotérmica**, **hidráulica**, solar o biomasa.

La energía nuclear

Se produce a partir de cambios en los **núcleos atómicos**. Estos cambios producen calor, el cual se usa para calentar agua y producir vapor que hace **girar** las **turbinas generadoras** produciendo electricidad. La ventaja de usar energía nuclear es que, a partir de una pequeña cantidad de combustible, se produce una gran cantidad de energía útil. Otra ventaja es que se evita la producción de gases **contaminantes** peligrosos para el ambiente. Las desventajas son los **desechos nucleares**, porque son extremadamente peligrosos por su radioactividad y su dificultad de **almacenamiento**.

Centrales nucleares en España: razones a favor y en contra

Las principales organizaciones ecologistas y diversos expertos antinucleares argumentan el **cierre** definitivo de estas **instalaciones** por cuestiones clave como la inseguridad de las instalaciones, el almacenamiento de los **residuos** y la radioactividad. Los expertos **favorables al** uso de la energía nuclear con **fines pacíficos** ofrecen explicaciones **contrapuestas** para defender su **continuidad**. Defienden incluso la construcción de nuevas centrales con cuestiones como el efecto en la **factura eléctrica** de los consumidores o las **reservas de uranio**.

¿Son las centrales nucleares seguras?

A raíz del accidente de la central nuclear de Fukushima, en Japón, después del **seísmo** y el tsunami en marzo de 2011, el Consejo de Seguridad Nuclear (CSN) ha elaborado un **informe** con los resultados de las **pruebas de resistencia** realizadas a las centrales nucleares españolas. El informe analiza su **capacidad de respuesta** frente a **inundaciones**, **terremotos**, o **accidentes** graves.

El **organismo** ha decidido realizar estos **exámenes** en toda la Unión Europea. El documento ha **concluido** que el **equipamiento** y los protocolos de las nucleares españolas son **adecuados** para responder ante **condiciones** extremas.

¿Qué se hace con los residuos nucleares?

En España, las centrales nucleares generan residuos nucleares (elementos radioactivos en concentraciones **superiores a** las permitidas) que se llevan a piscinas especiales **subterráneas** que hay en las propias centrales. También se generan residuos que son **almacenados** en el **cementerio nuclear** de El Cabril (Córdoba), construido en 1992, y que almacena más de 16 000 metros cúbicos de **basura nuclear**.

limitar algo ▸ el límite	etw. begrenzen
investigar *(g-gu)* **algo**	etw. untersuchen, etw. erforschen
la energía eólica	Windenergie
la energía geotérmica	Erdwärmeenergie
la energía hidráulica	Wasserenergie
la energía nuclear	Kernenergie
el núcleo atómico	Atomkern
girar	drehen
la turbina generadora	Turbinengenerator
contaminante	umweltverschmutzend
el desecho nuclear	Atommüll
el almacenamiento	Lagerung
la central nuclear	Atomkraftwerk
antinuclear	Anti-Atomkraft
el cierre ▸ cerrar *(-ie-)* algo	Betriebsschließung
la instalación	Anlage
el residuo	Abfall
favorable a	für
≠ desfavorable a	dagegen
el fin pacífico	friedlicher Zweck
contrapuesto, contrapuesta	umgekehrt
▸ contraponer *(≈ poner)* algo	etw. dagegenhalten
la continuidad ▸ continuar algo	Weiterführung, weitere Nutzung
la factura eléctrica	Stromrechnung
la reserva de uranio	Uranvorrat
a raíz de	als Folge von
el seísmo = el terremoto	Erdbeben
el informe	Bericht
la prueba de resistencia	Widerstandsprobe
la capacidad de respuesta	Haftungsfähigkeit
la inundación ▸ inundar algo	Überschwemmung
el terremoto	Erdbeben
el accidente	Unfall
el organismo	Organisation
el examen	Untersuchung
concluir *(-y-)* **algo**	etw. schlussfolgern
el equipamiento	Ausstattung
adecuado, adecuada = apto, apta	geeignet
la condición E *condition*	Bedingung
superior a ≠ inferior a	höher als
subterráneo, subterránea	unterirdisch
almacenar algo	etw. (ein)lagern
el cementerio nuclear *(col.)*	Nuklearfriedhof
la basura nuclear	Nuklearabfall, Atommüll

yi5e9i

Contaminación de mares y océanos

El mar posee una gran capacidad **autodepuradora**. Por eso, desde siempre, el mar ha sido considerado un **vertedero** natural; pero las últimas décadas la contaminación ha **superado** las capacidades naturales del mar. La contaminación **química** de los mares y océanos a través de **detergentes** y pesticidas en los **arroyos** y ríos tiene efectos **nocivos** sobre **aves** y organismos **costeros**.

El agua como recurso vital

El agua, elemento **líquido indispensable** para la vida, está en **rebeldía** contra el hombre. Desde el inicio de la revolución industrial, el hombre ha contaminado los ríos, mares y **acuíferos**, **destruyendo** las reservas de consumo y **aniquilando** los bosques, protectores del agua.

En España, donde las **sequías** son cada vez más **frecuentes**, las polémicas **se agudizan**. Nadie **afronta** con seriedad factores tan vitales en esta **escasez de agua** como son: el **cambio climático**, la falta de bosques, la contaminación de las aguas, los **sistemas de riego derrochadores** o el consumo excesivo de cada uno de nosotros.

En la agricultura se consume el 80 % de **agua potable disponible** en España. Esto supone un **derroche de agua**, que bien podría ser infinitamente menor si en lugar de **encharcar** la tierra, se **emplearan** otros métodos que **están al alcance** de la industria agrícola como podría ser el **goteo**. En Israel se han conseguido **logros** muy importantes con el riego a goteo.

El **abastecimiento urbano** es, tras el **regadío**, el segundo sector en cuanto a consumo de agua potable. El **despilfarro** de los ciudadanos, unido al consumo originado en el riego de parques públicos, jardines privados, campos de golf y limpieza de las calles realizado, en su mayor parte, con agua potable, aumenta más aún su escasez, **poniendo en peligro** las reservas **destinadas al** consumo humano.

En España **gastamos** una media de 280 litros por persona y día. Los recientes informes elaborados por las Naciones Unidas afirman que en España cada año aumenta la **desertización** y que será uno de los primeros países más **afectados** por el cambio climático.

autodepurador, autodepuradora	selbstreinigend
▸ depurar algo	etw. reinigen
el vertedero	Mülldeponie; Schuttabladeplatz
▸ verter algo	etw. abladen, etw. kippen
superar algo	etw. übersteigen
químico, química	chemisch
el detergente	Reinigungs-, Waschmittel
el arroyo	Bach
nocivo, nociva	schädlich, schädigend
el ave ! *(pl.)* las aves	Vogel
costero, costera ▸ la costa	Küsten-

el recurso vital ▸ la vida	lebenswichtige Ressource
líquido, líquida	nass
indispensable	unerlässlich
la rebeldía	Auflehnung, Revolte
estar en rebeldía contra alguien	sich gegen jdn auflehnen
el acuífero	Grundwasservorkommen
destruir *(-y-)* **algo** ▸ la destrucción	etw. zerstören
aniquilar algo	etw. vernichten

la sequía ▸ seco, seca	Dürre
frecuente = usual	häufig
agudizarse	schärfer werden
▸ agudo, aguda	spitz, scharf
afrontar algo	ein Problem in Angriff nehmen
la escasez de agua	Wassermangel, ~knappheit
el cambio climático	Klimawandel
el sistema de riego	Bewässerungssystem
derrochador	verschwenderisch

el agua potable	Trinkwasser
disponible ▸ la disponibilidad	vorrätig
el derroche de agua	Wasserverschwendung
encharcar ▸ el charco	fluten
emplear algo = usar algo	etw. benutzen
estar al alcance de alguien	für jdn greifbar sein
el goteo	Tropfensystem
el riego a goteo	Tröpfchenbewässerung
el logro ▸ lograr algo	Erfolg

el abastecimiento urbano	Stadtversorgung
el regadío ▸ regar algo	Bewässerungsgelände
el despilfarro = el derroche	Verschwendung, Vergeudung
poner en peligro	in Gefahr bringen
destinado, destinada a ▸ el destino	bestimmt für

gastar algo ▸ el gasto	etw. verbrauchen
la desertización ▸ el desierto	Versteppung, Desertifikation
afectar algo/a alguien	etw. jdn betreffen

yi5e9i

Galicia, la marea negra, *nunca mais*

En España, un caso dramático **sucedió** en el **litoral** gallego el 13 de noviembre de 2002. El Prestige, un **petrolero** de 26 años cargado con 77 000 **toneladas** de **fuel, lanzaba** un SOS a las 15:15 horas. Fue el inicio de una de las mayores catástrofes económicas, ecológicas y sociales ocurridas en Galicia.

La caída al mar de toneladas de petróleo **contribuyó a** una **toma de conciencia** del problema de la contaminación marina por **hidrocarburos**. El **chapapote se extendió** y cubrió playas, **fondos marinos** y zonas costeras produciendo un espectáculo triste y **desolador**. *Nunca mais* (gallego) fue el lema más coreado durante esa época. Significaba que nunca más debería suceder un desastre natural así.

Los **perjuicios ocasionados** al **medio ambiente** por los hidrocarburos **esparcidos** en mares y océanos son: la dificultad de **oxigenación** de las aguas, la imposibilidad de la fotosíntesis para el desarrollo del plancton y la **intoxicación** de muchos animales.

Sucesivas mareas negras han ido llegando desde entonces a las costas gallegas y **cántabras**. Esta catástrofe ha originado la reacción de diferentes grupos sociales que han **lamentado** la falta de medios y de información. Los **mariscadores** gallegos han perdido su trabajo, y aunque están recibiendo ayudas del Estado, su **preocupación**, al igual que la del resto de gentes del mar, es creciente.

La conciencia ecológica

Tener conciencia ecológica en España

Tener conciencia ecológica es entender que somos **dependientes de** la naturaleza y **responsables por** su estado de conservación. Ignorar esta verdad significa **autodestruirnos**, porque al **empeorar** el medio ambiente también lo hace nuestra calidad de vida y ponemos en peligro el futuro de nuestros **descendientes**.

La conciencia ecológica debe comenzar en el **hogar**, pero debe extenderse a otros ámbitos de nuestra vida: porque todas nuestras acciones **inciden** –de manera positiva o negativa– **sobre** la naturaleza.

España es un país, **en comparación con** Alemania, con menor historia en conciencia ecológica. Poco a poco, el tema es tratado en la escuela y en los hogares se recicla cada vez más. Pero todavía falta **concienciar a** una gran parte de la población que **descuida** playas, **parajes** naturales, bosques, etc.

la marea negra	Ölpest
suceder	geschehen
el litoral	Küstengebiet
el petrolero	Erdöltanker
la tonelada	Tonne *(Maßeinheit)*
el fuel	Heizöl
lanzar *(z-c) (un SOS)*	*(SOS)* senden
contribuir *(-y-)* **a algo**	zu etw. beitragen
▸ la contribución	Beitrag
la toma de conciencia	Bewusstwerdung
el hidrocarburo	Kohlenwasserstoff
el chapapote	Teer
extenderse *(-ie-)* E *to extend*	sich ausbreiten, sich ausdehnen
el fondo	Boden, Grund
marino, marina ▸ el mar	Meeres-, See-
desolador	erschütternd, bewegend
el perjuicio	Schaden, Zerstörung
ocasionar = causar	verursachen, hervorrufen
el medio ambiente	Umwelt
esparcir *(c-z)* **algo**	etw. verteilen
la oxigenación	Versetzung mit Sauerstoff
▸ el oxígeno	Sauerstoff
la intoxicación ▸ tóxico, tóxica	Vergiftung
sucesivo, sucesiva	folgend (e, s), weiter (e, s)
cántabro, cántabra ▸ Cantabria	kantabrisch
lamentar algo ▸ el lamento	etw. beklagen
el mariscador, mariscadora	Sammler(in) von Meeresfrüchten
la preocupación	Sorge
▸ preocuparse por algo	sich wegen etw. Sorgen machen
la conciencia ecológica	Umweltbewusstsein
dependiente de	abhängig von
▸ depender de algo/de alguien	von etw./jdm abhängen
responsable por E *responsible*	verantwortlich für
autodestruirse	sich selbst zerstören
empeorar ▸ peor ≠ mejor	verschlechtern, schlechter werden
el, la descendiente	Nachkommen
el hogar	Zuhause
incidir sobre algo	Auswirkungen haben auf etw.
en comparación con	im Vergleich zu
concienciar a alguien	jdm etw. bewusst machen;
	jdn für etw. sensibilisieren
descuidar algo ≠ cuidar algo	etw. vernachlässigen
el paraje = el lugar	Gegend, Ort, Stelle

yi5e9i

El desarrollo sostenible

El fuerte **impacto medioambietal** al que la Península ha sido sometida en las últimas décadas ha tenido consecuencias **nefastas** para el **equilibrio** ecológico. Ahora es el momento de tomar conciencia del **dominio** que los seres humanos hemos adoptado en relación con la naturaleza y empezar a mejorar la vida de los ecosistemas y respetar la naturaleza. La educación ambiental debe ser el instrumento para el cambio.

El desarrollo sostenible consiste en usar más **eficaz** y **equitativamente** los recursos **disponibles** para llegar a una mejora de la **calidad de vida**. Esto se consigue si por ejemplo:

- se **recuperan** y **reciclan** los residuos (**cristal**, **papel**, plásticos, **latas**, **basura orgánica**), y si en primer lugar se producen menos residuos;
- se construyen **sistemas recolectores** de **aguas residuales** y
- se implantan sistemas de **depuración**;
- se **impulsa** la **formación** de los ciudadanos para cambiar su comportamiento (con cursos o en las escuelas);
- se obliga a la **reforestación** y **certificación** de productos forestales.

Mallorca y el turismo ecológico

Mallorca tiene un gran potencial de **atracción** turística. Pero no solo acoge turismo de playa, también es un gran reclamo para el turismo ecológico. El sector del **agroturismo** se ofrece como complementario al sol y la playa. La isla **cuenta con** una **oferta** que ha permitido **recuperar fincas** que se han **revitalizado** gracias a la actividad turística. Además, se ha **fomentado** una oferta adecuada a un público de alto **poder adquisitivo**. El agroturismo **resalta** el valor cultural, social, medioambiental y económico del campo mallorquín y de la sociedad agrícola, verdadero motor económico de la isla hasta hace unas pocas décadas. 》》》

el desarrollo sostenible	nachhaltige Entwicklung
el impacto medioambiental	Auswirkung auf die Umwelt
nefasto, nefasta	unheilvoll
el equilibrio	Gleichgewicht
el dominio	Herrschaft
▸ dominar algo/a alguien	etw./jdn beherrschen

eficaz ! *(pl.)* **-ces**	wirksam, effizient
equitativo, equitativa	gleichmäßig
disponible	verfügbar
la calidad de vida	Lebensqualität

recuperar algo	etw. wiederverwerten, etw. zurückholen
reciclar algo	etw. recyceln
el cristal	Glas
el papel	Papier
la lata	Dose
la basura orgánica	Biomüll
el sistema recolector	Sammelsystem
las aguas residuales	Abwässer
la depuración = la purificación	Reinigung
impulsar algo	etw. vorantreiben
la formación	(Aus)Bildung
▸ formar a alguien	jdn ausbilden
la reforestación	Wiederaufforstung
la certificación	Zertifizierung

la atracción	Attraktion, Anziehungskraft
▸ atraer *(≈ traer)* a alguien	jdn anziehen, jdn anlocken
el agroturismo	Ferien auf dem Bauernhof
contar *(-ue-)* **con algo**	etw. haben
la oferta	Angebot
▸ ofrecer *(-zco)* algo a alguien	jdm etw. anbieten
recuperar algo	wiedererlangen
la finca	Landgut
revitalizar algo/a alguien	etw./jdn (wieder)beleben
fomentar algo	fördern, ankurbeln
el poder adquisitivo	Kaufkraft
resaltar algo	etw. hervorheben

yi5e9i

El turísmo ecológico **genuino** debe **cumplir** los siguientes principios:

- **minimizar** los **impactos** negativos, para el ambiente y para la comunidad, de la actividad;
- construir **respeto** y conciencia ambiental y cultural;
- **proporcionar** experiencias positivas tanto para los visitantes como para los **anfitriones**;
- proporcionar **beneficios** financieros directos para la **conservación**;
- **fortalecer** la participación en la toma de decisiones de la comunidad local;
- crear sensibilidad hacia el clima político, ambiental y social;
- **apoyar** los **derechos humanos** universales y las **leyes laborales**.

En Mallorca existen varios modelos de ecoturismo. Podemos encontrar **espacios dedicados a** la **observación** de aves como S'Albufera o S'Albufereta que **atraen** todos los años **a** turistas nacionales e internacionales. Otro ejemplo es el Parque Nacional Marítimo Terrestre de Cabrera que **alberga** importantes **colonias** de aves marinas y uno de los fondos marinos mejor conservados del **litoral** mediterráneo.

Andalucía: dos caras de la moneda

Parque de Doñana

El Parque Nacional de Doñana es un mosaico de ecosistemas que albergan una **biodiversidad** única en Europa. Destaca sobre todo la **marisma**, de extraordinaria importancia como lugar de paso, **cría** e **invernada** para miles de aves europeas y africanas. En el Parque viven especies únicas, y en serio peligro de **extinción**, como el **águila imperial** ibérica y el **lince** ibérico. Doñana supone la confluencia de un **conjunto** de ecosistemas (playa, **dunas**, **cotos**, marisma…) que **dotan a** este Parque **de** una personalidad única.

Paisaje de invernaderos de Almería

En contraposición al bello paisaje natural de Doñana, **se extiende** en el litoral de Almería, al este de Andalucía, un inmenso "mar de plástico". A este impresionante mar, le llaman la "**huerta** de Europa". 20 000 hectáreas de invernaderos que bajo los plásticos alberga tales condiciones de crecimiento que es capaz de generar, todos los días del año, 400 camiones de **pepinos**, **pimientos** y tomates.

Este peculiar control del clima, convirtió a una de las regiones más **áridas** y pobres de España en una de las más ricas de Europa, sin duda un verdadero **milagro económico**, pero con un coste medioambiental impagable. El mar de plástico se ha bebido los **acuíferos** y devorado las playas para alimentar el suelo de sus invernaderos.

genuino, genuina	echt
cumplir algo	etw. erfüllen
minimizar algo *(z-c)*	etw. minimieren, etw. verringern
el impacto	Belastung
el respeto	Respekt
proporcionar algo	etw. ermöglichen
el anfitrión, la anfitriona	Gastgeber(in)
el beneficio	Nutzen
la conservación ▸ conservar algo	Pflege
fortalecer *(-zco)* **algo** ▸ la fuerza	etw. stärken, etw. kräftigen
apoyar a alguien = la ayuda	jdn. stützen
los derechos humanos	Menschenrechte
las leyes laborales	Arbeitsgesetze
el espacio	Raum
dedicar algo a algo/a alguien	etw. etw./jdm widmen
la observación	Beobachtung
atraer a alguien ▸ la atracción	auf sich ziehen, anlocken
albergar algo/a alguien ▸ el albergue	beherbergen
la colonia	Kolonie, Ansiedlung
el litoral	Küstengebiet
la biodiversidad	Artenvielfalt
la marisma	Marschland
la cría ▸ criar algo	Zucht
la invernada	Winterzeit
▸ invernar	überwintern
la extinción ᴇ *extinction*	Aussterben
en peligro de extinción	vom Aussterben bedroht
el águila imperial ! el águila *(f.)*	Kaiseradler
el lince	Luchs
el conjunto	Einheit
la duna	Düne
el coto	Revier
dotar a algo de algo	etw. mit etw. ausstatten
el invernadero	Treibhaus
en contraposición a	im Gegensatz zu
extenderse *(-ie-)* ᴇ *to extend*	sich ausbreiten, sich ausdehnen
la huerta	Gemüsegarten; Huerta
el pepino	Gurke
el pimiento	Paprika
árido, árida	dürr
el milagro económico	Wirtschaftswunder
el acuífero	Grundwasservorkommen

yi5e9i

La contaminación atmosférica

El aire constituye uno de los elementos básicos de todo ser vivo. Diariamente nuestros **pulmones** filtran unos 15 kg de aire atmosférico, mientras que solo **absorbemos** 2,5 kg de agua y menos de 1,5 kg de alimentos. Se considera que hay **polución del aire** cuando la presencia de **sustancias nocivas**, o la **variación** de los **constituyentes** en el aire, pueden **provocar molestias** o efectos **perjudiciales** para nuestra salud. Las sustancias nocivas, gases y **sólidos**, que se concentran en la atmósfera, vienen de los **procesos industriales**, las **combustiones** (fábricas, **calefacciones**) y los **vehículos de motor**. Ciudad de México y Buenos Aires son dos de las ciudades del mundo con más contaminación atmosférica.

Las circunstancias climatológicas influyen de modo **determinante** en la distribución de la contaminación atmosférica. El viento puede **dispersar** las sustancias nocivas **emitidas** en una zona determinada e incluso transportarlos lejos de su punto de **emisión**. La **radiación solar** es otro factor meteorológico que influye, por ejemplo, en la formación del "smog".

Contaminación del aire en la Ciudad de México

Las emisiones anuales de contaminantes en todo el país son superiores a 16 millones de toneladas, de las cuales el 65 % es de origen **vehicular**. En la Ciudad de México se **genera** el 23,6 % de dichas emisiones, en Guadalajara el 3,5 %, y en Monterrey el 3 %. Los otros centros industriales del país generan el 70 % **restante**.

¿Sabías que...?

- el número de autos en la Ciudad de México **se** ha **duplicado** en 10 años;
- es una de las ciudades más contaminadas del mundo;
- 600 nuevos autos **se agregan** a las calles de la Cuidad de México cada día;
- científicos han demostrado que se está experimentando la **pérdida del olfato** en adultos jóvenes;
- el **exceso** de smog sobre el organismo es una causa del sentido de **fatiga** continua;
- una **disminución** del 10 % en el nivel del ozono disminuiría 300 muertes y 2 millones de casos de **enfermedades respiratorias**.

¿Cómo evitar la contaminación?

Para evitar la contaminación es necesario participar adecuadamente en los programas como "Hoy no **circula**", la **verificación** vehicular o el cambio de **convertidor catalítico**. Otras formas de ayudar a limpiar el aire tienen una estrecha relación con los **hábitos**: evitar usar el automóvil principalmente durante las "**horas pico**"; utilizar el **transporte público**; **compartir** el auto con otras personas, etc. 》》

atmosférico, atmosférica	Luft-
el pulmón	Lunge
absorber algo	etw. aufnehmen
la polución del aire = la contaminación del aire	Luftverschmutzung
la sustancia nociva	Schadstoff
▸ nocivo, nociva	schädlich
la variación	Veränderung
el constituyente	Bestandteil
provocar *(c-qu)* **algo =** causar algo	etw. verursachen
la molestia	Beschwerde
perjudicial	schädlich
▸ perjudicar *(c-qu)* a alguien	jdm schaden
el sólido	Feststoff
el proceso industrial	Industrieverfahren
la combustión	Verbrennung
la calefacción	Heizung
el vehículo de motor	Kraftfahrzeug
determinante	entscheidend
dispersar algo	etw. verwehen
emitir algo	etw. ausstoßen
la emisión	Emission, Ausstoß
el punto de emisión	Emissionsort
la radiación solar	Sonnen(ein)strahlung
vehicular	Auto-, Fahrzeug-
de origen vehicular	von Fahrzeugen stammend
generar algo	etw. erzeugen
restante ▸ el resto	restlich, Rest-
duplicarse *(c-qu)*	sich verdoppeln
agregarse *(g-gu)*	hinzukommen
la pérdida de olfato	Verlust des Geruchssinnes
el exceso	Übermaß
la fatiga	Erschöpfung
la disminución ▸ disminuir *(-y-)*	Abnahme, Verringerung
la enfermedad respiratoria	Atemwegserkrankung
circular	fahren
la verificación	Überprüfung
el convertidor catalítico	Katalysator
el hábito = la costumbre	Gewohnheit
la hora pico = la hora punta	Hauptverkehrszeit
el transporte público	öffentliche Verkehrsmittel
compartir algo	etw. teilen

yi5e9i

¿Qué es un contaminante atmosférico tóxico?

Son **sustancias venenosas** que se encuentran en el aire y **dañan** el medio ambiente y la salud de los seres humanos. Pueden provenir de fuentes naturales como **erupciones volcánicas**, **incendios forestales** o **desprenderse de** la **corteza terrestre**, como el **radón**; también se producen en las actividades industriales, de servicios o transporte. La inhalación de contaminantes tóxicos puede **incrementar** el riesgo de desarrollar problemas de salud y enfermedades como el **cáncer**. En México no existen normas que **establezcan límites** para este tipo de contaminantes.

¿Cómo se mide la contaminación del aire en la Ciudad de México?

La medición de la contaminación se realiza con instrumentos sensibles, que analizan **muestras** de aire ambiente con concentraciones de contaminantes muy pequeñas. Los resultados de más de 188 instrumentos son **procesados** cada minuto de manera electrónica y transmitidos vía telefónica hasta el Centro de Información de la Calidad del Aire (CICA). El Sistema de Monitoreo Atmosférico de la Ciudad de México (SIMAT) cuenta además con 39 **equipos** que toman muestras de aire, **partículas suspendidas** y **agua de lluvia**. Estas son analizadas con métodos químicos para saber si **contienen** compuestos tóxicos o para evaluar el **grado de acidez** del agua de lluvia.

La capa de ozono

Una gran parte de la luz solar con gran cantidad de energía se llama **luz ultravioleta** (UV). Esta es responsable de la producción de la mayoría del ozono. Este gas **se acumula** en la atmósfera **superior** que rodea la Tierra y forma una capa llamada capa de ozono. No es una **barrera** sólida, sino que son moléculas **diseminadas** de este gas.

La capa de ozono impide que la mayoría de los **rayos** UV (ultravioletas) del sol lleguen a la Tierra. Actualmente, los contaminantes del aire llamados CFC (**clorofluorocarbonos**), y que se encuentran principalmente en **aerosoles**, han ocasionado la **reducción** de la capa de ozono. Algunos rayos UV son necesarios para la vida, pero demasiados nos podrían causar **daños** irreversibles, como el **cáncer de piel**.

Argentina: „¡Protejan a los niños del sol!"

La reducción del ozono en la alta atmósfera (conocido comúnmente como **agujero de ozono**), ha alcanzado niveles alarmantes. Recordemos que la capa de ozono permite **bloquear** los nocivos rayos ultravioletas provenientes del sol, cuyo efecto sobre los seres humanos provoca desde **irritaciones** a la piel y a la vista, hasta daño **inmunológico** y genético. »»

el contaminante atmosférico	luftverunreinigender Stoff
tóxico, tóxica	giftig
la sustancia venenosa	Giftstoff
▸ el veneno	Gift
dañar a alguien ▸ el daño	jdm schaden
la erupción volcánica	Vulkanausbruch
el incendio forestal	Waldbrand
desprenderse de algo	sich von etw. ablösen
la corteza terrestre	Erdkruste
el radón	Radon
incrementar = aumentar	erhöhen, steigern
el cáncer	Krebs
establecer *(-zco)* **algo**	etw. festlegen
el límite	Grenze

medir algo	etw. messen
▸ la medición	Messung
la muestra	Probe
procesar algo	etw. verarbeiten
el equipo	Team
las partículas suspendidas	Feinstaub
el agua de lluvia	Regenwasser
contener *(≈ tener)* **algo**	etw. enthalten; beinhalten
el grado de acidez	Säuregrad

la capa de ozono	Ozonschicht
la luz ultravioleta	ultraviolettes Licht, UV-Licht
acumularse	sich ansammeln
superior ≠ inferior	obere (r, s)
la barrera	Schranke, Barriere
diseminado, diseminada	verteilt, verstreut

el rayo	Strahl
el clorofluorocarbono	FCKW (Fluorchlorkohlenwasserstoff)
el aerosol	Spraydose
la reducción ≠ el crecimiento	Abnahme, Verringerung
el daño ▸ dañar a alguien	Schaden
el cáncer de piel	Hautkrebs

el agujero de ozono	Ozonloch
la irritación	Reizung; Entzündung
▸ irritarse	sich entzünden
inmunológico, inmunológica	immunologisch

yi5e9i

La reducción del ozono sobre la **Antártida** avanza cada primavera hasta alcanzar el sur de Argentina y Chile. La situación es de tal gravedad que se ha llegado a una situación donde ya no es posible que los niños disfruten de las primaveras como en el pasado; ahora los especialistas **alertan a** las familias que **protejan** a sus hijos pequeños del sol.

En el caso del extremo sur de Argentina, la ciudad más **afectada** es Ushuaia. Durante dos días, un agujero de ozono **se mantendrá** justo encima del **casco urbano** de Ushuaia, situada a 3580 kilómetros al sur de Buenos Aires. La ciudad, ubicada en la provincia argentina de Tierra del Fuego, **registró** un aumento de la **radiación** ultravioleta debido al **adelgazamiento** de la capa de ozono.

Organizaciones ecologistas de todo el mundo **reclaman** que se retiren del mercado los productos **perjudiciales** para la capa de ozono y se **prohíba** el uso de los compuestos que la **deterioran**. Además, advierten que el aumento de la radiación ultravioleta puede provocar, entre otras enfermedades, cánceres de piel, **cataratas** o **debilitamiento** del **sistema inmunitario**.

Talas masivas en América Latina

Los **bosques primarios** son las principales víctimas de la **industria de la madera**. Son grandes **extensiones** en las que especies como el **oso**, el águila o el **lobo** todavía pueden vivir en libertad. Además, este tipo de bosques son verdaderos pulmones para la Tierra y fuente de una gran cantidad de medicamentos. La deforestación provoca la **erosión del suelo**, inundaciones o la **desertización**. Actualmente, ya han sido destruidos el 80 % de los bosques primarios del planeta. Algunos de los que quedan se encuentran en Bolivia, Chile, el Perú, Venezuela, Canadá y Brasil.

La **caoba** es una madera muy **cotizada** (1600 dólares el metro cuadrado) y que los mercados europeos y norteamericanos aprecian enormemente. A medida que esta madera es más **demandada**, las reservas de caoba **se agotan** más y más, hasta el punto de que la tala ilegal se extiende en las reservas ecológicas. Como la caoba **se extingue**, como en el caso de Centroamérica, los **saqueadores** se desplazan a otras zonas (como hoy día sucede en Brasil y Bolivia).

Ante el peligro de la **extinción** de la caoba se prohibió su **extracción** en Brasil en 1996. Pero un estudio reciente calcula que 120 mil metros cúbicos de caoba **ingresan** anualmente al mercado mundial desde América Latina, en especial de Bolivia, Brasil y Perú, gran parte del cual es talado de forma ilegal. 》》

la Antártida	Antarktis
alertar a alguien ▸ la alerta	jdn warnen; jdn alarmieren
proteger *(g-j)* **a alguien**	jdn beschützen
▸ la protección	Schutz

afectado, afectada	betroffen
mantenerse en algún lugar	sich irgendwo aufhalten
el casco urbano	Innenstadt
registrar algo	etw. registrieren, etw. verzeichnen
la radiación	Strahlung
el adelgazamiento	Abnehmen
▸ adelgazar *(z-c)*	abnehmen

reclamar algo	etw. verlangen
perjudicial = nocivo, nociva	schädlich
prohibir algo	etw. verbieten
deteriorar algo	etw. verschlechtern, etw. beschädigen
las cataratas ! *(pl.)*	Linsentrübung
el debilitamiento	Schwächung
▸ débil	schwach
el sistema inmunitario	Immunsystem

la tala	Fällen
el bosque primario	Urwald
la industria de la madera	Holzindustrie
la extensión ▸ extenderse *(-ie-)*	Fläche, Ausdehnung
el oso	Bär
el lobo	Wolf
la erosión del suelo	Bodenerosion
la desertización	Verwüstung
▸ el desierto	Wüste

la caoba	Mahagoni
cotizar *(z-c)* **algo =** estimar algo	etw. schätzen
demandar algo	etw. verlangen
agotarse	sich erschöpfen
extinguirse *(gu-g)*	zu Ende gehen
el saqueador, la saqueadora	Plünderer(in)

la extinción	Aussterben
la extracción	Entnahme, Förderung
ingresar	eintreten

yi5e9i

Entre las consecuencias más importantes que **se derivan** de la **deforestación** amazónica podemos mencionar:

* erosión del **suelo**;
* polución de agua y aire;
* **liberación** de **dióxido de carbono** a la atmósfera;
* pérdida de biodiversidad por extinción de plantas y animales;
* **incremento** de la **amenaza** de **calentamiento** de la corteza terrestre;
* **aniquilación** de **tribus** amazónicas;
* epidemias de malaria;
* inundaciones masivas.

El monocultivo de la soja en Argentina

A causa de la **necesidad** de exportar y entrar en el mercado, muchos países del Sur se han orientado al monocultivo de productos para la **exportación**. Así su **acceso** al **comercio** internacional ha crecido, pero su **capacidad** para **autoabastecerse** de alimentos es cada vez menor, pues las comunidades dejan de contar con una agricultura de **subsistencia**, **adaptada** a las **condiciones** de clima y suelo de cada zona.

Hasta este momento los cultivos de combinación entre agricultura y **ganadería** locales, hacían posible un **uso** sostenible de la tierra. Esto significa entender la agricultura como un proceso de **nutrición** de la tierra, y no como un proceso de creación de **ganancias** económicas.

Desde el punto de vista social, el monocultivo genera una **pérdida** de **autosuficiencia** alimentaria de lugares rurales **a cambio de** entrar en un **ámbito** comercial complejo.

El cultivo **indiscriminado** de soja **transgénica** que hoy ocupa más de 18 millones de hectáreas en Argentina, ya ha producido una fuerte **afectación** al ecosistema. De continuar su expansión, provocará una grave **alteración** al ecosistema, así como gravísimos efectos económicos y sociales que ya estamos **padeciendo**. Una muestra es el brutal **contrasentido** que Argentina, produciendo la mayor **tasa** de alimentos por persona del mundo (3500 kg/hab/año), posee hoy 20 millones de personas bajo el nivel de **pobreza** y 10 millones de **hambrientos**. 》》

derivarse	hervorgehen
la deforestación ≠ la reforestación	Abholzung

el suelo	Boden
la liberación	Freisetzung
el dióxido de carbono	Kohlendioxid
el incremento	Erhöhung; Zunahme
la amenaza = el peligro	Gefahr
▸ amenazar *(z-c)* a alguien	jdn bedrohen
el calentamiento ▸ caliente	Erwärmung
la aniquilación	Vernichtung
la tribu	Volksstamm

el monocultivo	Monokultur
la necesidad	Notwendigkeit
la exportación ▸ exportar algo	Export
el acceso	Zutritt, Zugang
el comercio	Handel
la capacidad ᴇ *capacity*	Fähigkeit
autoabastecerse *(c-z)*	sich selbst versorgen
la subsistencia	Lebensunterhalt
▸ subsistir de algo	von etw. leben
adaptado, adaptada a ᴇ *to adapt to sth*	angepasst an
la condición	Bedingung

la ganadería	Viehzucht
el uso	Gebrauch, Nutzung
la nutrición	Ernährung
la ganancia ▸ ganar algo	Gewinn

la pérdida ▸ perder *(-ie-)* algo	Verlust
autosuficiencia	Selbstversorgung
a cambio de	im Tausch gegen
el ámbito	Bereich

indiscriminado, indiscriminada	wahnsinnig *(fig.)*
transgénico, transgénica	transgen
la afectación	Einfluss
la alteración ▸ alterar algo	Veränderung
padecer *(-zco)* **algo**	etw. erleiden, an etw. leiden
el contrasentido	Widerspruch
la tasa	Quote
la pobreza ▸ pobre ≠ la riqueza	Armut
hambriento, hambrienta ! el hambre	hungrig

yi5e9i

En principio, el monocultivo de la soja ya ha **acabado con** innumerables pequeñas y medianas producciones ganaderas, **hortícolas**, **frutícolas**, **forestales**. El monocultivo de cultivos industriales como el **algodón**, produce la **desaparición** o la reducción de la producción nacional de leche, **lentejas**, **batata**, algodón, **trigo**, **arroz**, etc. La expansión del monocultivo de la soja ha producido la desaparición desde 1969 de 260 000 producciones pequeñas y medianas.

Las zonas afectadas por el monocultivo muestran una desertificación biológica, particularmente en la microflora y microfauna del suelo, alterando la microbiología del suelo. Todos los **ingenieros agrónomos** y expertos en la materia saben que este proceso lleva a un solo **destino**: la desertificación.

Las **cumbres** climáticas

Las cumbres para **proteger** el medio ambiente, como las de Río o de Johannesburgo, intentan **solucionar** algunos de los problemas más perjudiciales para **mejorar** el **equilibrio** social, ambiental y económico de la vida humana en el planeta.

La ciudad de Río de Janeiro fue la **sede** de la Conferencia de las Naciones Unidas sobre el Medio Ambiente y Desarrollo (CNUCED) también conocida como "Cumbre de la Tierra", realizada en junio de 1992. La **reunión** se dio a conocer como Río-92. Esta conferencia global reunió a políticos, diplomáticos, científicos, periodistas y representantes de **organizaciones no gubernamentales** (ONG) de 179 países. Fue un **esfuerzo** masivo por **reconciliar** el **impacto** de las actividades socio-económicas humanas en el medio ambiente y **viceversa**.

Posteriormente, en 1997, la cumbre de Kioto **sentó las bases** para la **concreción** del compromiso de **reducir** las emisiones un 7 % en la década siguiente. En 1998, los países industrializados aumentaron sus emisiones hasta un 10 %. Para evitar los controles, muchos de estos países **trasladaron** sus fábricas a **países en vías de desarrollo**.

En los años siguientes se celebraron las Conferencias en La Haya, en Bonn, en Marrakech, en Johannesburgo, donde se obtuvieron avances importantes. En 2004, en Buenos Aires, representantes de 189 países se reunieron en la Cumbre Mundial del Clima, que por primera vez se celebra con el Protocolo de Kioto listo para **entrar en vigor** el 16 de febrero de 2005. En esta ocasión, se **hizo hincapié en** la necesidad de **poner en marcha** las medidas para reducir las emisiones de **gases de efecto invernadero**.

acabar con algo	etw. beenden
hortícola	Gartenbau-
frutícola	Obst-
forestal	Forst-
el algodón	Baumwolle
la desaparición ▸ desaparecer *(-zco)*	Verschwinden
la lenteja	Linse
la batata	Süsskartoffel
el trigo	Weizen
el arroz	Reis

el ingeniero agrónomo	Agraringenieur
el destino ᴇ *destiny*	Schicksal, Zukunft

la cumbre	Gipfel; *hier:* Gipfeltreffen
proteger (g-j) algo/a alguien	etw./jdn (be)schützen
solucionar algo	etw. lösen
mejorar algo	verbessern
el equilibrio ǂ el desequilibrio	Gleichgewicht

la sede	Sitz
la reunión	Versammlung
la organización no gubernamental (ONG)	Nichtregierungsorganisation (NGO)
el esfuerzo	Anstrengung
reconciliar algo/a alguien	etw./jdn versöhnen
el impacto	Wirkung
viceversa ᴇ *vice versa*	umgekehrt

sentar las bases	die Grundlagen schaffen
la concreción	Konkretisierung, Durchführung
reducir *(-zco)* **algo** ▸ la reducción	etw. verringern
trasladar algo	etw. verlegen
el país en vía de desarrollo	Entwicklungsland

entrar en vigor	in Kraft treten
hacer hincapié en algo	Nachdruck auf etwas legen
poner algo en marcha	etw. in Bewegung bringen
el gas de efecto invernadero	Treibhausgas

yi5e9i

11 Los medios de comunicación

📖 Los medios de comunicación en España

A los medios de comunicación tradicionales, como la **prensa**, la radio y la **televisión** se le ha sumado Internet y todo lo que este último ha traido consigo. En España, las **tecnologías de la información** han **avanzado** de tal manera que la colocan entre los primeros países europeos por su **modernización** y **desarrollo**.

Algunos de los **grupos mediáticos** españoles más importantes son: Telefónica Media, Mediaset, Prisa, Recoletos, Zeta y Mediapro.

La prensa

La prensa sigue siendo, a pesar de todos los cambios que ha habido, uno de los principales medios de comunicación, pero su **difusión** no es igual en las diferentes regiones del país. Existen diferentes tipos de **diarios** en España:

- los nacionales, de temas generales, como El País (**simpatizante con** el PSOE), El Mundo (simpatizante con el PP), ABC (católico, **conservador** y **monárquico**) o La Razón;
- los **regionales**, como La Vanguardia (Cataluña), El Periódico de Cataluña y El Correo Español (País Vasco);
- los **locales**, que publican las noticias de las regiones donde se venden; en su mayoría son **cabeceras** pequeñas dependientes de las **matrices**;
- los **especializados**, que se dedican a escribir sobre un tema en particular; se dividen a su vez en **prensa deportiva**: Marca, As, Sport, El Mundo Deportivo y **prensa económica**: Cinco Días.

Los diarios de información general representan un 78% del total de **ejemplares** vendidos, mientras que la prensa especializada comparte el resto de manera muy **desequilibrada**. De estas la prensa deportiva es la más vendida con un 19,3%.

El **periódico** de mayor **tirada** es El País, seguido por ABC y El Mundo. Las **revistas semanales** o **mensuales** tienen gran tirada. Las más vendidas son las revistas de moda y de la **farándula**, como: Pronto, Hola, Semana o Diez Minutos. Las **científicas** también tienen bastante acogida. 》》

los medios de comunicación	Kommunikationsmittel
la prensa	Presse
la televisión = la tele	Fernsehen
la tecnología de la información	Informationstechnologie
avanzar *(z-c)*	fortschreiten
▸ el avance	Fortschritt
la modernización	Modernisierung
el desarrollo	Entwicklung

el grupo mediático	Mediengruppe

la difusión	Verbreitung
▸ difundir algo	etw. verbreiten
el diario	Tageszeitung

simpatizante con	sympathisierend mit
conservador, conservadora	konservativ
monárquico, monárquica	monarchistisch
el (diario) regional	Regionalzeitung
el (diario) local	Lokalblatt, -zeitung
la cabecera	Lokalausgabe
la matriz ! *(pl.)* las matrices	Stamm-, Mutterhaus
el (diario) especializado	Fachzeitschrift
la prensa deportiva	Sportpresse
la prensa económica	Wirtschaftspresse

el ejemplar	Exemplar
desequilibrado, desequilibrada	unausgeglichen

el periódico	Zeitung
la tirada	Auflage
la revista	Zeitschrift
semanal	wöchentlich erscheinend
mensual	monatlich erscheinend
la farándula	*etwa:* Stars und Sternchen
científico, científica	Wissenschafts-, wissenschaftlich

tr67tj

De la mayoría de **publicaciones** se pueden encontrar **ediciones** electrónicas en la **red** con noticias actuales, portales especializados, **buscadores** de **noticias**, **foros de debate** y opiniones interactivas. Las de mayor **audiencia** son www.elpaís.es y www.elmundo.es.

La radio

En España existe la radio pública y la privada. La radio pública, es decir, la del Estado, cubre todo el país sea con **emisoras autonómicas** o locales y no **emite publicidad**. La radio privada también cuenta con cobertura en todo el territorio nacional, pero se emite publicidad. Algunas de las radios privadas son la Cadena Ser y Onda Cero. Las horas de mayor audiencia son las de la mañana cuando se emiten programas con información de actualidad y **tertulias**. Desde mediados de 2001 y la llegada de Internet y la **banda ancha**, las principales **cadenas** de radio de España se pueden **sintonizar** por Internet y así escucharse, con tan solo unos segundos de retraso, desde cualquier lugar del mundo.

Existen diferentes tipos de radio dependiendo de los temas que se tratan, por ejemplo: las **generalistas**, que emiten programas de noticias, de deporte, de **entretenimiento** y culturales y las temáticas o **radiofórmulas** que tienen una programación **monotemática** que puede ser musical, informativa o la deportiva.

La televisión

La televisión es uno de los medios de comunicación más preferidos por los españoles. Según una encuensta de 2010, el 60% de los españoles ve la televisión para entretenerse y un 46% para informarse sobre la actualidad. Un 99,7% de los **hogares** españoles tiene un televisor y casi la mitad tiene más de uno. El 39% de los españoles **está conectado a** Internet mientras ve la televisión.

La televisión española es de carácter público y privado. TV1 y TV2 son dos de las **cadenas** de televisión **estatales**. TV1 aparece en los primeros puestos en **cuota de audiencia**, sobre todo por sus **informativos**. De carácter público también son las televisiones autonómicas que existen desde 1983. Algunas de ellas son Canal Sur en Andalucía, Telemadrid en Madrid, ETB 1 en el País Vasco.

Las **cadenas privadas** aparecieron en 1989. Hay muchos canales que son emitidos **en abierto** y no **codificados**, otros que se emiten en codificado. Además, la televisión se puede recibir por cable de manera análoga, o digital haciendo uso de un **decodificador**, también en HD con un televisior LCD. 》》

la publicación	Veröffentlichung
la edición	Ausgabe
la red = Internet	Web, Internet
el buscador	Suchmaschine
las noticias	Nachrichten
el foro de debate	Chatroom
la audiencia E *audience*	Zuhörer(schaft)
la emisora	Sender
autonómico, autonómica	autonom, unabhängig
emitir algo	etw. senden
la publicidad E *publicity*	Werbung
la tertulia	Gesprächskreis
la banda ancha	Breitband
la cadena	Programm; Sender
sintonizar algo	etw. einstellen
sintonizar una emisora	Sender einstellen
la (radio) generalista	kommerzieller Sender
el entretenimiento	Unterhaltung
▸ entretener *(≈ tener)* a alguien	jdn unterhalten
la radiofórmula	Spartensender
monotemático, monotemática	ein einziges Thema behandelnd
el hogar	Haushalt
estar conectado, conectada a algo	mit etw. verbunden sein
la cadena	Sender
estatal ▸ el Estado	Staats-, staatlich
la cuota de audiencia *(LA)* la cuota de pantalla	Zuschauerquote
el informativo	Nachrichtensendung
la cadena privada	Privatsender
en abierto	nicht codiert
codificado, codificada	codiert
el decodificador	Decoder

tr67tj

Fuera de eso se tiene la posiblidad del PPV (Pagar Por Ver) que sustituyó al antiguo club de vídeos o de DVD. Al mismo tiempo apareció la **televisión sate-lital** que funciona con una antena **parabólica** que permite ver tantos canales como la televisión por cable. Ahora también se puede ver la **televisión a la carta** que llega por Internet. En los últimos años la television 3D ha venido aumentando y la mejor manera de verla es con la televisión **autoestereoscópica** que permite ver la televisión en 3D sin necesidad de gafas. Así que se está desarrollando entre ellas una gran **competición** para satisfacer las exigencias de los **televidentes**.

Los medios de comunicación en Cuba

Una de las **emisoras radiales** más antiguas de la Isla es la Radio Ciudad del Mar, fundada en 1936. Esta emisora ha pasado por ser del Partido Socialista a **propiedad privada** y de ahí a manos del Gobierno Revolucionario. Con la **nacionalización** de la radio comenzó una nueva era en la que se acabaron los **anuncios comerciales** y entró el **mensaje ideológico**. Hoy en día es una emisora privada y en su programación incluye **espacios dramatizados** con **radionovelas** y **seriados**, musicales, culturales e informativos entre otros.

Cuando Fidel Castro llegó al poder periódicos, revistas, canales de televisión y emisoras de radio fueron o bien **clausurados** o **expropiados** para pasar a manos del Estado. La televisión cubana contaba hasta hace poco con tan solo dos canales por los que no pasaba **publicidad** comercial para proteger a Cuba de una **presión** capitalista constante.

Actualmente existen 5 canales nacionales y una **señal** internacional, además de 15 canales regionales. La **programación** tiene un alto componente de cultura con **programas educativos**, **dibujos animados**, **películas documentales**, exposiciones de **artes plásticas**, **mesas redondas** sobre el arte, la salud, la ciencia, la economía, la danza, el ballet clásico y la **música popular**, como también telenovelas, programas humorísticos, aventuras y musicales de actualidad. La cantidad de teléfonos **instalados** también se ha incrementado diez veces desde su creación. Se puso una red nacional que permite que la **teleselección** digital llegue a todas las provincias del país.

Por fin se autorizó legalmente el uso de la **red** a todos los ciudadanos cubanos, aunque su costo es tan alto que ahora el filtro es su precio mismo; pues, lamentablemente, no todos están en capacidad de pagar el alto precio de los **abonos**. Para facilitar el accesso a Internet a los pobres han convertido **Correos** en una sala de Internet. Hasta ahora el uso de la red era de acceso solo para instituciones, empresas, intelectuales y científicos.

la televisión satelital ▸ el satélite	Satellitenfernsehen
parabólico, parabólica	Parabol-
la televisión a la carta	A la carte-Fernsehen
autoestereoscópico, autoestereoscópica	mit atomatischer Tiefensehschärfe
la competición	Wettbewerb
el, la televidente	Fernsehzuschauer(in)

la emisora radial	Radiosender
la propiedad privada	Privatbesitz
la nacionalización ≠ la privatización	Verstaatlichung
el anuncio	Ansage; Werbung
▸ anunciar algo	ankündigen
comercial E *commercial*	gewerblich, kommerziell
el mensaje ideológico	ideologische Botschaft/Mitteilung
el espacio dramatizado *(esp)* la pieza radiofónica	*(LA)* Hörspiel
la radionovela	Radioserie
el seriado ▸ serial	*(LA)* Serie

clausurar algo	etw. schließen
expropiar algo/a alguien	etw./jdn enteignen
la publicidad E *publicity*	Werbung
la presión	Druck

la señal	Signal
la programación	Programm(gestaltung)
el programa educativo	Bildungssendung, Kultursendung
el dibujo animado	Zeichentrickfilm
▸ dibujar algo	etw. zeichnen
la película documental	Dokumentarfilm
el arte plástica	Plastik, Bildhauerkunst
la mesa redonda	Runder Tisch
la música popular	Volksmusik
! la música pop	*Popmusik*
instalar algo	etw. anschließen, etw. einbauen
la teleselección	*hier:* Anschluss

la red	Netz
el abono	Abonnement
Correos	Post *(Institution)*
! el correo	*Post (Sendung)*

tr67tj

Las telecomunicaciones

Atrás quedaron el fax, los **discos**, las **cintas** y el vídeo. Los últimos **avances** en telecomunicaciones, más concretamente, en la **telefonía móvil**, los satélites o las nuevas técnicas de **transmisión de datos** han cambiado nuestra forma de relacionarnos. Tanto en lo personal como en lo profesional, las distancias son cada vez más cortas e, incluso, podemos estar todo el día en contacto con nuestros **interlocutores**. El tiempo en la transmisión de datos es cada vez menor, lo que nos permite **acceder** y **transmitir** información con mayor rapidez y **a bajo coste**.

La comunicación telefónica

Atrás se quedaron los tiempos en los que no **estábamos localizables** y teníamos que **dejar mensajes** en el **contestador automático** del teléfono **fijo**. La telefonía móvil nos ofrece múltiples **servicios**… y los españoles **hacen uso de** ellos.

El éxito de los **móviles** y del iPhone en España ha sido enorme. Prueba de ello es que el número de **abonados** a las distintas **operadoras** es cada vez mayor, independientemente de su edad, profesión o sexo. El dueño de un iPhone o un **celular**, como lo llaman en algunos países de Latinoamérica, puede hablar con quien desee desde cualquier lugar donde se encuentre, **mandar mensajes escritos** o multimedia, dejar un **recado** en el **buzón de voz**, enviar **logotipos**, melodías o fotos a sus conocidos… Todo esto siempre que **haya cobertura**; en caso contrario, siempre puede pasar el tiempo con los **juegos** electrónicos.

Pero el móvil se ha convertido además en un punto de acceso a información muy variada. Con él **estamos al tanto de** las últimas noticias, el tiempo o el estado de las carreteras, además de tener **acceso a** Internet o al **saldo** de nuestra cuenta, entre otros **servicios financieros**.

Desde el punto de vista profesional, el móvil nos sirve de módem, de forma que las **consultas** son mucho más **ágiles** y facilita así la **toma de decisiones**. A esto han contribuido también enormemente las **audioconferencias**, es decir, la posibilidad de que varios, no solo dos, interlocutores puedan **entablar una conversación** por teléfono.

Para que todo esto ocurra en un tiempo **razonable**, la transmisión de datos se **lleva a cabo** por **fibra de vidrio** o por satélites cada vez más avanzados. **》》》**

el disco	Schallplatte
la cinta	Band
el avance = el progreso	Fortschritt
la telefonía móvil	mobile Telefonie
la transmisión de datos	Datenübertragung, -übermittlung
el interlocutor, la interlocutora	Gesprächspartner(in)
acceder a algo = tener acceso a algo	Zugang haben
transmitir algo	etw. übertragen, etw. übermitteln
a bajo coste ≠ a alto coste	mit niedrigen/geringen Kosten

la comunicación telefónica	Kommunikation per Telefon, Telefonie
estar localizable	erreichbar sein
dejar un mensaje	eine Nachricht hinterlassen
el contestador automático	Anrufbeantworter
fijo, fija	fest, stationär
el servicio	Service, (Dienst)Leistung
hacer uso de algo = usar **=** utilizar *(z-c)*	von etw. Gebrauch machen

el móvil *(LA)* el celular	Handy
el abonado, la abonada	Kunde, Kundin, Fernsprechteilnehmer(in)
la operadora = el operador	Anbieter
el celular	*(LA)* Handy
mandar un mensaje escrito	eine Nachricht/SMS (ver)schicken
el recado	Nachricht
el buzón de voz	Voicemail, Mobilbox
el logotipo	Logo, Emblem
hay cobertura = tener cobertura	Empfang haben
el juego ▸ jugar *(g-gu)* con algo	Spiel

estar al tanto de algo	auf dem Laufenden sein, auf dem neu- esten Stand sein
el acceso a ▸ acceder a algo	Zugang (zu)
el saldo (de cuenta)	Kontostand
el servicio financiero	Finanzdienstleistung

la consulta	Abfrage, Anfrage
ágil ≠ torpe	flink, geschickt
la toma de decisiones	Entscheidungsfindung
la audioconferencia	Telefonkonferenz
entablar una conversación	Gespräch führen

razonable	vernünftig, angemessen
llevar algo a cabo	durchführen, vollbringen
la fibra de vidrio	Glasfaser

tr67tj

Pero no todo son ventajas. La **repercusión** de las **ondas** electromagnéticas en la salud es muy **controvertida**. A pesar de numerosos estudios, todavía no está claro cuál es el efecto del aparato en nuestro **cerebro** o de las antenas de telefonía en ciudades o pueblos. Además, no son pocos los accidentes de tráfico que se ocasionan por la falta de **atención** del conductor al llamar por teléfono o por tener las manos ocupadas con el **auricular**. Para evitar lo segundo, existe una ley contra ese uso desde 2002 de 150 euros de multa y tres puntos del carné, y el mercado ofrece **kit manos libres**; pero lo primero sigue siendo un **riesgo**.

Lo mejor para evitar las altas **facturas** mensuales por utilizar todos estos servicios –sobre todo de jóvenes sin **ingresos propios**– es tener un **contrato de tarifa plana** que es una **suma fija**, independientemente de la cantidad de tiempo que se utilice la **conexión a Internet** o de la cantidad de información que se **transfiera**.

El videoteléfono

El avance de las telecomunicaciones no se manifiesta solo en los servicios que ofrece, sino también en el **desarrollo** de nuevos aparatos o en el **perfeccionamiento** de los ya existentes. Un ejemplo sería el skype o el videoteléfono. En la **sociedad de la imagen** en la que vivimos, no podía faltar el videoteléfono: un aparato **dotado de** una pequeña cámara de vídeo que transmite **en vivo** la imagen de nuestro interlocutor. Este servicio, con el nuevo videoteléfono multimedia que combina telefonía avanzada y función de vídeo para lograr una perfecta **audioconferencia**, es utilizado por muchas empresas para reducir costes en viajes. Por otro lado, para el uso personal se tiene el skype que fue desarrollado en 2003 y permite comunicaciones de texto, voz y vídeo sobre Internet.

La informática

La sociedad moderna, **altamente tecnologizada**, no sería posible sin la informática y sus **derivados**. Quedan pocos **ámbitos** de nuestra vida cotidiana que no hayan sido conquistados por los chips. **Electrodomésticos**, tableta del Apple, **agendas electrónicas**, **ciberlibro**, **tarjetas de crédito** o sistemas de identificación de animales… todos ellos llevan componentes electrónicos en su interior o han sido fabricados con las nuevas **técnicas de automatización**, producto del desarrollo de la informática. Todo lleva hoy en día un **dispositivo de seguridad** que garantiza nuestra **privacidad** y nuestra información **confidencial**, pudiendo solo acceder a ellos por medio de una **palabra clave**.

la repercusión	Rück-, Nach-, Auswirkung,
la onda	(Schall)Welle
controvertido, controvertida	umstritten
el cerebro	Gehirn
la atención E *attention*	Aufmerksamkeit
el auricular	(Telefon)Hörer
el kit manos libres	Freisprechanlage
el riesgo	Risiko
▶ arriesgar *(g-gu)* algo	etw. riskieren, etw. aufs Spiel setzen

la factura	Rechnung
los ingresos	Einkommen
propio, propia	eigene (r, s)
el contrato	Vertrag
de tarifa plana	Flatrate
la suma fija	fester Betrag
la conexión a Internet	Internetverbindung
▶ la conexión E *conection*	Anschluss
transferir *(-ie-)* **algo**	etw. übertragen

el videoteléfono	Bildtelefon
el desarrollo	Entwicklung
el perfeccionamiento ▶ perfecto, perfecta	Vervollkommnung, Perfektionierung
la sociedad de la imagen	*Gesellschaft, in der das Sehen eine wichtige Rolle spielt*
dotar de algo	mit etw. ausstatten
en vivo	live, direkt
la audioconferencia	Telefonkonferenz

la informática	Informatik
altamente	sehr, höchst, in hohem Maße
tecnologizado, tecnologizada	technologisiert
el derivado	Derivat
el ámbito = el campo	Bereich
el electrodoméstico	Haushaltsgerät
la agenda electrónica	elektronischer Terminkalender, Pencomputer
el ciberlibro = el libro eletrónico	eBook
la tarjeta de crédito	Kreditkarte **FF** una carta; *Brief*
la técnica de automatización	Automatisierungstechnik
el dispositivo de seguridad	Sicherheitsmechanismus
la privacidad	Privatsphäre
confidencial E *confidential*	vertraulich
la palabra clave	Passwort

tr67tj

Los ordenadores

El ordenador es un aparato electrónico cuyo objetivo es el **tratamiento de información** con ayuda de un programa desarrollado por informáticos y **programadores**. Es capaz de recibir un conjunto de **instrucciones** y **ejecutarlas** realizando cálculos, **compilando** o **correlacionando** otros tipos de información.

Una **computadora** no es una máquina sino un sistema informático que se compone de dos elementos: el software o conjunto de programas del sistema y el hardware formado por el **equipo** electrónico. En cuanto al **rendimiento** y **tamaño** de un ordenador digital, podemos distinguir varios tipos de ordenadores:

- la **tableta** o el iPad: más grande que un smartphone con **pantalla táctil** con la que se interactúa con los dedos, sin **teclado físico** ni **ratón**;
- el ordenador personal que **se adapta** al tamaño de un escritorio;
- el **ordenador portátil** o laptop que cabe en un **maletín** y se puede transportar fácilmente;
- la **estación de trabajo**: provista de capacidades de comunicación y programas especializados según el tipo de trabajo.

El hardware

En la **CPU (unidad central de procesos)** de un ordenador digital personal se encuentra el **microprocesador**, la CPU propiamente dicha. Este chip es el **encargado** de realizar los **cálculos** aritméticos y lógicos.

También en la **placa de circuitos principal** o en **tarjetas periféricas** está la **memoria interna** del ordenador o RAM. En este tipo de chips RAM se **almacena** información que después se puede borrar y volver a utilizar su espacio. Para **guardar** los datos y los programas que el ordenador necesita para funcionar, se utiliza la memoria ROM o la memoria solo de lectura, compuesta por chips de **silicio**.

Aparte de la memoria interna, el ordenador posee además unos **dispositivos de memoria externa**. Los más frecuentes son los **disquetes** y los **discos duros**. Éstos últimos pueden ir fijos o ser **extraíbles** de una **disquetera** como los primeros. Para leer estos **soportes de información** como el CD-Rom o el DVD se utilizan los **lectores** y para regrabarlos, **regrabadoras**.

el ordenador	Computer, Rechner
el tratamiento de información	Datenverarbeitung
el programador, la programadora	Programmierer(in)
la instrucción	Anweisung, Befehl
ejecutar algo	etw. ausführen
compilar algo	etw. kompilieren
correlacionar algo	etw. in Wechselbeziehung bringen/ setzen
la computadora	*(LA)* Computer
el equipo	Ausrüstung
el rendimiento	Leistung(sfähigkeit)
el tamaño	Größe
la tableta	Tablet-PC
la pantalla táctil	Touchscreen
el teclado físico	Tastatur
el ratón	Maus
adaptarse a algo	sich an etw. anpassen
el ordenador portátil = el laptop	Laptop
el maletín ▸ la maleta	Handkoffer, Aktentasche
la estación de trabajo	Workstation
la CPU (unidad central de procesos) ᴇ *central processing unit*	Zentrale Recheneinheit / CPU
el microprocesador	Mikroprozessor
encargado, encargada de algo	mit etw. beauftragt, mit etw. betreut sein
el cálculo	Berechnung; Kalkulation
la placa de circuitos principal **=** la placa madre	Hauptplatine, Motherboard
▸ el circuito	Schaltkreis
la tarjeta periférica	Erweiterungskarte
la memoria interna	interner Speicher, Arbeitsspeicher
almacenar algo ▸ el almacenamiento	etw. speichern
guardar algo	etw. abspeichern; etw. aufbewahren
el silicio	Silizium
el dispositivo	Gerät
la memoria externa	externer Speicher, Arbeitsspeicher
el disquete	Diskette
el disco duro	Festplatte
extraíble ▸ extraer algo	herausnehmbar
la disquetera	Diskettenlaufwerk
el soporte de información	Datenträger
el lector	Lesegerät
la regrabadora	CD-Brenner

tr67tj

Dispositivos de salida

A través de los dispositivos de salida, el usuario puede informarse del resultado de la manipulación de datos. Los más comunes son el monitor o **pantalla**, el **altavoz** y **auriculares.** Además está la **impresora** que puede ser de **chorro de tinta** o láser. Las últimas son más silenciosas y rápidas.

Dispositivos de entrada

Con éstos se introducen comandos, programas o datos en la CPU. El más extendido es el **teclado**, semejante al de una máquina de escribir. Otros son los **lápices ópticos**, el joystick o el **ratón**, el **escáner,** los módulos de **reconocimiento de voz**, el micrófono y el webcam.

Lenguajes de programación

Las instrucciones de un programa se dan en un lenguaje de programación, es decir, un lenguaje que entienda el ordenador, basado en el **sistema binario** o **código máquina.** Las instrucciones en código máquina son una serie larguísima de ceros y unos, llamados también bits. Para simplificar la tarea de programar, se han desarrollado diferentes lenguajes informáticos, unos especializados en funciones específicas y otros en su facilidad de uso, por ejemplo, Java para el desarrollo de aplicaciones en Internet o Fortran, el primer lenguaje de alto nivel de uso **generalizado**.

La ofimática

Se llama ofimática a todas las técnicas, aplicaciones y herramientas informáticas que facilitan y mejoran el trabajo de oficina.

Algunas de ellas son las **tablas de cálculo**, los programas de **bancos de datos** así como los **procesadores de texto**. Con sus aplicaciones podemos realizar documentos de gran tamaño, **visualizar** con **gráficos** y **tablas** determinados datos o simplemente **redactar** textos sin preocuparnos de los errores, puesto que podemos corregirlos, **insertar** fragmentos de otras **fuentes** o **borrar** aquello que no nos guste… Sin olvidar los **correctores de ortografía** y los diccionarios, que en la mayoría de los casos salvan nuestros **despistes**.

A la hora de **despachar** el correo, disponemos de **plantillas** para elegir nuestro modelo de cartas y, si llevamos al día nuestra agenda electrónica, podemos hacer **cartas en serie** sin tener que **pasar** uno a uno los nombres y las direcciones.

el dispositivo de salida	Datenausgabegerät
la pantalla	Bildschirm
el altavoz	Lautsprecher
el auricular	Kopfhörer
la impresora	Drucker
la impresora de chorro de tinta	Tintenstrahldrucker

el dispositivo de entrada	Dateneingabegerät
el teclado	Tastatur, Keyboard
el lápiz óptico	Eingabestift eines Grafiktabletts
el ratón	Maus
el escáner ▸ escanear algo	Scanner
el reconocimiento de voz	Spracherkennung

el lenguaje de programación	Programmiersprache
el sistema binario	binäres System
el código máquina	Maschinensprache
generalizado, generalizada	allgemein verbreitet

la ofimática	Bürotechnik

la tabla de cálculo	Kalkulationstabelle
el banco de datos	Datenbank
el procesador de textos	Textverarbeitungsprogramm
visualizar *(z-c)* algo	etw. veranschaulichen
el gráfico	Grafik
la tabla	Tabelle
redactar *(un texto)*	*(Text)* verfassen
insertar algo	etw. einfügen
⧧ cortar algo	etw. ausschneiden
la fuente	Quelle
borrar algo	etw. löschen
el corrector de ortografía	Rechtschreibprüfung
el despiste	Verwirrung, Kopflosigkeit, kleiner Fehler

despachar algo	etw. abschicken, etw. senden
la plantilla	Vorlage
la carta en serie	Serienbrief
pasar algo	etw. erfassen

tr67tj

Internet

Internet es un conjunto de **redes** informáticas conectadas entre sí que permite a cada ordenador conectarse con otro a través de un **intermediario**: el **servidor**. Es de carácter **público** y **planetario**, frente a otras redes internas de una empresa o un organismo llamadas intranets.

La **conexión** entre ordenadores permite, entre otras ventajas, los siguientes servicios:

- **transferir** ficheros;
- leer e interpretar ficheros de un ordenador **remoto,** no solo con texto, sino también con imágenes, sonidos o secuencias de vídeo a través del **protocolo de transferencia de hipertexto**, el http. Este protocolo http es la base de la World Wide Web;
- intercambiar mensajes de **correo electrónico**, o sea, enviar un e-mail;
- acceder a **grupos de noticias**;
- participar en **foros de debate**;
- conversar con otros usuarios, es decir, **chatear** o hablar por skype.

La World Wide Web o la Web

Al **acrónimo** www se llama en España generalmente "uve doble, uve doble, uve doble, punto" y en Latinoamérica "triple doble u, punto". Es una **red** de información mundial creada en 1989. Funciona como una colección de ficheros con información y **vínculos** entre ellos. Gracias al **localizador** y a los **exploradores**, los **internautas** disponen de esa colección de archivos.

La información en la red está organizada en portales que contienen información, ofertas, servicios y, desgraciadamente a menudo, publicidad. A la hora de **navegar** en la Web, hay tal cantidad de información, que existen **buscadores**: **páginas Web** especializadas en ofrecer **búsquedas** rápidas.

Este intercambio de ficheros, que tiene lugar en la red, puede ser peligroso, ya que, entre los internautas, se encuentran navegando piratas que **sabotean** el buen funcionamiento de la red. Unas de sus actividades son los virus. Por eso son necesarios unos filtros que los **localizan** y los **aniquilan**, llamados programas antivirus que hay que instalar en nuestro ordenador y **renovar** de vez en cuando por medio de **actualizaciones** o nuevos programas. ⟩⟩⟩

la red	Netz, Netzwerk
el intermediario, la intermediaria	Vermittler(in)
el servidor	Server
público, pública E *public*	öffentlich
planetario, planetaria ▸ el planeta	weltweit zugänglich
la conexión ▸ conectar algo/a alguien	Verbindung
transferir *(-ie-)* **algo**	übertragen
remoto, remota = lejano, lejana	fern
el protocolo de transferencia de hiper-texto = el protocolo http	HTTP-Protokoll
el correo electrónico = el e-mail	E-Mail
el grupo de noticias	Newsgroup
el foro de debate	Chatroom, Diskussionsforum
chatear con alguien	mit jdm chatten
el acrónimo	Akronym *(Kurzwort, aus den Anfangs-buchstaben mehrerer Wörter zusam-mengesetzt)*
la red = Internet	Web, Internet
el vínculo	Link
el localizador	URL (Uniform Resource Locator) *(spezi-elle Web-Adresse)*
el explorador = el navegador	Browser
el, la internauta	Internetsurfer(in)
navegar *(g-gu)*	surfen
el buscador ▸ buscar *(c-qu)* algo	Suchmaschine
la página Web	Internetseite, Homepage
la búsqueda = la busca	Suche
sabotear algo	etw. sabotieren
localizar *(z-c)* **algo/a alguien**	etw./jdn aufspüren
aniquilar algo E *to annihilate sth*	etw. vernichten, etw. vollständig zer-stören
renovar *(-ue-)* **algo**	etw. erneuern
la actualización	Aktualisierung

tr67tj

La red cambió ya nuestra forma de vivir y la seguirá transformando. Las posibilidades de ocupar nuestro **ocio** son inmensas. En lo que se refiere a lo profesional ha hecho posible el trabajo en casa, o el teletrabajo en general, sin tener en cuenta si la empresa está en otro país o en un continente diferente.

Para grupos de **discapacitados** ha supuesto una **mejora** sustancial de su participación en la **vida pública** y, en general, de su calidad de vida. Hoy, hasta los niños, a muy temprana edad, tienen acceso a la web donde encuentran noticias, bibliotecas, **materiales formativo** y **educacional** de valor, además de servicios de **diversión** y de comunicación.

El **comercio** en Internet también ha aumentado la competencia entre empresas de diferentes países, lo que, en definitiva, beneficia el bolsillo del consumidor. Sin olvidar además la posibilidad de la **telecompra**.

No obstante, el carácter público de la red tiene también su lado negativo: entre otros la **aparición** de **contenidos subversivos**, **racistas** o pornográficos. Esto ha **puesto de manifiesto** la necesidad de una legislación que regule y **censure** este tipo de contenidos, por ejemplo, a través de los servidores. Sin embargo, una censura en Internet **plantea** muchas **cuestiones**, pues la mayoría de los servicios no pueden ser controlados. Incluso, aunque fuera posible, haría necesario unos criterios éticos de carácter mundial, difíciles de conseguir por el momento.

La red social y sus trampas

Una red social es una estructura social formada por dos personas o más personas conectadas por algún tipo de relación o interés común. Hoy en día las redes sociales forman parte de nuestro **día a día**.

Su historia es muy difícil de escribir. Lo que sí se sabe es que en 1971 se envió el primer e-mail; en 1994 **se lanzó** GeoCities para crear su propio sitio web; en 1997 salió el Messenger de AOL, el blogging y google; en 2000 la **Burbuja de Internet** llega a 70 millones de ordenadores conectados a la red; en 2003 aparecen MySpace y LikedIn; en 2004 nace Facebook y en 2005 Youtube sale con su servicio de vídeos; un año más tarde nace Twitter Google y en España se lanza Tuenti. Tuenti es una red social **enfocada al** público más joven.

Actualmente, Facebook cuenta con más de 800 millones de **usuarios**, Twitter con más de 200 millones, Google alrededor de 62 millones y Tuenti **alcanza** los 13 millones. 》》》

el ocio	Muße, Nichtstun; Freizeit
el discapacitado, la discapacitada	Behinderte(r)
la mejora ▶ mejorar algo	Verbesserung
la vida pública	öffentliches Leben
el material formativo	Bildungsmaterial
el material educacional ▶ la educación	Unterrichtsmaterial
la diversión	Unterhaltung
▶ divertido, divertida	lustig
el comercio	Handel, Gewerbe
la telecompra	Teleshopping
no obstante	nichtsdestotrotz
la aparición ▶ aparecer *(-zco)*	Erscheinen, Auftauchen
el contenido	Inhalt
▶ contener *(≈ tener)* algo	etw. beinhalten
subversivo, subversiva	umstürzlerisch, subversiv
racista	rassistisch
poner algo de manifiesto	etw. offenbaren
censurar algo/a alguien ▶ la censura	etw./jdn zensieren
plantear cuestiones	Fragen aufwerfen
la red social	soziales Netzwerk
el día a día	Alltag, tägliches Leben
lanzarse ▶ el lanzamiento	starten
la Burbuja de Internet	Internetblase
enfocar a alguien	sich auf jdn richten
▶ el enfoque	Fokus
el usuario, la usuaria	Nutzer(in)
alcanzar *(z-c)* **algo**	etw. erreichen

tr67tj

Aunque es uno de los **inventos** más importantes de este siglo, también puede llegar a ser el **arma de doble filo** más peligrosa: ¡una **trampa** para todos!

Para los jóvenes es peligroso por pasar tanto tiempo en la red y por ser algo **incontrolado** por los padres. Aquí se presentan problemas de **pornografía infantil**, la identidad **anónima** que da oportunidad a muchos **delitos**, la **carta abierta** de facebook donde nuestra información personal es visible para todo el mundo y cualquier persona puede utilizarla. ¿Pero quién tiene la culpa: las redes sociales o las personas que **suben**, **exponen**, dicen, **notifican** todo lo que hacen acerca de sus vidas?

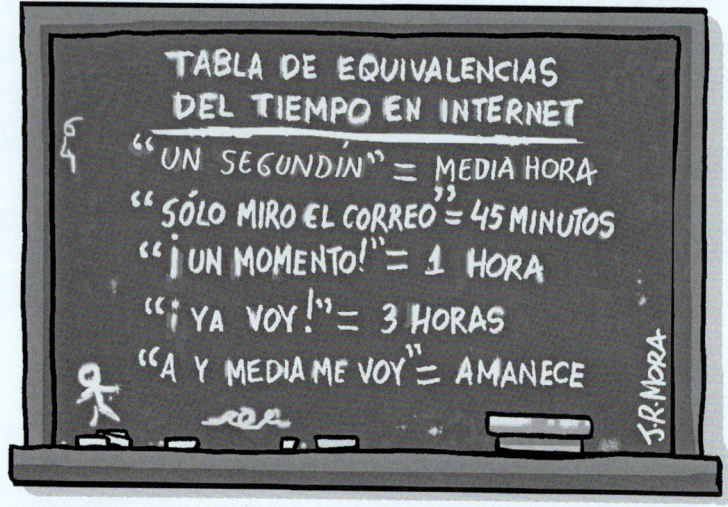

Se está tratando de poder **lograr un control sobre** este tipo de actos a nivel internacional. Con este objetivo nació, en 2001, el Convenio del Consejo de Europa sobre el **cibercrimen**, el cual regulará los delitos cometidos a través de Internet y las redes informáticas. Ya se han suscrito 43 países y más de 23 la **ratificaron**.

el invento	Erfindung
el arma ! *(f.)*	Waffe
de doble filo	zweischneidig
la trampa	Falle
caer en la trampa	in die Falle gehen

incontrolado, incontrolada	unkontrolliert
▸ el control	Kontrolle
la pornografía infantil	Kinderpornografie
anónimo, anónima	anonym
el delito	Straftat
cometer un delito	Straftat begehen
la carta abierta	offener Brief
⧧ la carta lacrada	versiegelter Brief
subir algo	etw. hochladen
exponer *(≈ poner)* **algo**	etw. zur Schau stellen
notificar *(c-qu)* **algo**	etw. notieren

lograr el control sobre algo = controlar algo	Kontrolle über etw. erhalten
el cibercrimen	Kriminalität im Internet, Cyberkriminalität
ratificar *(c-qu)* **algo**	etw. ratifizieren, etw. in Kraft setzen

12 La vida cultural

📖 Lengua y literatura

Las obras literarias

En un lugar de la Mancha, de cuyo nombre no quiero
acordarme, no hace mucho que vivía un **hidalgo**…
de nombre Don Quijote de la Mancha.

Miguel de Cervantes y Saavedra

Estas **líneas** forman parte de la obra de literatura española más conocida en el mundo entero. Son el **comienzo** de la famosa **novela titulada** *El ingenioso hidalgo Don Quijote de la Mancha.*

¿A qué llamamos Literatura? Literatura es el **arte** de escribir, y las obras literarias el resultado del trabajo de un **escritor**. La literatura distingue tres tipos de **géneros**: el género poético –la poesía–, el dramático –el teatro–, y el **narrativo** –la prosa–.

En España se **conceden** numerosos **premios** literarios dando a conocer así nuevas obras y a nuevos autores. Entre ellos **destacan** el Premio Miguel de Cervantes, el Premio de la Crítica, el Premio Nadal, el Premio Planeta, el Premio Plaza y Janés… También en poesía encontramos **galardones** como el Premio Agustín Goytisolo.

La Edad Media

La literatura española se fue **transmitiendo** durante muchos siglos exclusivamente de forma **oral** por los **juglares** y **trovadores**. Así se crearon en la Edad Media las **jarchas**, pequeñas canciones **líricas**, y más tarde los **romances** escritos en versos **octosílabos** (versos de ocho sílabas).

El **romancero** es una colección de romances cantada o **recitada** que cuenta las **hazañas** de un **héroe**. Se trata, en su mayoría, de obras anónimas, de autores desconocidos. El **poema épico** español más famoso es el *Mio Cid* (siglo XII) que **cuenta** las gloriosas aventuras de Rodrigo Díaz de Vivar, **apodado** el Cid Campeador, un héroe histórico del siglo XI.

la obra	Werk
literario, literaria	literarisch
el hidalgo	Edelmann

la línea	Zeile
el comienzo ≠ el final	Anfang, Beginn
▸ comenzar *(z-c)* algo	etw. anfangen, etw. beginnen
la novela	Roman **FF** *Novelle;* una novela corta, un cuento
titular algo	etw. betiteln
▸ el título	Titel

el arte	Kunst
▸ el, la artista	Künstler(in)
el escritor, la escritora ▸ escribir algo	Schriftsteller(in), Autor(in)
el género	Gattung
narrativo, narrativa	erzählend, narrativ
▸ narrar algo a alguien	jdm etw. erzählen

conceder un premio a alguien	jdm einen Preis verleihen
▸ el premio	Preis **FF** *Preis (den man bezahlt);* el precio
destacar = sobresalir *(-g-)*	hervorstechen, überragen
el galardón = el premio	Preis

la Edad Media = la época medieval	Mittelalter
transmitir algo a alguien	jdm etw. übermitteln
oral ≠ escrito, escrita	mündlich
el juglar, la juglaresa	Spielmann, fahrende(r) Sänger(in)
el trovador	Minnesänger
la jarcha	*in romanischer Sprache verfasste, aber in arabischer/hebräischer Schrift überlieferte Strophe*
lírico, lírica	lyrisch
el romance	Romanze *(typ. span. Gedichtform in achtsilbigen Versen)* **FF** *Romanze (Liebschaft);* un amorío, una relación amorosa
octosílabo, octosílaba	achtsilbig

el romancero	Romanzensammlung
recitar algo a alguien	jdm etw. vortragen, etw. rezitieren
la hazaña	Heldentat
el héroe, la heroína	Held(in) **FF** *Heroin;* la heroína
el poema épico	Versroman, Epos
contar *(-ue-)* **algo a alguien = narrar algo a alguien**	jdm etw. erzählen
apodar a alguien	jdm einen Spitznamen geben
▸ el apodo	Spitzname

6gq225

El Siglo de Oro

Siglo de Oro (1492–1700) es la **denominación** que reciben los siglos de **apogeo** de la cultura española, que **abarca** desde el **Renacimiento** de finales del siglo XV hasta el Barroco del siglo XVII.

El Renacimiento

El Renacimiento viene caracterizado por la vuelta a los autores y a la cultura clásica **antigua**. El poeta Garcilaso de la Vega es un famoso representante de este movimiento. Es él quien introduce, **influido** por la cultura italiana, nuevos elementos líricos en la poesía española como el **verso libre**, el soneto y el **endecasílabo** (versos de once sílabas).

El soneto tradicional contiene cuatro **estrofas**: dos **cuartetos** y dos **tercetos**. Un cuarteto se compone de cuatro versos de **rima abrazada** ABBA; un terceto se compone de tres versos de rima CC (**rima pareada**) D-EDE (**rima cruzada**) o CCD-EED siguiendo las reglas de **versificación**. En la poesía de Garcilaso de la Vega juegan un papel muy importante la **sonoridad**, el **ritmo** y la elegancia.

En cuanto a la prosa narrativa del siglo destaca claramente la novela. Este género abarca un gran número de obras tanto de siglos anteriores, la **novela de caballería**, como nuevas, la **novela pastoril** y la **picaresca**. A la novela picaresca pertenece la famosa obra *El Lazarillo de Tormes*. En ella se nos cuenta la historia de un **pícaro**, que se pasa el día superando las **adversidades** que le va presentando la vida.

En la novela de *El ingenioso hidalgo Don Quijote de la Mancha* nos encontramos ante una sátira de las novelas de caballería escritas hasta el momento. En ésta un **antihéroe**, Don Quijote, decide nombrarse a sí mismo caballero e ir por el mundo **defendiendo** a los **débiles**: en realidad él es solo un **lector** que se ha vuelto loco de leer tanto libro. Cervantes, su autor, con su realismo, naturalidad, humor y **dominio** de la lengua ha hecho de esta obra la más representativa de la literatura española.

El Barroco

La literatura se ha ido desarrollando poco a poco según las necesidades del pueblo; es así como se formó en España un género destinado a **entretener a** la **surgiente** clase **burguesa** de las ciudades. Hablamos del teatro, o del también llamado género dramático. Este presenta una **intriga** que se desarrolla a través de los **personajes**. 》》

el **Siglo de Oro**	Goldenes Zeitalter
la **denominación**	Bezeichnung, Benennung
el **apogeo** = el punto culminante	Gipfel, Höhepunkt
abarcar *(c-qu)* **algo**	etw. umfassen, etw. umschließen
el **Renacimiento**	Renaissance

antiguo, antigua ╪ moderno, moderna	antik
influir *(-y-)* **a alguien** ᴇ *influence*	jdn beeinflussen
▸ influido por algo	unter dem Einfluss von etw.
el **verso libre**	freies Versmaß
el **endecasílabo**	Elfsilber

la **estrofa**	Strophe
el **cuarteto**	Quartett
el **terceto**	Terzett
la **rima abrazada**	umschließender Reim
la **rima pareada**	Paarreim
la **rima cruzada**	Kreuzreim
la **versificación** ▸ el verso	Versdichtung
la **sonoridad**	Wohllaut; Stimmhaftigkeit
▸ sonoro, sonora	stimmhaft, laut
el **ritmo**	Rhythmus

la **novela de caballería**	Ritterroman
▸ el caballero	Ritter
la **novela pastoril**	Schäferroman
la **novela picaresca**	Schelmenroman
el **pícaro**	Gauner, Spitzbub
la **adversidad** = la desventura	Unglück, Schicksalsschlag

el **antihéroe**	Antiheld
defender *(-ie-)* **algo/a alguien** ▸ la defensa	etw./jdn verteidigen
el, la **débil** ╪ fuerte	der/die Schwache
el **lector**, la **lectora**	Leser(in)
el **dominio**	Beherrschen

entretener *(≈ tener)* **a alguien**	jdn unterhalten
▸ el entretenimiento	Unterhaltung
surgir *(g-j)*	aufkommen, entstehen
burgués, burguesa	bürgerlich
▸ la burguesía	Bürgertum
la **intriga**	Verwicklung, Handlung
el **personaje**	Figur

6gq225

En el Barroco, el teatro español **disfrutó de** un gran momento de **esplendor** con los **dramaturgos** Lope de Vega y Calderón de la Barca. El primero desarrolló un teatro popular que se representaba en teatros o en **corrales**, de ahí que las obras hayan tomado directamente el nombre de **comedias corrales**.

Estas comedias **solían** desarrollarse en tres actos: exposición, **nudo** y **desenlace** y están escritas en versos octosílabos. A diferencia del teatro clásico francés, no se respeta la regla de las tres unidades, o sea, la unidad de acción, lugar y tiempo. Lo típico de estas comedias españolas es que mezclan lo cómico con lo trágico y en todas ellas aparece la figura del **gracioso**, cuya función es la de provocar situaciones cómicas en el escenario. Se introducen a menudo canciones y romances tradicionales.

En general se dan en la literatura del Barroco dos tipos de **estilos** o **corrientes**: **conceptismo** y **culteranismo**. En el último **prevalece** la forma sobre el contenido: así **abundan** latinismos, **figuras retóricas** como **aliteraciones**, metáforas, hipérbaton, símbolos, **comparaciones**, **personificaciones**... y se consiguen obras poéticas de alto estilo y belleza. Nos referimos a ellas como **poesía pura**.

Por otro lado, está el conceptismo en el que prevalece el contenido sobre la forma. Los autores tratan de expresar lo máximo con el mínimo de palabras, con lo que nos encontramos ante un contenido **denso** y una difícil interpretación. Dignos representantes de estos movimientos son Góngora y Quevedo.

El Romanticismo

El Romanticismo fue un movimiento literario muy breve en España, apareció a inicios del siglo XIX y desapareció casi por completo a mediados del mismo siglo. Algunos de sus **rasgos** son la **preponderancia** de los sentimientos sobre la **razón**, el culto al yo y los temas amorosos e históricos.

Los periódicos y revistas representaban para los románticos un nuevo medio para expresar su pensamiento y su crítica. En los **artículos** de **costumbre** hay un **observador** crítico que describe de forma divertida, **moralizante** o satírica las costumbres de la época. Mariano José de Larra, por ejemplo, es uno de los más conocidos representantes del **Costumbrismo**.

disfrutar de algo = gozar *(z-c)* de algo	etw. genießen
el esplendor	Glanz, Pracht
el dramaturgo, la dramaturga ▶ el drama	Dramatiker(in)
el corral	Hühnerstall; *hier:* (Innen)Hof; Corral-Bühne
la comedia corral	Corral-Komödie
soler *(-ue-)* **hacer algo**	gewohnt sein etw. zu tun
el nudo	Knoten; *hier:* Verwicklung
el desenlace	Ausgang
el gracioso	Spaßvogel
▶ gracioso, graciosa	witzig; anmutig
el estilo	Stil
la corriente	(literarische) Strömung
el conceptismo	Konzeptismus *(literarische Strömung des Barock)*
el culteranismo	Kulteranismus *(literarische Strömung des Barock)*
▶ culto, culta	gebildet
prevalecer *(-zco)* **sobre algo =** predominar algo	überwiegen
abundar	reichlich vorhanden sein
la figura retórica	Stilfigur
la aliteración	Alliteration, Stabreim
la comparación ▶ comparar algo/alguien a/con algo/alguien	Vergleich
la personificación	Personifizierung
▶ la persona	Person
la poesía pura	reine Poesie
denso, densa ▶ la densidad	dicht
el Romanticismo	Romantik
el rasgo = la característica	Merkmal
la preponderancia	Vorherrschaft
la razón E *reason*	Vernunft
▶ razonar	nachdenken, überlegen
el artículo	(Zeitungs)Artikel
la costumbre E *costum*	Sitte, Brauch
el observador, la observadora ▶ observar algo/a alguien	Beobachter(in)
moralizante	moralisierend
▶ la moral	Moral, Sittlichkeit
el Costumbrismo	Kostumbrismus *(lit. Strömung, die die Sitten und Gebräuche der spanischen Gesellschaft schildert)*

6gq225

El Realismo

La forma más destacada del Realismo es la prosa. En las novelas realistas la **búsqueda** de la **objetividad** del autor y de la exactitud de los detalles prevalecen. El autor quiere mostrar la realidad tal como es por medio de un detallado análisis y **observación** de la misma, clara reacción frente al Romanticismo anterior. Algunos ejemplos son *La Regenta* de Leopoldo Alas "Clarín" o los *Episodios nacionales* de Benito Pérez Galdós, una obra de 46 **volúmenes** en la cual cuenta los grandes acontecimientos de la historia española.

La generación del 98

Se conoce con este término a un grupo de escritores que inician su **labor** literaria a finales del siglo XIX. En 1898 tiene lugar la pérdida de las últimas colonias españolas (Cuba, Filipinas, Puerto Rico y Guam), un hecho que provocó un grave sentimiento de crisis entre los intelectuales españoles como, por ejemplo, Unamuno y Azorín. La generación del 98, como se les llama más tarde, presenta unas características claramente definidas: **preocupación** por España, **exaltación** y descubrimiento de Castilla, patriotismo, amor por el paisaje de los pueblos viejos y la creación de un **lenguaje** sencillo.

El Modernismo

El movimiento considerado Modernismo comienza a finales del siglo XIX en Hispanoamérica gracias al **empuje** del autor nicaragüense Rubén Darío. Este movimiento supone una **renovación** de la situación literaria anterior: lingüística, temática y **espiritual**. Es un gran movimiento de entusiasmo y exaltación de la belleza. Aparece un gusto por los temas exóticos, como manera **estética** de reformar una realidad cotidiana, un intento de que la belleza y la ilusión dominen una sociedad triste. Se caracteriza tanto por el uso de palabras exóticas, llenas de luz, color y musicalidad como por los símbolos modernistas como **cisnes**, princesas, **nenúfares** y elefantes. Este movimiento **triunfó** muy pronto también en España.

La generación del 27

En los primeros años del siglo XX **se suceden** una serie de movimientos artísticos que tienen como **fin** encontrar nuevas formas de **expresión** como reacción a las formas anteriores. Con la generación del 27 aparecen narradores que cultivan la **novela social** y política, incluso antes de sufrir las consecuencias de la Guerra Civil. Sus obras son muy **diversas** entre sí. En general se puede decir que los autores quieren **dar voz a** la primera **crisis de modernización** que **afecte a** todos los españoles.

la búsqueda	Suche
▸ buscar *(c-qu)* algo/a alguien	etw./jdn suchen
la objetividad ≠ la subjetividad	Objektivität
la observación E *observation*	Beobachtung
▸ observar algo/a alguien	etw./jdn beobachten
el volumen	Band

la labor	Arbeit **FF** *das Labor*; un laboratorio
la preocupación	Sorge, Besorgnis
▸ preocuparse por algo	sich Sorgen machen um/wegen etw.
la exaltación	Verherrlichung
el lenguaje	Sprache

el empuje ▸ empujar algo/a alguien	(An)Stoß, Schub
la renovación ▸ renovar *(-ue-)* algo	Erneuerung
espiritual	geistig
▸ el espíritu	Geist
estético, estética	ästhetisch
el cisne	Schwan
el nenúfar	Seerose
triunfar de/sobre algo/alguien	über etw./jdn triumphieren, jdn besiegen

sucederse	aufeinanderfolgen
el fin = el objetivo	Ziel, Absicht
la expresión	Ausdruck
▸ expresarse	sich ausdrücken
la novela social	Gesellschaftsroman
diverso, diversa	unterschiedlich, verschieden
▸ la diversidad	Vielfalt
dar voz a algo	auf etw. aufmerksam machen
la crisis de modernización ! *(pl.)* las crisis	Modernisierungskrise
afectar a alguien	jdn betreffen

6gq225

El Realismo mágico en Latinoamérica

En la década de los años 60 del siglo pasado, se produce el "boom" de la literatura latinoamericana: lo **real maravilloso**, las diversas **perspectivas narrativas** de Mario Vargas Llosa, el realismo fantástico del **Premio Nobel** de literatura Gabriel García Márquez, ven el triunfo de la imaginación y el lenguaje y tienen gran **impacto** en la literatura española. La temática está caracterizada por el amor a la tierra, la problemática social, los personajes populares. **Novelistas destacados** son también Julio Cortázar (Argentina), Pablo Neruda (Chile) y Octavio Paz (México).

El Realismo social en España

Tras el silencio y una literatura de propaganda o **censurada** como ocurre bajo el poder político de una dictadura, la literatura española de **posguerra** refleja el ambiente de la época y el sentir de sus autores. Su **testimonio** es el de una época difícil, llena de frustraciones y silencios que se despide de la belleza estética. Los autores expresan los problemas existenciales del hombre contemporáneo y su **angustia** ante la realidad de la guerra, la dictadura y la **soledad**. Así se desarrolla la novela social de los años cincuenta con autores como el Premio Nobel de literatura Camilo José Cela y la escritora Carmen Laforet.

El Siglo XXI

Hoy en día existe un claro **predominio** de la prosa narrativa sobre otros géneros **pujantes** como el **cuento** o el **microrrelato**. La novela ha sido en los últimos años rica y plural. Así, a los indiscutibles Miguel Delibes *El hereje*, Ana María Matute *Olvidado rey Gudú* y Juan Marsé *Rabos de lagartija* se han venido uniendo y **consolidado** autores como Javier Marías *Corazón tan blanco*, Luis Mateo Díez *Trilogía de Celama* y Manuel Rivas *La lengua de las mariposas* que cuentan ya entre la mejor narrativa de las últimas décadas.

Las dos últimas tendencias generales de la novela española han sido denominadas Literatura de la **Memoria Histórica** (*Enterrar a los muertos* de Ignacio Martínez de Pisón) y de la **autoficción** (*La velocidad de la luz* de Javier Cercas).

Pero quizá el fenómeno más **novedoso** e interesante sea que una buena parte de la prosa narrativa **breve** aparece en blogs y posee un gran número de admiradores; de ahí el nuevo término de blogoliteratura, **acuñado** por los más jóvenes amantes de la literatura. Actualmente existen innumerables plataformas para escritores en la red donde escritores **noveles plasman** sus **inquietudes** literarias. En este nuevo siglo **se ha reinventado** la literatura con la presencia del libro digital o libro electrónico. Este está superando las **ventas** del libro de **tapa dura** que ya ha perdido un 30 % de las ventas.

lo real maravilloso	das wunderbar Wirkliche
la perspectiva narrativa	Erzählperspektive
el Premio Nobel	Nobelpreisträger
el impacto = la impresión	Wirkung, Eindruck
el, la novelista	Romanautor(in)
▸ la novela	Roman
destacado, destacada	herausragend

censurar algo/a alguien	etw./jdn zensieren
la posguerra	Nachkriegszeit
el testimonio E *testimony*	Zeugnis, Bezeugung
la angustia	Angst
la soledad	Einsamkeit
▸ solo, sola	einsam, allein

el predominio ▸ dominar algo/a alguien	Vorrang, Vorherrschaft
pujante	aufstrebend
el cuento	Novelle, Kurzgeschichte
el microrrelato	Fast-Fiction, Kurzgeschichte
consolidarse	sich konsolidieren, sich einen Platz sichern

la Memoria Histórica	*Aufarbeitung der Vergangenheit*
la Ley de la Memoria Histórica	Gesetz zur Bewältigung der Vergangenheit
la autoficción	Autofiktion *(Kombination von Fiktion und Autobiografie)*

novedoso, novedosa	neuartig
breve = corto, corta	kurz
acuñar algo	etw. prägen
novel = inexperto, inexperta	angehend
plasmar algo	etw. darstellen
las inquietudes	Interessen
▸ la inquietud	Unruhe, Beunruhigung
reinventar algo	etw. neuerfinden
la venta ▸ vender algo	Verkauf
la tapa dura	Hardcover-Ausgabe

6gq225

El teatro

El recuerdo de los primeros teatros se sitúa en la antigua Grecia. Entonces eran lugares al aire libre donde se **representaban obras** de género dramático. Hoy en día, los teatros son salas **cubiertas** normalmente por **cúpulas** y adornadas por bellas **vidrieras** o mosaicos que gozan de una activa vida teatral, gracias a sus variados **repertorios**. Durante los festivales y **ferias de teatro**, miles de **espectadores** tienen la oportunidad de ver un gran número de **estrenos** y representaciones excepcionales, **puestas en escena** por **compañías nacionales** y **extranjeras**.

Una de las ferias teatrales más conocidas es la Feria del Teatro de Tàrrega (Lleida/Cataluña), donde, durante todo un fin de semana, las calles de la ciudad viven el teatro en cada **esquina**, en cada sala, en cada **escenario**. También es importante el Festival de Teatro Clásico de Mérida (Extremadura) donde se representan obras de la **Grecia clásica** en las ruinas del teatro **romano** de la ciudad **extremeña**.

Música y baile

La música tradicional juega un papel importante en el folclore español. El pueblo hispano es gran amante de las **celebraciones** así como de mantener sus viejas tradiciones y sus fiestas. Estas están **ligadas** a **efemérides** de carácter nacional y local, o bien a celebraciones religiosas como la **Navidad** y la **Semana Santa** acompañadas por el canto de **villancicos** y **saetas** respectivamente.

En la historia de la música hispana encontramos instrumentos como la guitarra española, las **castañuelas**, las **panderetas**, los **tambores** africanos y los **bombos** que dan autenticidad a la música folclórica hispana.

En Latinoamérica, las formas de expresión musical son muy diferentes entre las zonas de la costa y las de la montaña, a causa de los diferentes orígenes de su población: europea, indígena y africana. Junto al mar **suena** con insistencia la salsa y en general todo lo bailable, **sobresaliendo** en particular los bailes de origen africano acompañados de **instrumentos de percusión**. En el interior, por el contrario, domina la música de tradición indígena acompañada por el uso de instrumentos **autóctonos** como la **zampoña** y el **charango**.

De Latinoamérica se conoce a nivel internacional a un gran número de poetas cantantes muy **comprometidos** políticamente: son los **cantautores**, que, como Mercedes Sosa o Pablo Milanés, ayudan a extender la poesía latinoamericana más allá de las fronteras del continente.

representar una obra	Stück aufführen
cubrir algo	etw. überdachen
la cúpula	Kuppel
la vidriera ▶ el vidrio	Glasfenster
el repertorio	Repertoire, Spielplan
la feria de teatro	Theaterfestival
el espectador, la espectadora	Zuschauer(in), Zuhörer(in)
▶ el espectáculo	Schauspiel
el estreno	Premiere, Erstaufführung
▶ estrenar una obra	(Theater)Stück uraufführen
poner algo en escena	etw. inszenieren
la compañía	Ensemble, Truppe
▶ el compañero, la compañera	Freund, Begleiter
nacional E *national* ▶ la nación	Inland(s)-, inländisch
extranjero, extranjera ▶ el extranjero	Auslands-, ausländisch

la esquina	Ecke *(außen)*
! el rincón	*Ecke (innen)*
el escenario	Bühne
la Grecia clásica	klassisches Griechenland
romano, romana	römisch
extremeño, extremeña ▶ Extremadura	aus Extremadura

el baile ▶ bailar con alguien	Tanz
la celebración E *celebration*	Feier
ligado, ligada a	verbunden mit
la efeméride	Jahrestag
la Navidad	Weihnachten
¡Feliz Navidad!	Frohe Weihnachten!
la Semana Santa	Karwoche
el villancico	Weihnachtslied
la saeta	Saeta *(Lied bei Prozessionen der Karwoche)*

la castañuela	Kastagnette
la pandereta	Tamburin, Schellentrommel
el tambor	Trommel
el bombo	große Trommel, Kesselpauke

sonar *(-ue-)*	ertönen, erklingen
! soñar con algo	*von etw. träumen*
sobresalir *(≈ salir)*	auffallen, herausragen
el instrumento de percusión	Schlaginstrument
autóctono, autóctona	alteingesessen, autochton
la zampoña	Panflöte
el charango	*fünfsaitige Mandoline der Indianer*

comprometido, comprometida	*(politisch)* engagiert
el cantautor, la cantautora	Liedermacher(in)

6gq225

El flamenco

Cada país, e incluso cada región de habla hispana, se caracteriza por su música y sus tradiciones folclóricas. En España existe un arte musical folclórico que ningún turista deja de **presenciar** cuando la visita: el flamenco. El origen de esta música es antiguo y muy diverso, ya que se trata de una **fusión** de baile, música y, a menudo también, **cante** de origen **gitano**, árabe, **judío** y cristiano, que se ha ido formando durante la **convivencia** de estas culturas en Andalucía. Las canciones suelen ser pequeñas historias, narradas en primera persona, sobre las **penas** y las **alegrías** del pueblo gitano, sobre las tragedias cotidianas, el amor, los **celos**, el trabajo; las cosas de la vida, tristes y alegres. El baile flamenco narra en sí mismo, sin necesidad a veces de palabras, la **eterna** historia de las turbulentas relaciones entre hombres y mujeres.

Desde mediados del siglo XVIII, el flamenco **se puso de moda** fuera de Andalucía. Se crearon los "Cafés Cantantes", cafés donde se desarrolló el flamenco. Así se hicieron famosos años después **cantaores** como Camarón de la Isla, **bailaores** como Antonio Gades y Joaquín Cortés, bailaoras como Sara Baras y María Pagés y guitarristas como Paco de Lucía; la **fama** del flamenco **atravesó** las fronteras españolas. La música flamenca actual está en gran parte marcada por la mezcla con otras músicas como el jazz, el rock, la salsa, la bossa nova y los **sones** étnicos.

El baile

El baile es una expresión de sentimientos. Se trata de **sensaciones** en movimiento que vienen inspiradas a través de la música. Podemos bailar solos, por ejemplo, la música moderna como rap, tecno, hip hop, o podemos **bailar acompañados**: entonces pensamos en el merengue, la **bachata**, el mambo, o el célebre tango argentino.

Los bailes tradicionales van acompañados de **trajes** regionales especiales para la ocasión. Las sevillanas, la jota aragonesa, la jota navarra o las **sardanas** catalanas son algunos de los españoles. En Latinoamérica son bien conocidos entre otros: la **cueca**, la **zamba**, la **cumbia**, el **vallenato** y el **joropo**.

El ballet es un baile **artístico** acompañado de música y **ejecutado** por unos **bailarines** en un escenario. Actualmente las compañías que se dedican al ballet representan tanto obras clásicas como coreografías modernas. Famosos son el Ballet Nacional Español, el Ballet Nacional de Cuba o el Ballet folclórico de Antioquia (Colombia).

En la actualidad, la mayoría de los jóvenes acude los fines de semana a bares **nocturnos** y a discotecas donde pueden escuchar y bailar diferentes tipos de música en distintas salas: música española, música electrónica o música de las **estrellas** del momento, en su mayoría música pop de **superventas**.

presenciar = estar presente	beiwohnen; sehen
la fusión = la unión	Verschmelzung
el cante = el canto	Gesang
gitano, gitana	Zigeuner-
judío, judía	jüdisch
la convivencia ▸ convivir	Zusammenleben
la pena = la tristeza	Trauer, Traurigkeit
la alegría ≠ la tristeza	Freude
los celos ! (*pl.*)	Eifersucht
▸ celoso, celosa	eifersüchtig
eterno, eterna = infinito, infinita	ewig, endlos

ponerse de moda	In sein, in Mode sein
el cantaor, la cantaora	Flamencosänger(in)
! el, la cantante	*Sänger(in)*
el bailaor, la bailaora	Flamencotänzer(in)
! el bailarín, la bailarina	*Tänzer(in)*
la fama	Ruhm
atravesar (*-ie-*) **algo** = cruzar (*z-c*) algo	etw. überschreiten
el son = el sonido	Klang, Ton

la sensación ε *sensation*	Gefühl, Empfindung
bailar acompañado, bailar acompañada	Paartanzen
la bachata	*Volkstanz der Dominikanischen Republik*

el traje	Tracht
la sardana	Sardana (*katalanischer Volkstanz*)
la cueca	*chilenischer Volkstanz*
la zamba	Samba
la cumbia	*kolumbianischer Volkstanz*
el vallenato	*kolumbianischer Tanz*
el joropo	*venezolanischer Volkstanz*

artístico, artística	künstlerisch, kunstvoll
▸ el arte	Kunst
ejecutar algo	etw. ausführen
el bailarín, la bailarina	(Ballett)Tänzer(in)

nocturno, nocturna ▸ la noche	Nacht-
la estrella	(Film)Star
los superventas ▸ la venta	Charts

6gq225

Las fiestas

Corridas de toros

Las corridas de toros son una fiesta **polémica** y **controvertida**. Muchos están a favor y otros muchos en contra. Para unos es una fiesta que **se remonta al** principio de los tiempos y significa una forma de sentir y vivir muy intensa: el hombre frente a la bestia. En cambio, para las asociaciones en pro de la **defensa** de los animales significa una **matanza** inhumana y barbárica. Durante mucho tiempo la fiesta **taurina** fue el **espectáculo de masas** más popular en España, de ahí, su **denominación** de "fiesta nacional". Pero a partir de la segunda década del siglo XX, **apareció** el **deporte** (fútbol y boxeo) como alternativa al tradicional espectáculo.

San Fermín

El mes de julio es sin duda un mes importante en la ciudad de Pamplona, capital de Navarra, puesto que se celebra la fiesta taurina más grande **en honor al** santo **patrón** de la ciudad, San Fermín. Es una fiesta conocida a nivel mundial. El día 7 de julio **marca** el comienzo de la fiesta; el **punto de reunión** para dar inicio es en la calle de Santo Domingo. A las 7:00h los jóvenes cantan al patrón, pidiéndole su **protección**, seguidamente se oye un **disparo** que indica el comienzo de la **carrera**. Los toros deben correr una **milla** hasta llegar al **ruedo**. Una **multitud** corre delante de los toros evitando ser **corneada**.

Se dice que la tradición empezó en 1591, cuando los **residentes** de Pamplona tenían que **arriar** su **ganado** hasta el ruedo. Con el transcurrir del tiempo la tradición fue cambiando, y en vez de correr detrás de los toros, ahora se corre delante de estos.

Procesiones de Semana Santa

La Semana Santa en España es espectacular. Se celebran procesiones maravillosas y **estremecedoras** casi en todas partes. Se saca de las iglesias a las **imágenes** de los Cristos o de las **Vírgenes**, para que salgan en procesión. Estas imágenes son llevadas por las **cofradías** a las que pertenecen. En los días **previos** a la Semana Santa, puede verse en cualquier pueblo o ciudad de España a las cofradías, con los **pasos cargados**, para **ensayar**. Para los **costaleros** es un gran honor salir en la procesión. Centenares de personas esperan horas la salida de las procesiones. Un **silencio sepulcral invade** las calles de las ciudades que únicamente lo rompe, de vez en cuando, el sonido de una saeta.

la corrida de toros	Stierkampf
polémico, polémica	strittig
controvertido, controvertida	umstritten
remontarse a algo	auf etw. zurückgehen
la defensa	Verteidigung
la matanza	Abschlachten
▸ matar a alguien a golpes	jdn totschlagen
taurino, taurina ▸ el toro	Stier-
el espectáculo de masas	Massenspektakel, Massenveranstaltung
la denominación	Bezeichnung
aparecer *(-zco)*	erscheinen
el deporte	Sport

en honor a alguien	zu jds Ehren
el patrón, la patrona	Schutzheiliger(in)
marcar algo = señalar algo	etw. kennzeichnen
el punto de reunión	Treffpunkt
la protección	Schutz
▸ proteger *(g-j)* algo/a alguien	etw./jdn beschützen
el disparo ▸ disparar	Schuss
la carrera	Lauf
la milla	Meile
el ruedo	Arena
la multitud	Menge
cornear a alguien	jdn auf die Hörner nehmen

el, la residente	Einwohner(in)
arriar algo	etw. einholen
el ganado	Vieh

la procesión	Prozession
la Semana Santa	Karwoche
estremecedor, estremecedora	erschütternd
la imagen ! *(pl.)* las imágenes	Heiligenfigur
la Virgen ! *(pl.)* las Vírgenes	Jungfrau
la cofradía	Laienbruderschaft
previo, previa	vorherige (r, s)
el paso	Prozessionsmotiv *(Station der Passions-geschichte)*
cargar algo	etw. tragen
ensayar algo	etw. proben
el costalero, la costalera	*Träger eines Heiligenbildes bei der Prozession der Karwoche*
un silencio sepulcral	Grabesstille
invadir algo	etw. überkommen

6gq225

Cine

Tendencias actuales

El cine español se ha ido desarrollando de manera **majestuosa** y constante desde las **películas** surrealistas de Buñuel hasta las películas de análisis psicológico de Pedro Almodóvar, Carlos Saura, Fernando Trueba y Alejandro Amenábar; y con actores como Antonio Banderas, Javier Bardem, Luis Tosar, Elena Anaya y Penélope Cruz, que **defienden** el **prestigio** internacional del cine español.

Pedro Almodóvar, Antonio Banderas y Elena Anaya en los Premios Goyas en 2012 para la película La piel que habito

Tras la **recuperación** de la **libertad** democrática a partir de 1975, las **pantallas** españolas se llenaron de temas y **escenas** que hasta aquel momento habían sido censurados. Pronto el cine español recogía sus pequeños triunfos en el extranjero, en 1982 la película *Volver a empezar* de José Luis Garci fue **premiada** con un **Óscar**. Durante la **década** de los ochenta, Pedro Almodóvar se hizo famoso internacionalmente con su película *Mujeres al borde de un ataque de nervios*, que **obtuvo** en Venecia (1987) el premio al mejor **guión**, y una **nominación** al Óscar. La película de Fernando Trueba *Belle Epoque* también obtuvo en 1994 el Óscar a la mejor película de lengua no inglesa.

Almodóvar siguió **acumulando éxitos** gracias a la originalidad de sus **planteamientos**. La entrega del primer Óscar de Hollywood en 2000 a la película *Todo sobre mi madre*, del segundo en 2003 al guión de *Hable con ella*, y el tercero en 2005 a la película *Mar adentro* de Alejandro Amenábar han significado el premio a la **brillante trayectoria** del cine español. ⟩⟩⟩

el cine E *cinema*	Kino
majestuoso, majestuosa = maravilloso, maravillosa	majestätisch, würdevoll
la película	Film
defender *(-ie-)* **algo** E *to defend sth*	etw. verteidigen
el prestigio	Ansehen, Prestige

la recuperación	Wiedergewinnung
la libertad E *liberty*	Freiheit
la pantalla	Leinwand, Bildschirm
la escena	Szene
▸ el escenario	Schauplatz
premiar a algo	etw. auszeichnen
la década	Jahrzehnt
obtener *(≈ tener)* **algo =** recibir algo	etw. erhalten
el guión	Drehbuch
la nominación	Nominierung

acumular algo	etw. anhäufen
el éxito	Erfolg
▸ exitoso, exitosa	erfolgreich
el planteamiento	Gesichtspunkt, Ansatz
brillante = admirable	hervorragend, glänzend, brillant
la trayectoria	Laufbahn, Werdegang
▸ el trayecto	Strecke, Weg

6gq225

Otros **realizadores** como Juanma Bajo Ulloa, Julio Medem, Álex de la Iglesia e Icíar Bollaín tratan en sus películas temas que **conectan con** el público más joven por su creatividad y **novedad**. Así durante los años noventa **se duplicó** la producción de películas en España. El Festival de Cine de San Sebastián, a través de un **jurado** profesional, premia cada año con la **Concha de Oro** a la mejor película española del año.

Actualmente, la **industria cinematográfica** destina más **presupuesto** a la realización de películas pertenecientes al género de ciencia-ficción: se han convertido en las **películas más taquilleras**, al atraer a un público muy amplio que está **ansioso** por ver los últimos efectos especiales.

La televisión, sobre todo con las telenovelas, y los videoclubes con la rápida salida al mercado de las últimas películas, son la **competencia** directa del cine; este reacciona, e intenta atraer al público reduciendo el **precio-tarifa** de la **entrada** un día a la semana, el **día del espectador**.

La **cartelera** nos informa de la actualidad del cine; también de las **sesiones** en las que se **proyectan** las películas: tarde, noche o medianoche, también llamada **sesión golfa**. Las películas pueden ser **aptas** para todos los públicos, o no **recomendadas** a ciertas edades (a menores de 13 o 16 años normalmente); eso significa que algunas escenas pueden **dañar** la sensibilidad de los jóvenes espectadores.

El rodaje de una película

Antes de empezar el trabajo del rodaje, el **productor** estudia la financiación del proyecto de una nueva película y los diferentes guiones; y se decide a hacer un **largometraje** o solo un **cortometraje** para el cine o para la tele.

Aquí empieza el trabajo en serio. A partir del guión se hace el **reparto** de los **papeles** entre los **actores principales** y **secundarios** que se trasladan a los **escenarios** elegidos –interiores o exteriores– donde se ruedan los diferentes **planos** a las órdenes del **director**.

Las escenas **grabadas** se **montan** para producir efectos diversos en el espectador, utilizando secuencias lineales o escenas **retrospectivas**.

Los participantes en el rodaje de una película aparecen en la pantalla al final de la **proyección**: se trata de la lista de **intérpretes**, **asistentes de realización** y los diferentes **equipos técnicos**.

el realizador, la realizadora	Regisseur(in)
conectar con alguien ▸ la conexión	mit jdm Kontakt aufnehmen
la novedad ▸ nuevo, nueva	Neuheit
duplicarse *(c-qu)*	sich verdoppeln
el jurado ▸ jurar algo	Jury, Preisgericht
la Concha de Oro	*Filmpreis in Form einer Muschel*
la industria cinematográfica	Kinoindustrie
el presupuesto	Budget, Etat
la película más taquillera *(adj.)*	Kassenschlager, Knüller im Kino
▸ la taquilla	Schalter, Kasse
ansioso, ansiosa	ungeduldig; begierig
! el ansia	*Angst, Unruhe*
la competencia	Konkurrenz **FF** la concurrencia; *Zulauf*
el precio-tarifa	Eintrittspreis
la entrada	Eintritt(skarte)
el día del espectador	*Tag mit verbilligtem Eintrittspreis*
la cartelera	Veranstaltungsprogramm
la sesión	Vorstellung
proyectar *(una película)*	*(Film)* vorführen
la sesión golfa	Spätvorstellung
apto, apta	geeignet; jugendfrei
recomendar *(-ie-)* **algo a alguien**	jdm etw. empfehlen
dañar algo/a alguien ▸ el daño	etw./jdm schaden
el rodaje ▸ rodar una película	Dreharbeiten
el productor, la productora	Produzent(in)
el largometraje	Spielfilm
el cortometraje	Kurzfilm
el reparto ▸ repartir algo	Verteilung
el papel	Rolle
el actor, la actriz principal ▸ actuar	Hauptdarsteller(in)
el actor secundario, la actriz secundaria	Nebendarsteller(in)
el escenario ▸ la escena	Schauplatz, Szenerie
el plano	Einstellung, Aufnahme, Bild
el director, la directora **E** *director*	Regisseur(in)
grabar algo	etw. filmen
▸ una grabación	Film, Aufnahme
montar ▸ el montaje	zusammensetzen; schneiden, cutten
retrospectivo, retrospectiva	zurückschauend, rückblickend
la proyección ▸ proyectar algo	(Film)Vorführung
el, la intérprete ▸ la interpretación	Darsteller(in),
	Schauspieler(in)
el, la asistente de realización	Regieassistent(in)
el equipo técnico	Technik

6gq225

Los ángulos de toma

Los ángulos de toma vienen determinados por la posición de la cámara en referencia al objeto filmado: con un ángulo de toma **picado** la cámara está más alta que los objetos grabados; con el **contrapicado** se graba desde abajo y los objetos parecen fugarse hacia el cielo.

Los movimientos de cámara **otorgan** una importante posibilidad de expresión al realizador. Según los movimientos, las **tomas** pueden ser:

- **estáticas**: la cámara se mantiene inmóvil;
- panorámicas: la cámara se mueve horizontalmente;
- en el **travelín** la cámara se mueve en cualquier dirección y sentido, siguiendo al sujeto o al motivo y
- el zoom se encarga de acercarnos o alejarnos el **campo de visión**.

Bellas Artes

Pintura

La pintura es el arte de expresarse a través de **trazos** y colores. El pintor juega con el poder del color, de la luz y de las **sombras**. A partir de un modelo, su **fuente** de inspiración, el **artista** pinta un **cuadro**; el resultado es un **retrato** o un paisaje, una **naturaleza muerta** o un motivo abstracto. El pintor se expresa a través de la **plumilla**, el **carboncillo** o los **pinceles**, y a través de diferentes técnicas como **óleo**, acuarela, guache o pastel.

No cabe duda de que España es **cuna** de fantásticos pintores desde hace siglos. Entre los muchos nombres destacan Velázquez, autor de Las Meninas; Zurbarán, Goya, y artistas como Pablo Picasso, uno de los creadores del Cubismo o Salvador Dalí, gran pintor surrealista que representó en sus cuadros a los pájaros como símbolo de la muerte; elefantes, de la vida; y relojes, del paso irreversible del tiempo. Igualmente **se** ha **divulgado** en Europa la obra de la mexicana Frida Kahlo, quien cultivó un estilo relacionado con el Surrealismo.

Arquitectura

¿Quién no ha oído hablar de la Sagrada Familia de Barcelona, del Parque Güell o de la casa Milà? Su autor es Antonio Gaudí, arquitecto catalán que **diseñó** una iglesia modernista que nunca pudo terminar al ser **atropellado** delante de ella por un tranvía. Hoy sigue ante nuestros ojos todavía inacabada. 》》》

el ángulo de toma	Bild-, Aufnahmewinkel
picado, picada	aus der Vogelperspektive, Draufsicht
contrapicado, contrapicada	von unten, aus der Froschperspektive
otorgar *(g-gu)* **algo**	etw. gewähren
otorgar la posibilidad	Möglichkeit gewähren
la toma	Aufnahme
estático, estática	statisch
el travelín E *travelling*	Fahraufnahme, Kamerafahrt
el campo de visión	Bildausschnitt, Gesichtsfeld
las Bellas Artes	die schönen Künste
la pintura	Malerei
▸ el pintor, la pintora	Maler(in)
el trazo	(Feder)Strich
▸ trazar *(z-c)* algo	etw. zeichnen, etw. skizzieren
la sombra	Schatten
la fuente	Quelle
el, la artista E *artist*	Künstler(in)
▸ el arte	Kunst
el cuadro	Gemälde
el retrato	Porträt
la naturaleza muerta	Stillleben
la plumilla	(Tusch)Feder
❗ la pluma	*(Vogel)Feder*
el carboncillo	Kohlestift
▸ el carbón	Kohle
el pincel	Pinsel
el óleo	Ölmalerei
la cuna	Wiege
divulgarse *(g-gu)*	(sich) verbreiten, bekannt werden
diseñar E *to design sth*	etw. zeichnen, etw. entwerfen
atropellar a alguien	jdn überfahren

6gq225

Llamamos arquitectura al arte de **construir**, levantar catedrales, **edificios**, **puentes**, etc. Muchas son las obras arquitectónicas que la **antigüedad** nos ha dejado en la Península Ibérica. A romanos, árabes, judíos e hispanos les debemos la riqueza que hoy posee España, fruto del **sudor** de su trabajo; fueron capaces de **levantar sobrias** iglesias **románicas**, catedrales góticas, como la de Mallorca, León o Burgos con vidrieras de más de 12 metros de altura.

Herencia de la cultura precolombina son obras de enorme valor arqueológico, como las pirámides incas, los templos mayas o las famosas "Líneas de Nazca" en Perú, hoy en día consideradas grandes **maravillas** del mundo.

Escultura

Los museos exponen las valiosas obras de arte **pictóricas** y **escultóricas** en **exposiciones** permanentes o periódicas. Las esculturas suelen ser de **madera**, cerámica, **mármol**, **piedra** o incluso de **oro** y **plata**. Emperadores y reyes han puesto el arte a su servicio, dejándose **inmortalizar** a través de retratos, **bustos** e incluso **tumbas**; y también la historia ha querido dejar su **huella** en **murales** y **relieves**.

Escultores famosos son el colombiano Fernando Botero y el vasco Eduardo Chillida. El primero se ha dedicado a **esculpir** figuras gruesas de bronce **reflejo** de sus pinturas. El gran escultor y artista del **hierro** y de la madera Eduardo Chillida, **fallecido** en 2002, se dedicó a esculpir obras de gran **tamaño** situándolas en plena naturaleza: en bosques, **acantilados**, parques, queriendo unir así la obra del hombre con la obra de Dios. Una de sus esculturas **adorna** el *Kanzleramt* de Berlín.

Botero, su hija y una de sus esculturas

construir *(-y-)* **algo**	etw. erbauen
▸ la construcción	Gebäude
el edificio	Gebäude
▸ edificar *(c-qu)* algo	etw. (er)bauen
el puente	Brücke
la antigüedad	Antike
el sudor	Schweiß
▸ sudar	schwitzen
levantar algo = construir *(-y-)* algo	etw. bauen, etw. errichten
sobrio, sobria	schlicht, nüchtern
románico, románica	romanisch
! romano, romana	*römisch*

la maravilla ▸ maravilloso, maravillosa	Wunder

la escultura ▸ el escultor, la escultora	Bildhauerei
pictórico, pictórica	malerisch, Malerei-
escultórico, escultórica	bildhauerisch, plastisch
la exposición ᴇ *exposition*	Ausstellung
la exposición permanente	Dauerausstellung
la exposición periódica	temporäre Ausstellung
la madera	Holz
el mármol	Marmor
la piedra	Stein
el oro	Gold
▸ de oro	golden
la plata	Silber
▸ de plata	silbern, silbrig
inmortalizar	(sich) unsterblich machen, (sich) ver-
▸ la muerte	ewigen
	Tod
el busto	Büste
la tumba	Grabstätte
la huella	Spur
el mural	Wandbild, -gemälde
▸ el muro	Mauer
el relieve	Relief

esculpir algo	etw. (bildhauerisch) gestalten
el reflejo	(Wieder)Spiegelung
el hierro	Eisen
fallecer *(-zco)* = morir *(-ue-)*	sterben, verscheiden
el tamaño	Größe
el acantilado	Steilküste
adornar algo	etw. schmücken

6gq225

13 La educación

📖 El sistema educativo en España

Desde mayo del 2006 es la **Ley Orgánica de Educación** (LOE) la que **regula** y organiza el sistema educativo. LOE no **se encarga del** sistema universitario. Esta ley hace énfasis en que la educación **escolar** esté al alcance de todos sin diferencias y por ello debe ser de un **servicio público.** Además, lucha para que España **mantenga** el nivel educativo de los países de la U.E.. A partir de 2009/2010, para ser profesor de **Educación Secundaria,** se exige, además del **grado universitario**, un master oficial con la formación pedagógica y didáctica adecuada.

El sistema escolar español depende del **Ministerio de Educación,** es decir, que es un sistema centralizado, pero aún así las CC. AA. (Comunidades Autónomas) tienen sus **competencias**.

La Educación Infantil

Comienza el día de nacer y va hasta los 6 años. El primer **ciclo** va hasta los 3 y el segundo hasta los 6 años. Uno de los **rasgos** importantes es la **gratuidad** del segundo ciclo. Los niños aprenden técnicas para leer y escribir, tienen un primer contacto con los **números**, con una lengua extranjera y con las tecnologías de información y comunicación.

La Educación Primaria

La Educación Primaria, de los 6 a los 12 años, es obligatoria y **gratuita**, está organizada en tres ciclos cada uno de dos años. Las **áreas curriculares** son, por ejemplo, **Historia** y **Geografía**, **Educación Física**, Matemáticas, **Lengua Castellana** y Literatura; a partir del segundo ciclo **Lengua Extranjera**, **impartida** por **profesorado especializado**. En cada Comunidad con lengua cooficial también se incluye el estudio de esta en la escuela.

La Educación Secundaria

Consiste en la Educación Secundaria Obligatoria (ESO), de 12 a 16 años seguida o bien del **Bachillerato** (de 16 a 18 años) o de la **Formación Profesional** (FP). Existen tres formas diferentes de Bachillerato: Artes , Ciencias y Tecnología, y Humanidades y Ciencias sociales. 〉〉〉

el sistema educativo	Erziehungssystem
la Ley Orgánica de Educación	*Erziehungs- und Bildungsgesetz*
regular algo	etw. regulieren, etw. regeln
encargarse *(g-gu)* **de algo o de alguien**	sich um etw. kümmern
escolar ▸ la escuela	schulisch, Schul-
el servicio público	öffentliches Angebot
mantener *(≈ tener)* **algo**	etw. aufrechterhalten
la Educación Secundaria	Sekundarschulwesen, -bereich
el grado universitario	akademischer Grad
el Ministerio de Educación	Kultusministerium
la competencia	Kompetenz; Zuständigkeit, Befugnis
la Educación Infantil	Vorschule
el ciclo	Zyklus; Stufe, Abschnitt
el rasgo	Kennzeichen, Charakteristikum
la gratuidad ▸ gratis	Unentgeltlichkeit
el número E *number*	Zahl
la Educación Primaria	Grundschule
gratuito, gratuita	kostenlos, gratis
el área *(f.)*	Bereich
curricular	Lehrplan-, den Lehrplan betreffend
la Historia E *history*	Geschichte
la Geografía	Geografie
la Educación Física	Sport(unterricht)
la Lengua Castellana	Spanisch(unterricht)
la Lengua Extranjera	Fremdsprache(nunterricht)
impartir *(clase)* **= enseñar**	*(Unterricht)* erteilen
el profesorado especializado	Fachlehrer, Fachlehrkraft
▸ el profesorado	Lehrerschaft
el Bachillerato	*etwa:* Oberstufe des Gymnasiums
la Formación Profesional	Berufsausbildung

8nc2at

Después de haber **finalizado** y **obtenido el título de Graduado en ESO** se puede continuar con el Bachillerato que **se extiende por** un periodo de dos años. Desde el **año académico** 2005/2006 existe la **Prueba General de Bachillerato** (PGB) al finalizar esta etapa, como en la mayoría de los países de la UE. De no **aprobar**, se puede repetir cuatro veces. Después de haber **obtenido el título de Bachiller** se puede entonces acceder a la universidad o a la formación profesional de grado superior.

La educación universitaria

El sistema universitario español está formado por diferentes clases de **universidades**: 50 públicas y 27 privadas, así como unas cuantas de la Iglesia Católica, otras **a distancia** o **nocturnas** para los que trabajan. Estas universidades son **entidades autónomas**, es decir, que ellas mismas **establecen** su oferta académica, con títulos oficiales establecidos por el Gobierno o propios de la universidad. Sin embargo, todas las universidades deben incluir un mínimo de **materias troncales estandarizadas**. Y, finalmente, las materias de libre elección que pueden ser **escogidas** por el alumno según sus intereses.

La **Prueba de Acceso a la Universidad** (PAU) da la oportunidad a estudiantes de entrar en la carrera deseada, ya que si se presentan a esta pueden subir su nota.

Existen diferentes **carreras** universitarias:

- **Arquitectura Técnica** o **Ingeniería Técnica**: con una duración de tres años;
- Medicina o **Veterinaria**: con una duración de cuatro a seis años, comprendida en dos ciclos y sin **titulación intermedia**;
- **Licenciatura**, Ingeniería o Arquitectura: con una duración de cuatro a cinco años, también de dos ciclos con la posibilidad, a veces, de obtener el título intermedio de: **Diplomado**, Arquitectura Técnica o Ingeniería Técnica;
- **Doctorado**: estudio realizado tras la obtención de una titulación universitaria, con una duración de dos años, por lo general;
- Magister: títulos de **postgrado** que **otorgan** las universidades con planes de estudio desarrollados por ellas mismas.

Problemas del sistema educativo

A pesar de **contar** España **con** este sistema educativo tan completo, en algunas Comunidades Autónomas existen todavía problemas de analfabetismo que tienen que ver con el gran porcentaje de **gitanos**, **inmigrantes** legales o ilegales y **asilados**. Pero también entre los mismos españoles hay problemas de analfabetismo. La mayoría de analfabetos tienen más de 70 años y de estos el 70 % son mujeres. »»

finalizar *(z-c)* **algo =** terminar algo	etw. beenden, etw. abschließen
obtener el título de Graduado, obtener el título de Graduada en ESO	*etwa:* die Mittlere Reife machen
extenderse por *(-ie-)* **algo**	sich über etw. erstrecken
el año académico	Schuljahr
la Prueba General de Bachillerato	Abiturprüfung
aprobar *(-ue-)* **algo**	etw. bestehen
obtener el título de Bachiller	*etwa:* das Abitur machen

la educación universitaria	Universitätsstudium
la universidad a distancia	Fernuniversität
nocturno, nocturna	nächtlich
la entidad	Körperschaft
autónomo, autónoma	unabhängig, autonom
establecer *(-zco)* **algo**	etw. festlegen
la materia troncal	Pflichtfach
estandarizado, estandarizada	dem Standard entsprechend
escoger *(g-j)* **algo**	(aus)wählen

la Prueba de Acceso a la Universidad (PAU)	Zulassungsprüfung zur Universität

la carrera	Studiengang
la Arquitectura Técnica	*etwa:* Architektur (FH)
la Ingeniería Técnica	*etwa:* Diplom Ingenieur (FH)
la Veterinaria ᴇ *veterinary*	Tiermedizin
la titulación intermedia	Zwischentitel *(etwa: Bachelor)*
la Licenciatura	*etwa:* Magister
el Diplomado	*etwa:* Fachhochschulabschluss
el Doctorado	Doktorwürde
postgrado	Postgraduierten-
otorgar *(g-gu)* **(un título)**	*(Titel)* verleihen, erteilen

contar con algo	etw. haben, über etw. verfügen
el gitano, la gitana	Zigeuner(in)
el inmigrante, la inmigrante	Einwanderer(in)
el asilado, la asilada	Asylant(in)

8nc2at

Para los adultos analfabetos hay programas educativos, donde tienen la oportunidad de **recuperar** lo nunca aprendido o lo olvidado por el **desuso**. Para los gitanos y extranjeros hay programas de **Educación Compensatoria**, con los que se trata de integrar a los niños de diferentes orígenes culturales e **incrementar** la **escolarización**. En muchos casos esta escolarización no **perdura** hasta el final aunque **tiende** poco a poco a normalizarse. Los alumnos **se matriculan** en los centros educativos, pero muchos no **asisten** regularmente o **abandonan prematuramente**. Hay que señalar que en España se cuenta con por lo menos cien nacionalidades, su mayoría **proveniente de** Hispanoamérica, Marruecos y China. Por eso la integración y el **aprendizaje** son muy complicados en el caso de los no hispanohablantes. La cifra de **abandono** o **fracaso** escolar en España dobla la de Europa.

El sistema educativo en Latinoamérica

En Hispanoamérica el **derecho** a la educación es similar al de España, pero en la realidad este objetivo no se logra. Teóricamente, según las **constituciones**, la **educación básica** es gratuita y obligatoria. Pero en la práctica la población pobre no recibe las mismas posibilidades ni de oferta ni de calidad que recibe la **clase media** y alta. También entre la educación en las **zonas urbanas** y **rurales** hay diferencias enormes. Diferencias que todavía son mayores en las zonas con población indígena. Las mujeres también están en **desventaja** por tener que **desempeñar** las **tareas domésticas** o por la **maternidad a temprana edad**. La pobreza de las familias es un factor de **suprema** importancia, ya que **impide** que los niños vayan a la escuela o que terminen sus cursos, pues tienen que dejar la escuela para ponerse a trabajar muy jóvenes.

La alfabetización es uno de los factores más importantes para lograr que estos países **progresen**, reduzcan la pobreza y **eliminen** la violencia. A pesar de los planes de alfabetización, el analfabetismo es todavía bastante alto. En Latinoamérica, de acuerdo con la UNESCO, hay todavía 39 millones de analfabetos y 110 millones de adolescentes en la región no completaron la escuela primaria. Hay que tener en cuenta que no se habla de analfabetismo, oficialmente, en caso de haber olvidado las **destrezas** de la lectura y escritura y de las **operaciones matemáticas básicas** después de haber asistido a la escuela. Guatemala es uno de los países con uno de los **índices** de analfabetismo más elevados de América Latina.

Como ejemplo y esperanza para otros países se puede tomar a Nicaragua, que ya en 1980 comenzó con una campaña de alfabetización con la que ha logrado bajar el índice de analfabetismo. La tasa nacional de analfabetismo en el país pasó, en menos de tres años, del 19 al 4.73 por ciento.

recuperar algo	etw. wiedererlangen, etw. zurückge-winnen
el desuso	fehlender Gebrauch
la Educación Compensatoria	*durch öffentliche Schulen geleisteter Förderunterricht*
incrementar algo = aumentar algo	etw. erhöhen, etw. steigern
la escolarización	Einschulung
perdurar	andauern, anhalten
tender a *(-ie-)* **algo**	zu etw. tendieren, zu etw. neigen
matricularse en algo	sich in etw. einschreiben
▸ la matrícula	Immatrikulation, Einschreibung
asistir	*(Unterricht)* besuchen, teilnehmen
abandonar algo/a alguien	etw./jdn verlassen
prematuramente	vorzeitig
provenir de *(≈ venir)*	stammen aus, kommen aus
el aprendizaje ▸ aprender algo	(Er)Lernen
el abandono	Abbrechen
el fracaso	Scheitern
el derecho	Recht
la constitución	Verfassung
la educación básica	Grundbildung
la clase media	Mittelschicht
la clase alta ≠ la clase baja	Oberschicht
la zona = la región	Gebiet
urbano, urbana	Stadt-, städtisch
rural	ländlich
la desventaja ≠ una ventaja	Nachteil
estar en desventaja	im Nachteil sein
desempeñar algo	*hier:* etw. haben
las tareas doméstica	häusliche Pflichten
la maternidad	Mutterschaft
a temprana edad = joven	in jungen Jahren
supremo, suprema	höchste (r, s)
impedir *(e-i)* **algo**	etw. verhindern
progresar	Fortschritte machen
▸ el progreso	Fortschritt
eliminar algo	etw. beseitigen
la destreza	Fertigkeit; Geschicklichkeit
las operaciones matemáticas básicas	Grundrechenarten
el índice	Rate, Quote, Index

8nc2at

El sistema educativo en España

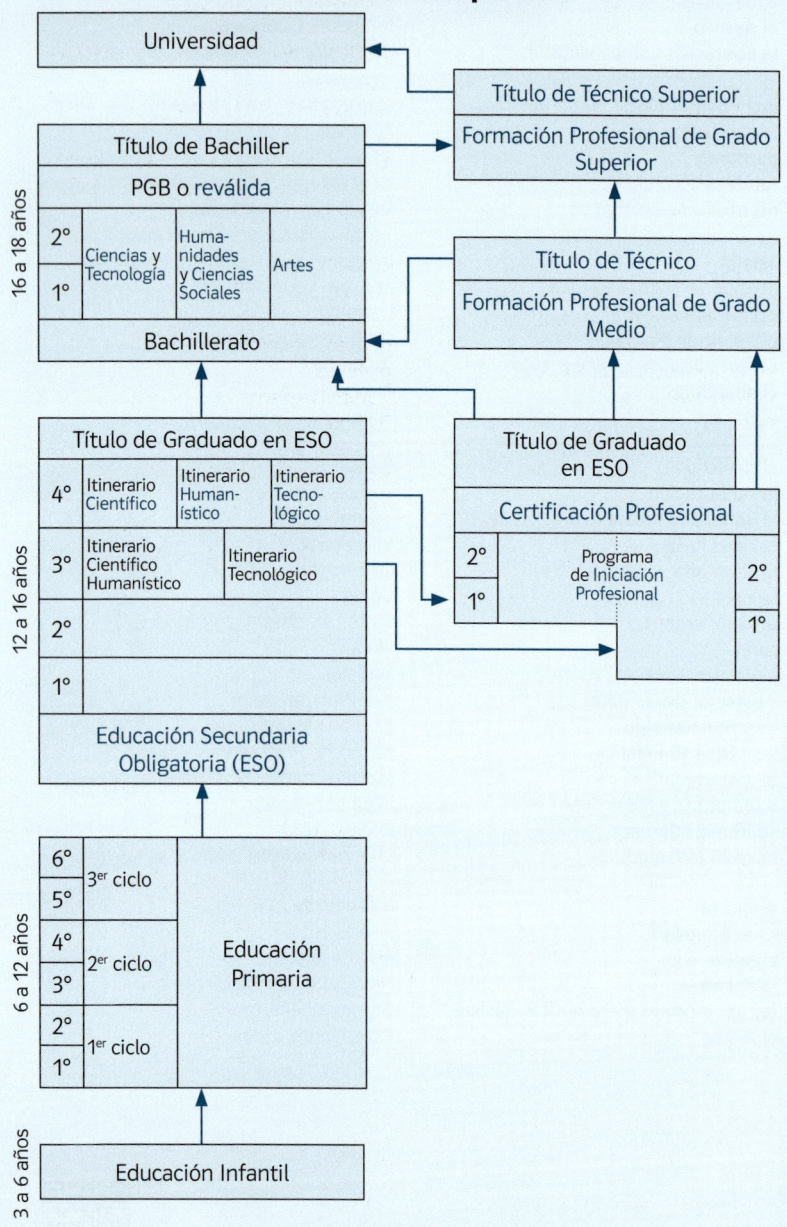

el título de Técnico Superior
la Formación Profesional de Grado
  Superior
el título de Técnico

la Formación Profesional de Grado
  Medio
la Certificación Profesional

la Iniciación Profesional
la Educación Secundaria Obligatoria
  (ESO)
científico, científica ᴇ *scientific*
humanístico, humanística
tecnológico, tecnológica
las Ciencias
la Tecnología
las Humanidades
las Ciencias Sociales
las Artes
la reválida = la Prueba General de
  Bachillerato

etwa: Fachhochschulabschluss
höhere Berufsausbildung

etwa: Berufsfachschulabschluss; Gesellenbrief
mittlere Berufsausbildung

Berufsausbildung an einer schulischen
  Einrichtung, in welcher rein elementare
  Kenntnisse vermittelt werden
Berufseinstieg
schulpflichtige Sekundarstufe

wissenschaftlich
geisteswissenschaftlich
technisch
Naturwissenschaft
Technologie
Geisteswissenschaften
Sozialwissenschaften
Künste
(fam.) Abitur

Index spanisch

A
a bajo coste 193
a bajo precio 127
a cambio de 183
a ciencia cierta 137
a destajo 97
a escala mundial 91
a la medida de 161
a la par con 157
a largo plazo 91
a mayor escala 123
a medida 93
a medio plazo, a
  corto 85
a mejor precio 123
a muy buen precio 21
a nivel educativo 111
a nivel mundial 21,
  31, 83, 129
a primera vista 33
a raíz de 167
a razón de 115
a su vez 117
a temprana edad 235
a x kilómetros de dis-
  tancia de 15
a. de C. (antes de
  Cristo) 35
abandonar algo/a
  alguien 17, 29, 235
abandonar las armas
  81
abandono 143, 235
abarcar 81, 209
abastecer 111
abastecimiento
  urbano 169
abismo 131
abogado 77, 93
abolición 49
abonado 193
abono 23, 191
abono anual 23
abono mensual 23
abortar algo 73
aborto 143
abrir el cerco 57
abrirse paso 33
absorber algo 177
abundante 15
abundar 211
abusar de alguien 137
abuso 43, 137, 159
abuso infantil 137
acabar con algo 185
acabar por hacer
  algo 47
acantilado 15, 229
acarrear algo 101
acceder a algo 53, 193
accesibilidad 159
acceso a 123, 141,
  165, 183, 193
accidente 167
accidente geográ-
  fico 15
acción 91
acera 33

acercamiento 67
acero 99
acoger 125
acoger a alguien 127
acogida 121, 151
Acogimiento Fami-
  liar 139
acometer reformas 103
acontecer 69
acontecimiento 41
acordar 119
acorde con algo/
  alguien 103
acreedor 103
acrónimo 201
actitud 47, 115
acto de caridad 69
actor 225
actor secundario 225
actriz secundaria 225
actualización 201
acudir a un lugar 83
acuerdo 121
acuífero 169, 175
acumulación 165
acumular algo 223
acumularse 179
acuñar algo 215
acusar a alguien 83
adaptado 183
adaptarse a algo 197
adecuado 167
adelgazamiento 181
adhesión 113
adicción 159
administración 35, 79
Administración local 79
administración
  pública 91, 135
ADN 161
adorar a alguien 45
adornar algo 31, 229
adquirir algo 143, 23
adquisición 91
adversidad 209
aeronáutico 89
aeropuerto 19
aerosol 179
afán 59
afectación 183
afectado 181
afectar algo/a alguien
  101, 169, 213
afiliación 95
afirmar algo 139
África subsahariana 17
afroamericano, 131
afrontar algo 169
agenda electrónica 195
agente social 95
ágil 193
aglomeración urbana
  29
agotamiento 89, 133
agotarse 181
agradable 23
agregarse 177
agrícola 87
agricultor 87
agricultura 87, 127, 165

agricultura ecoló-
  gica 87
agroturismo 173
agua de lluvia 15, 179
agua potable 151, 169
aguacate 111
aguantar la presión 107
aguas negras 157
aguas residuales 173
agudizarse 169
águila imperial 175
agujero de ozono 179
ahorros 57
aislacionismo 85
aislamiento 57, 141
al frente de 35
al margen de 163
al revés 27
albañil 95
albergar algo/a
  alguien 175
alcalde 79
Alcalde de Madrid 79
alcantarillado 157
alcanzar algo/a
  alguien 57, 133,
  147, 203
alegría 219
alertar a alguien de
  algo 105, 181
alfombra 111
algodón 87, 185
aliado 55
alimentación 129, 135
alimentarse (con algo)
  123, 165
alimentos 141
aliteración 211
almacén 111
almacenamiento
  141, 167
almacenar algo 167,
  197
alpino 31
alquiler de automóvi-
  les 91
altamente 195
altavoz 199
alteración 183
altiplano 27
alto cargo 141
alto al fuego 81
altura 15
alzamiento 55
alzarse 15
amanecer 33
ambiente 165
ambiente familiar 111
ámbito 73, 183, 195
ambos 95
ambulante 127
ambulatorio 157
amenaza 155, 183
amenazar 35
América Central 25
América del Sur 25
amnesia colectiva 59
ampliación 113
ampliar algo 91
amplio 145
ancho 25

ancianato 147
anciano 147
anfitrión 175
angosto 25
ángulo de toma 227
angustia 215
aniquilación 183
aniquilar algo 169, 201
año académico 233
anónimo 205
ansioso 225
Antártida 181
anticipado 85
antiestadounidense
  123
antigüedad 229
antiguo 131, 209
antihéroe 209
antinuclear 167
anual 23, 97
anunciar algo 81
anuncio 191
aparecer 83, 221
aparición 203
apariencia 153
apellido 145
apertura política 113
aplicación 141, 161
aplicar 63
aplicarse 109
apodar a alguien 207
apoderarse de algo 47
apogeo 209
aportación 87, 111, 155
apoyar a alguien 175
apoyo 47, 117, 145
aprendizaje 235
aprobar 53, 57, 63,
  107, 135, 233
apropiado 135
apropiarse de algo 45
aprovechar algo/a
  alguien 43, 93
apto 225
arbitral 73
archiduque 47
archipiélago 13
ardiente 47
área 13, 231
área rural 17
arenoso 15
argelino 83
árido 175
arma 205
arma de fuego 41
Armada 81
Armada Invencible 47
armado 81, 131
armonía 33
Arquitectura Técnica
  233
arriar algo 221
arriesgado 137
arrojarse a las lla-
  mas 35
arroyo 169
arroz 141, 185
arte 207
arte mudéjar 39
arte plástica 191
artefacto 83

Artes 237
artesanía 95
artículo 211
artículo de primera
  necesidad 69
artificial 27
artista 81, 227
artístico 219
asalariado 137
asamblea 75
Asamblea General 135
ascenso 17
aseguradora 105
asegurar algo 51
asemejar 123
asentado 99
asesinato 55, 61, 131
asesino 137
asignar algo a alguien
  157
asilado 233
asistente de realiza-
  ción 225
asistir 129, 235
asociación 95
Asociación Ibero-Amé-
  rica 121
asociado 95
asociar algo con
  algo 61
asolar algo 59
aspecto físico 15
aspirante al trono 49
aspirar pegamento 137
asumir algo 65, 79
asumir el Gobierno 65
asumir la deuda 107
asumir la presiden-
  cia 71
asunto exterior 61
atacar 47
ataque 155
ataque de corazón 161
atasco 19, 21
atención 195
ateo 153
atmósfera 165
atmosférico 177
atracar 27
atracción 173
atraco 47
atraer (a alguien)
  123, 175
atrapar a alguien 133
atravesar 91, 157, 219
atrincherarse 83
atropellar a alguien
  227
audiencia 189
Audiencia Nacional 77
audioconferencia
  193, 195
auge 117
aumentar 125, 145, 165
aumento 71, 115, 155
aumento de sueldo 95
auricular 195, 199
ausente 125
autárquico 85
autoabastecerse 183
autocrítica 43

autóctono 43, 217
autodepurador 169
autodestruirse 171
autoestereoscópico 191
autoficción 215
autonomía 53
autonómico 189
autónomo 233
autopista 19
autor 139
autosuficiencia 183
auxiliar de geriatría 95
avance 143, 193
avanzar 187
ave 169
AVE 19
avenida 21
aviación 55
ayuda 81
ayuda comunitaria 87
ayuda familiar 145
ayuda fiscal 97
ayuntamiento 21, 79
Ayuntamiento de Bar-
  celona 79

B
bachata 219
Bachillerato 231
bacilo 159
bahía 27
bailaor 219
bailar acompañado 219
bailarín 219
baile 127, 217
Baja Edad Media 39
balanza comercial 93
balneario 13
bancarrota 105
banco 103
banco de datos 199
banco de sangre 83
banda ancha 189
banda terrorista 75
bando 155
barrera 117, 179
barriada 33
barrio 29, 137, 145
barrio popular 129
basarse en algo 65
basura nuclear 167
basura orgánica 173
batalla 37
batata 185
bautizar 153
bélico 55
Bellas Artes 227
beneficiario 59
beneficio 107, 115,
  123, 163, 175
beneficio fiscal 103
bicicleta 33
bienestar 135
bilingüe 33, 111
bilingüismo 111
billete 115
billete sencillo 23
biodiversidad 175
blanco 29
bloquear algo 83
bolsa 91

bombardeo 55
bombo 217
bonificación 155
borrar algo 199
bosque 89
bosque primario 181
botín 41
brecha 129
breve 215
brillante 223
brindar algo 21
brujería 153
bula papal 131
búlgaro 83
burbuja inmobilia-
  ria 103
burgués 209
buscador 189, 201
búsqueda 201, 213
busto 229
buzón de voz 193

C
cabecera 187
Cabildo 79
cabo de Hornos 25
cadena 189
cadena cantábrica 15
cadena de radio 109
cadena hotelera 93
cadena privada 189
caer en la crisis eco-
  nómica 65
caer en la trampa 205
caer en manos de
  alguien 55
caer en picado 105
caerse de algo 133
caída 37
caída de precios 101
caja de ahorro 91
cálculo 155, 197
calefacción 177
calentamiento 183
calidad de vida 173
cálido 23
calle principal 19
caluroso 15
calzada romana 35
calzado 89
cámara 57
cámara de diputa-
  dos 63
cambio climático 169
cambio social 53
campaña 55
campanada 19
campesino 29
camping 111
campo 111, 127
campo de acción 81
campo de batalla 61
campo de visión 227
caña 21
canasta 147
cáncer 179
cáncer de piel 179
cáncer de pulmón 159
cancha 111
canguro 145
cántabro 171

cantaor 219
cantautor 217
cante 219
cantería 45
caoba 181
capa de ozono 179
capa social 101
capacidad 183
capacidad de res-
  puesta 167
capital 19, 165
capitalista 61
captar a alguien 83
carabela 41
carbón 89
carboncillo 227
cardiovascular 159
carga 147
cargar algo 221
cargo 63
Caribe 137
Carlomagno 117
carnicero 95
carpintero 95
carrera 221, 233
carrera universitaria 93
carretera 19
carretera de circunva-
  lación 19
carretera nacional 19
carretera secundaria 19
carro 33
carta abierta 205
carta en serie 199
cartel de la droga 133
cartelera 225
casa hogar 147
casco histórico 33
casco urbano 181
casero 149
caso 137
casta 131
castañuela 217
castellano 23, 109
castigar algo/a
  alguien 39, 137
castigo 45
castillo-templo 45
catalán 23, 111
cataratas 181
categorizar según
  algo 123
caudaloso 15, 27
caza 149
ceceo 113
ceder algo a alguien 51
celebración 217
celebrar algo 65
celos 219
celta 17
celtíbero 35
célula madre 163
celular 193
cementerio nuclear 167
censo 125
Censo de Españoles
  Residentes Ausen-
  tes (CERA) 125
censo electoral 73
censurar algo/a
  alguien 203, 215

central nuclear 89, 167
central térmica 89
centro comercial 21
centro de menores 139
centro de negocios 33
cercanía 133
cercanías 23
cercano 145
cerco 39
cereales 87
cerebro 195
cerrajero 95
certeza 83
certificación 173
Certificación Profesional 237
cervecería 21
cesar 37
chabola 127
chantaje 127
chapapote 171
charango 217
charcutero 95
charlar con alguien 149
chatear con alguien 201
chino 109
chispa 55
chófer 33
choza 151
cibercrimen 205
ciclismo 149
ciclo 231
Ciencias 237
Ciencias Sociales 237
científico 187, 237
cierre 167
cifra de inmigración 17
cine 21, 223
cinta 193
cinturón de pobreza 29
circulación 21
circular 19, 177
círculo vicioso 129
cisne 213
ciudad gemela 117
ciudad industrializada 17
ciudadano 63, 73
civil 69
clandestino 127
clase alta 129, 235
clase media 61, 235
clase social 139
clasificarse 157
clausurar algo 191
cliché 125
cliente 93
clima de alta montaña 15
clorofluorocarbono 179
club deportivo 151
club social 151
cobertura 157
cocalero 161
coche propio 21
codiciar algo 123
codificado 189
código 161
código máquina 199
cofradía 221

colaborar 65
colectivo 33
cólera 43
colonia 175
colonización 43, 131
colonización 109
colonizar 115
columna 45
Comandante en Jefe 73
comarca agrícola 55
combustible 99
combustible fósil 165
combustión 177
comedia corral 211
comercial 191
comercialización 87
comercio 87, 183, 203
comercio al por menor 99
cometer un crímen 69
cometer un delito 77, 205
comicios 65
comida rápida 123
comienzo 207
comodidades 129
compañía 217
compañía multinacional 65
comparación 211
compartir algo (con alguien) 47, 79, 139, 177
competencia 85, 225, 231
competición 191
competir 93, 99
competitividad 87
competitivo 85
compilar algo 197
composición 29
compraventa 105
comprensión 109
comprometido 103, 217
compromiso 81
computadora 197
común 149
comunicación telefónica 193
comunidad 141
Comunidad Autónoma (CC. AA.) 19, 53, 73, 111
Comunidad Económica Europea (CEE) 113
comunista 61
con fuerza 81
con mucha facilidad 103
con x metros de altura 15
conceder algo a alguien 145
conceder dinero 103
conceder un crédito a alguien 71
conceder un premio a alguien 207
concejal 79

concentración de población 17
concentración silenciosa 83
concentrarse en un lugar 133
conceptismo 211
concertación de partidos 63
Concha de Oro 225
conciencia 37
conciencia ecológica 171
concienciar a alguien 171
concierto en vivo 33
concluir 167
concreción 185
condenar a muerte a alguien 43
condenar algo/a alguien 155
condición 167, 183
condición de seguridad 99
condiciones de vida 29
conducir (a) 15, 55, 71
conectada a algo 189
conectar con alguien 225
conexión (a Internet) 195, 201
Confederación Española de Organizaciones Empresariales 95
confederado 41
confidencial 195
congestión 33
Congreso de (los) Diputados 57, 73
conjunto 25, 175
conllevar algo 145
conocimiento 103
conquista 35
conquistador 29, 41
conquistar 115
conseguir 81
Consejo de Ministros 75
Consejo Insular 79
conservación 175
conservador 63, 187
consolidar algo 163
consolidarse 215
constitución 49, 73, 111, 235
constitucionalista 61
constituir 51, 115
constituyente 177
construcción 71, 117
construcción modernista 23
construcción naval 87
construcción principal 45
construir algo 105, 229
consulta 193
consumidor 161
consumo 159
consumo de drogas 137
contaminación 165

contaminación ambiental 31
contaminante 167
contaminante atmosférico 179
contar (con algo) 21, 31, 109, 173, 207, 233
contener algo 179
contenido 203
contestador automático 193
continente 13
contingente 97
continuidad 167
contradicción 123
contraer deudas 101
contrapicado 227
contrapuesto 167
contrasentido 183
contratación 97
contratar a alguien 155
contrato 97, 195
contribuir a algo 115, 171
controvertido 195, 221
convalidar algo 121
convenio 141
convenio colectivo 95
convertidor catalítico 177
convertirse en algo 69, 121, 125
convivencia 219
convivir (con alguien) 127, 151
cónyuge 143
cooficialización 53
corcho 89
cordillera 15
Cordillera de los Andes 27
cornear a alguien 221
corona 47, 73
corral 211
corrector de ortografía 199
correlacionar algo 197
correo electrónico 201
Correos 191
corrida de toros 221
corriente 211
Corte de apelación 63
Corte Suprema 63
Cortes 57
Cortes Generales 77
corteza terrestre 179
cortometraje 225
cosecha 141
costa 15, 27
costalero 221
costero 15, 169
costumbre 127, 211
Costumbrismo 211
cotidiano 111
cotizar algo 97, 155, 181
coto 175
CPU (unidad central de procesos) 197
creación 163
crecimiento 115, 129, 165

crecimiento demográ-
fico 29
crecimiento econó-
mico 65
crédito 71
creencia 153
creer en Dios 153
creyente 153
cría 175
crisis 91
crisis de moderniza-
ción 213
crisis económica mun-
dial 115
cristal 173
cristianismo 151
cristiano 39, 151
criterio 137
cromosoma 163
cuadro 227
cualificado 103, 125
cuarteto 209
cubrir algo 33, 89, 217
cueca 219
cuenca minera 55
cuenta corriente 83
cuento 215
cuero 89
Cuerpo nacional de
Policía 79
cuidado 135
cuidadorde ancia-
nos 95
cuidar algo/a alguien
145
culebrón 151
culminar 51
culteranismo 211
cultivo 87
cumbia 219
cumbre 139, 185
cumplimiento 85
cumplir algo 81, 175
cuna 227
cuota de audiencia 189
cuota de mercado 99
cúpula 217
curandero 157
curar algo 161
curricular 231

D
d. de C. (después de
Cristo) 35
dañar algo/a alguien
179, 225
daño 179
danza folclórica 149
dar a conocer algo 93
dar el primer paso 113
dar fruto 101
dar la victoria a
alguien 37
dar lugar a algo 81
dar un golpe de
Estado 61
dar voz a algo 213
darse cuenta de algo
133
darse muerte 35
darse por acabado 39

datar de 117
de ahí que 115
de costumbre 145
de doble filo 205
de forma controlada 83
de gran/poca altura 27
de infancia pobre 43
de oficio 77
de origen 83
de origen árabe 111
de origen vehicular 177
de parte y parte 115
de renombre interna-
cional 21
de tarifa plana 195
de tipo nómada 21
debatir algo 75
débil 209
debilidad 129
debilitamiento 181
década 37, 145, 223
declararse algo 41
declararse en banca-
rrota 105
declararse en huelga
95
declararse indepen-
diente 51
decodificador 189
decrecer 145
decreto 153
dedicar algo a algo/ a
alguien 175
defender algo 65,
165, 209, 223
defender la conducta
65
defensa 77, 95, 139, 221
defensa nacional 81
defensor 47, 139
Defensor del Pueblo 75
deficiencia 129
deficitario 99
deforestación 183
dejar algo a alguien 47
dejar un mensaje 193
delinquir 137
delito 39, 77, 137, 205
demanda 85
demandar algo 181
democracia cristiana
75
democratacristiano 63
demografía 29
denominación 209, 221
denso 211
denuncia 65, 127
denunciar algo/a
alguien 43, 137
dependencia 101, 129
depender de alguien 91
dependiente de 171
deporte 149, 221
deporte de aventura
149
deportivo 149
depresión 15
depuración 173
derecho 131, 235
derecho a veto 63, 75
derecho a voto 73

derecho civil 37
derivado 195
derivarse de algo
111, 183
dermatólogo 159
derrocar 65
derrochador 169
derroche de agua 169
derrota 69
derrotar a alguien 37
desaceleración 101
desactivar algo 83
desamparado 69
desaparición 69,
131, 185
desarme 81
desarrollar algo 135
desarrollo 119, 187, 195
desarrollo humano 157
desarrollo sostenible
93, 173
desastre 47, 93, 165
descansar de algo 21
descendiente 171
descenso 127
descentralización 79
desconfianza 157
descubrimiento 41
descuidar algo 171
desechable 163
desecho nuclear 167
desembarcar 41
desembocar 15
desempeñar algo 235
desempeñar un
cargo 63
desempeñar un ofi-
cio 133
desempeñar un tra-
bajo 141
desempleo 29, 71,
115, 129
desencadenar algo 111
desenlace 211
desenterrar algo/a
alguien 59
desequilibrado 187
desequilibrio 37
desertización 169, 181
desfavorecido 141
deshidratación 133, 135
desierto 27
designar a alguien 65
desigual 129
desigualdad 17, 33,
71, 119
desigualdad de cla-
ses 71
desmentir 83
desnutrición 135, 157
desolador 171
despachar algo 199
despido 97, 107, 155
despilfarro 169
despiste 199
desplazarse 21
despoblado 17
desprecio (de algo)
123, 131
desprenderse de
algo 179

desregulación de mer-
cados 71
destacado 215
destacar 19, 207
desterrar a alguien del
país 39
destierro 39
destinado 169
destinar algo/a
alguien 145
destino 31, 185
destreza 235
destrucción 35, 43
destruir algo 169
desuso 235
desvalorización 29
desventaja 235
detener algo/a
alguien 17, 65
detergente 169
deteriorar algo 181
determinación 95
determinante 177
determinar algo 27
detonar algo 83
deuda exterior 101
deuda externa 71
deuda pública 107
deuda soberana 107
devaluación 101
devastación 45
devolver algo a
alguien 59
día a día 203
día del espectador 225
diario 187
diario especializado
187
diario local 187
diario regional 187
diarrea 159
dibujo animado 191
dictadura franquista 81
dictar un decreto 39
dictar una orden de
arresto 77
difundir algo 139
difundirse en 109
difusión 103, 187
dignidad 59
digno 127
dimisión 75
dinastía 45
dióxido de carbono 183
Diplomado 233
Diputación Provin-
cial 79
diputado 49, 75
dirección 47
director 117, 225
dirigir 141
dirigirse 101
discapacidad 23
discapacitado 107, 203
disco 193
disco duro 197
discordias internas 39
discriminación 141
discriminar a alguien
por algo 53
discriminatorio 143
diseminado 179

diseñador 95
diseñar algo 227
diseño 93
disfrutar de algo 65, 211
disgregación 39
disminución 71, 177
disminuir algo 17
disolución 77
dispararse 107
disparo 221
dispersar algo 177
disponer 63
disponible 169, 173
dispositivo 197
dispositivo de entrada 199
dispositivo de salida 199
dispositivo de seguridad 195
disquete 197
disquetera 197
distancia 15
distante 109
distribución 17, 29, 101
diversidad 27
diversificar 93
diversión 151, 203
diverso 17, 213
divinidad inferior 45
división 73
divorcio 143, 145
divulgarse 227
doblar 151
docena 145
docente 111
Doctorado 233
Documento Nacional de Identidad (el DNI) 121
documentos 125
dominación 35, 143
dominante 99
dominar algo/a alguien 35
dominio 35, 129, 173, 209
donar sangre 83
dotar a algo de algo 175, 195
dramaturgo 211
droga 159
drogadicción 159
drogadicto 161
drogarse 137
duda 83
duna 175
duplicarse 177, 225
duque 47

E
eclipse lunar 45
eclipse solar 45
ecología 165
ecologista 75
economía de libre mercado 85
economía de planificación 85

economía social de mercado 85
economía sumergida 97
económico 17, 117, 129, 135
economista 93
ecotasa 93
ecuatoriano 83
Edad Media 109, 207
Edad Moderna 39
edición 189
edificación 31
edificar algo 45
edificio 19, 31, 229
educación básica 235
Educación Compensatoria 235
Educación Física 231
Educación Infantil 231
educación obligatoria 45
Educación Primaria 231
Educación Secundaria 231
Educación Secundaria Obligatoria (ESO) 237
educación universitaria 233
efecto secundario 161
efeméride 217
eficaz 173
egipcio 45
ejecutar algo/a alguien 43, 77, 197, 219
ejecutivo 73
ejemplar 187
ejercer algo 73
ejercer una gran influencia 51
ejercicio 75
ejército 35, 55, 61
ejército de profesionales 81
Ejército de tierra 81
Ejército del aire 81
El Rastro 21
elaboración 57
elección 55, 65, 73, 139
electricista 95
electrodoméstico 195
elegir algo/a alguien 51
elevado 15, 129
elevar algo/a alguien 37
eliminación 49, 115
eliminar algo 117, 235
elitista 159
emanar de algo 57
embarcarse 41
emblemático 31, 67
embrión 163
emigración 125
emigrante 97, 125
emigrar a 17, 123, 133
emisión 109, 177
emisora 189
emisora radial 191
emitir algo 177, 189
empeorar 39, 171
emperador 35, 117

emplear algo 169
empleo 87, 125, 129
empleo juvenil 97
empresa 41
empresa privada 121
empresarial 95
empresario 67, 97
empujar el final 69
empuje 213
en abierto 189
en beneficio de alguien 47
en busca de algo/ alguien 133
en comparación con 171
en condiciones de vida mínimas 147
en contraposición a 175
en declive 89
en honor a alguien 221
en nombre de 81
en peligro de extinción 175
en pleno centro 21
en vivo 195
encapuchado 81
encarcelamiento 131
encargado 73, 93, 197
encargarse de algo 231
encender algo 149
encharcar 169
encontrar resistencia 37
encuesta 147
endecasílabo 209
energético 89
energía eólica 167
energía geotérmica 167
energía hidráulica 167
energía nuclear 167
enfermedad mental 161
enfermedad respiratoria 177
enfocar a alguien 203
enfrentamiento 37
enfrentamiento bélico 41
enfrentarse a algo 67
engaño 131
enlatado gringo 123
enmienda 75
enriquecer 111
ensayar algo 221
entablar una conversación 193
entidad 57, 117, 119, 233
entidad aseguradora 105
entorno 93, 165
entrada 225
entrar en circulación 115
entrar en vigencia 121
entrar en vigor 53, 135, 185
entrecruzarse 45
entregar algo a alguien 43

entretener a alguien 209
entretenido 149
entretenimiento 189
eólico 89
época colonial 31
época franquista 113
época prefranquista 113
equilibrado 165
equilibrar 93
equilibrio 173, 185
equipamiento 57, 167
equipo 99, 179, 151, 197
equipo técnico 225
equitativo 173
equivaler 133
erosión del suelo 181
erradicar algo 159
erupción 43
erupción volcánica 179
escalar 135
escáner 199
escapar 137
escasez de agua 169
escaso 99, 147
escena 223
escenario 217, 225
esclavismo 127
esclavitud 51, 153
escoger algo 233
escolar 231
escolarización 235
esconder algo/a alguien 133
escritor 207
escuadrilla 55
escudo 19
esculpir algo 229
escultórico 229
escultura 229
esencial 157
esforzarse en algo 85, 121
esfuerzo 119, 185
espacio 103, 175
espacio dramatizado 191
espantar a alguien 153
esparcir algo 171
especialidad 157
especialista 159
especie 89
espectáculo 33, 149
espectáculo de masas 221
espectador 139, 217
esperanza de vida 147, 155
espíritu 153
espíritu democrático 53
espiritual 213
esplendor 37, 211
esquí 149
esquina 151, 217
estabilidad 123
estabilidad de precios 85
estabilidad monetaria 115

establecer algo 37, 153, 179, 233
establecer una corte 37
establecerse 45
estación 19, 27, 33
estación de trabajo 197
estación del año 149
estadio 135, 151
Estado de derecho 57
Estado libre 61
Estado social y demo-crático de derecho 73
estallar 83
estallido 51
estancia 121, 139
estanco 23
estandarizado 233
estar afectado, afec-tada por algo 141
estar al alcance de alguien 169
estar al tanto de algo 193
estar conectado 189
estar del lado de alguien 155
estar en desventaja 235
estar en manos de alguien 53
estar en rebeldía con-tra alguien 169
estar formado por 63
estar localizable 193
estar repleto de algo 33
estar situado en 13
estar ubicado en un lugar 19
estatal 95, 189
estático 227
Estatuto de Autono-mía 53, 79
estereotipado 125
estético 213
estilo 211
¡Esto es el colmo! 51
estrecho 13, 55
estrella 219
estremecedor 221
estreno 217
estresante 159
estrofa 209
estructura familiar 143
estudiantil 57, 67
eterno 219
étnia 135
étnico 125
evangelización 153
evangelizar a alguien 153
evitable 159
exaltación 213
examen 167
excavación 59
exceso 177
exclusión 141, 157
exigente 93
éxito 37, 223
éxito rotundo 33
éxodo rural 17, 29, 87

expansión econó-mica 67
explícito 111
explorador 201
explotación 43, 129, 165
explotación responsa-ble 89
explotar algo 87
exponer algo 205
exportación 183
exposición 229
exposición periódica 229
exposición perma-nente 229
expresar su indigna-ción 115
expresión 213
expropiar algo/a alguien 191
expulsión 39, 153
éxtasis 161
extenderse por 109, 171, 175, 233
extensión 31, 181
extenso 13, 47
exterior 21
extinción 89, 175, 181
extinguirse 181
extracción 89, 181
extradición 65
extraer algo 89, 163
extraíble 197
extranjero 217
extrarradio 19
extremeño 217

F
fachada 19
facilitar algo 123
factor principal 23
factura 77
factura eléctrica 167
fallecer 67, 229
falta 125, 137, 157
fama 219
familia acogedora 139
familia biológica 139
familiar 55, 139, 145
farándula 187
fatal 155
fatiga 177
favela 29
favorable a algo/alguien 167
favorecer algo/a alguien 43, 91
fe 39, 153
¡Feliz Navidad! 217
fenómeno 123
feria de teatro 217
ferrocarril 19
fertilizante 141
feudalismo 39
fianza 77
fibra de vidrio 193
fidelidad 73
fiesta laboral 57
figura retórica 211
fijar algo 73, 85
fijar una fianza 77

fijo 193
fin 213
fin pacífico 167
finalizar 233
financiero 91
finanzas 91
finca 151, 173
fiordo 15
firmar la paz 51
firmar un acuerdo 63
firmar un tratado 65
fiscal 77, 105
físicamente 133
físico 107, 159
fitness 149
flotilla 41
flujo de capital 99
foco 161
foco industrial 55
fomentar algo 93, 97, 123, 173
fomento 119
fondo 91, 171
fondo de pensiones 155
fontanero 105
forestal 185
forma de gobierno 61
formación 81, 87, 105, 117, 173
formación básica 105
formación de Gobierno 75
formación profesional 97, 149, 231
Formación Profesional de Grado Medio 237
Formación Profesional de Grado Superior 237
formar algo 25
formar parte de algo 25, 109, 145
foro de debate 189, 201
fortalecer algo 39, 117, 151, 175
forzar algo 69
fosa común 59
fracasar 45
fracaso 235
fragmentación 37
francés 83
franquismo 57, 111, 125
frecuente 169
frente (a algo) 55, 103, 149
frío 31
frontera (con) 23, 25
frontera marítima 13
frontera terrestre 13
fronterizo 133
frutícola 185
fruto 39
fuel 171
fuente 21, 91, 199, 227
fuera del hogar 147
fuerza 155
fuerza política 75
fuerzas 55
Fuerzas Armadas 69, 81

Fuerzas de Seguridad del Estado 157
Fuerzas y Cuerpos de Seguridad del Estado 79
fuga 71, 77
fumador 161
funcionario 93, 157
Fundación Goethe España 117
fundación social 69
fundador 37
fundar algo 119
fundar una ciudad 45
fusión 219

G
gabinete 63
galardón 207
gallego 111
ganadería 87, 183
ganado 221
ganancia 183
garantizar 53, 57
garantizar el poder 61
gas de efecto inverna-dero 165, 185
gasolina con plomo 31
gastar algo 169
gasto 155
generalizado 199
generar algo 103, 177
género 207
genoma 163
gente mayor 149
genuino 175
Geografía 231
geotérmico 89
gestión 57, 105
ginecólogo 159
girar 167
girar en torno a algo 139
girasol 87
gitano 127, 219, 233
globalización 99
Gobierno 45
golosina 151
golpe de Estado 61
goteo 169
gozar de algo 57
grabar algo 225
gracioso 211
grado 121
grado centígrado 15, 31
grado de acidez 179
grado universitario 231
gráfico 199
gran potencia 121, 129
gratuidad 231
gratuito 231
Grecia clásica 217
grupo de noticias 201
grupo de poder 65
grupo étnico 111
grupo mediático 187
grupo parlamenta-rio 75
guardar algo 197
Guardia Civil 79
guardián 129

guerra 61
guerra civil 29, 43
Guerra de Sucesión 47
Guerra Púnica 35
guerrillero 135
guía 43
guión 223

H
habitante 17
hábito 103, 177
hablante nativo 109
hacer alusión a algo 109
hacer énfasis en algo 119
hacer entrega de algo 41
hacer hincapié en algo 117, 185
hacer justicia a alguien 59
hacer oídos sordos 105
hacer prisionero a alguien 41
hacer referencia a algo 109
hacer uso de algo 193
hacerse dueño de algo 43
Hacienda 155
hallar algo 17
hambriento 183
hay cobertura 193
hazaña 207
hecho 55, 111
heredar algo 103
hereditario 161
hermanamiento 117
héroe 207
herramienta 131
heterogéneo 91
hidalgo 207
hidrocarburo 171
hidrografía 27
hierbatero 157
hierro 99, 229
hígado 159
hincha 151
hipoteca basura 105
hispanofonía 109
hispanohablante 29, 109
Historia 231
historiador 93
hogar 135, 137, 165, 171, 189
homenaje 59
homogéneo 119
hondureño 83
honor 41
hora pico 177
hora punta 21
horario de apertura 95
hortaliza 87
hortícola 185
hostelería 99
huella 115, 229
huerta 175
humanidad 165
Humanidades 237

humanístico 237
humano 163
húmedo 27
humillante 97

I
ideario 69
idioma 127
idioma culto 109
idioma escrito 109
igualdad 57
igualdad de derechos 69
igualdad de género 139
igualitario 143
ilícito 161
ilusión 59
ilusionado por algo 37
Ilustración 51
ilustrado 51
imagen 221
impacto 175, 185, 215
impacto medioambiental 173
impartir 231
impartir cursos 121
impartir enseñanza 111
impartir justicia 77
impedir algo a alguien 235
implantación 35
implementación 115
imponer algo 43
imponerse a algo/alguien 35
impresora 199
impresora de chorro de tinta 199
impuesto(s) 107, 153
impuesto sobre la renta 155
impulsar algo 57, 173
impulsarse 123
incendiar algo 35
incendio forestal 179
incidir sobre algo 171
incluir algo/a alguien 109
incontrolado 205
inconveniente 157
incorporación 35, 113, 143, 161
incorporar algo 51
incorporarse a algo 143
incrementar algo 179, 235
incremento 103, 141, 183
incurable 163
indemnización 59
independencia 49, 61
independentista 81
índice 235
índice de densidad 17
indígena 29, 41
indignado 115
indio 29
indiscriminado 183
indispensable 147, 169
indocumentado 121

industria agroalimentaria 87
industria alimentaria 89
industria cinematográfica 225
industria conservera 87
industria de la madera 181
industria editorial 89
industria farmacéutica 161
industria manufacturera 89
infancia 135
infantil 135
infección respiratoria 135, 159
infectarse con algo 161
inferior a algo 89, 97, 141
influencia 17
influir 209
informática 195
informativo 189
informe 137, 145, 167
Ingeniería Técnica 233
ingeniero 143
ingeniero agrónomo 185
ingresar 181
ingreso 67
ingresos 91, 99, 147, 195
Iniciación Profesional 237
inicio 115
injusticia 155
inmediato 101
inmenso 129
inmigración 125
inmigrante 17, 83, 97, 123, 125, 233
inmortalizar 229
inmunológico 179
innovación 49
inquietudes 215
insertar algo 199
ins.ostenible 55
instalación 127, 149, 167
instalación hidroeléctrica 89
instalar algo 49, 191
instalarse en el poder 53
instaurar algo 37, 67
institucional 103
instituir 143
instrucción 197
instrumento de percusión 217
insuficiente 101, 129
insular 15
integrante 113, 153
intensificar 123
intento 127
intercalar algo 149
intercambio 99, 117
intercambio comercial 35

interés 101
interior 17, 21
interlocutor 193
intermediario 201
internauta 201
interno 61
intérprete 225
interrogar a alguien 77
intoxicación 171
intriga 209
inundación 167
invadir algo 37, 221
invasor 49
invento 205
invernada 175
invernadero 175
inversión 87, 117
inversión directa 99
inversor 123
invertir algo 91, 147
invertir tiempo 59
investidura 75
investigación 69, 103, 161
investigar algo 77, 167
invierno 27
IPC (Índice de Precios al Consumo) 103
ir rumbo a 115
ironizar algo/a alguien 115
irregular 97
irritación 179
islamista 83
istmo 25

J
jarcha 207
Jefe de/del Estado 53, 73
jefe guerrero 45
jeringuilla 161
jornada laboral 95, 107
joropo 219
joyas 33
jubilación 85, 155
judaísmo 151
judicial 73
judío 39, 151, 219
juego 193
juez 77, 81, 143
jugar algo 117
juglar 207
juicio 77
junta 49
junta militar 61
jurado 225
jurídico 95
justicia 57, 103
justicia social 67
juvenil 97
juzgar algo/a alguien 153

K
kit manos libres 195

L
labor 69, 213
laicismo 153
lamentar algo 171

lancha 27
lanzar algo 171
lanzarse 203
lápiz óptico 199
largometraje 225
lata 173
latifundio 151
latín 109
lavado de dinero 161
lazo 145
lector 197, 209
legado 111
Legado de Malinche 131
legalización 57, 143
legislación 89, 143
legislativo 73
lejano 151
Lengua Castellana 231
Lengua Extranjera 231
lengua indígena 111
lengua oficial 109
lenguaje 213
lenguaje de programación 199
lenguas cooficiales 111
lentejа 185
letrero 123
levantamiento 47
levantar algo 229
léxico, 113
Ley de Extranjería 125
Ley de la Memoria Histórica 215
ley laboral 107
Ley Orgánica de Educación 231
leyenda 37
leyes laborales 175
liberación 183
liberalizador 57
liberar a alguien 131
liberarse de algo 49
libertad 43, 223
libertad de culto 153
libertad de expresión 73
libertad de prensa 49
libre comercio 65, 119
libre disposición de dinero 71
libre empresa 85
libre mercado 123
Licenciatura 233
líder 51, 111
liderazgo 139
ligado 217
lignito 89
limitar algo 35, 167
límite 179
limítrofe 19
limpieza de sangre 49
lince 175
línea 207
línea ecuatorial 27
lingüístico 111
liquidez 107
líquido 169
lírico 207
lista de espera 157
literario 207

litoral 13, 25, 171, 175
llano 15
llegar a un acuerdo 95
llevar a cabo algo 113
llevar algo a cabo 63, 193
llevarse a la práctica 53
lluvioso 15
lobo 181
localizador 201
logotipo 193
lograr algo 37, 135, 205
logro 67, 169
longitud 25
alimentos básicos 141
bienes de producción 85
criterios de convergencia 85
derechos civiles 143
derechos humanos 119, 175
gastos de viaje 121
juegos Olímpicos 23
medios de comunicación 187
medios económicos 121
Pirineos 23
recursos finitos 165
recursos naturales 87
lucha 35, 81, 119, 139
lucha de clases 131
luchar contra algo 137
lugarteniente 51
luz ultravioleta 179

M
madera 89, 229
madrileño 21
madroño 19
madrugada 41
maestro 45
magrebí 17
majestuoso 223
malestar 51
maletín 197
malo espíritu 153
maltratar a alguien 137
maltrato 135
mamífero 163
mandar 133
mandar un mensaje escrito 193
manifestación 67, 131
manifestación 83
manifestarse a favor/ en contra de algo 67
manipulación genética 163
mano de obra 103, 127
mantener algo 121, 231
mantenerse en algún lugar 181
manufacturado 99
máquina de vapor 165
maquinaria 99
mar Cantábrico 13
mar Mediterráneo 13
maravilla 229
marcar algo 141, 221

marcha 131
marco 51
marea negra 171
maremotriz 89
margen de maniobra 101
marginar algo 127
mariachi 33
marino 171
mariscador 171
marisma 175
mármol 229
marroquí 83
Marruecos 127
masificado 157
matanza 221
materia prima 67, 101, 129, 141
materia troncal 233
material educacional 203
material formativo 203
maternidad 235
matricularse en algo 235
matrimonio 35, 143
matriz 187
mayor (de) 77, 145
mayoría 99
mayoría gubernamental 75
mayoritariamente 131
media 87
mediador 95
médico 143, 155
médico general 159
medidas antiterroristas 83
medio 139
medio ambiente 31, 93, 171
medio de transporte 33
mediocre 49
medir algo 179
mediterráneo 15
mejora 203
mejorar algo 185
memoria externa 197
Memoria Histórica 215
memoria interna 197
mendicidad 29
mendigar 137
menor 137
mensaje 155
mensaje ideológico 191
mensajero 43
mensual 23, 145, 187
Mercadillo de Sellos 21
mercado 115
mercado exterior 101
mercado interior 101
mercado laboral 145
mercado mundial 29
mercado negro 97
mercancía 27, 139
meridional 147
mesa redonda 191
meseta 15
mestizo 29
meta 119

método anticonceptivo 147
método de explotación 87
metro de altura 27
metrópoli 19, 31
mezcla 29
microprocesador 197
microrrelato 215
miembro 145, 157
milagro económico 175
militar 83
milla 221
minería 89
minimizar algo 175
Ministerio de Economía y Hacienda 85
Ministerio de Educación 231
minoría 131, 147
miseria 127, 137
misión de paz 81
moción de censura 75
modelar algo 49
modelo 123
moderador 73
modernización 187
molestia 177
monarquía absoluta 49
monarquía constitucional 49
monarquía hereditaria 57
monarquía parlamentaria 73
monárquico 187
moneda 115
moneda única 85
monocultivo 183
monotemático 189
montaña 15
Montañas Rocosas 27
montar 225
montar en bicicleta 149
montar en monopatín 149
montar una empresa 85
monumento 13, 45
moralizante 211
moreno 153
mortalidad infantil 129
mortandad 135
motivo 145
móvil 193
movilización 117
movimiento 61, 139
movimiento de masas 67
movimiento independentista 51
movimiento migratorio 125
movimiento nacionalista 81
mozárabe 39
muestra 111, 179
mujer campesina 141
mujer presidenta 67
mulato 29
multitud 221

municipal 55, 73
municipio 57, 79
mural 31, 229
museo al aire libre 23, 31
música popular 191
musulmán 37, 151
mutuo 145

N
nacer 15
nacimiento 145
nacional 217
nacionalidad 57
nacionalización 71, 191
narcotráfico 119
narrativo 207
natalidad 17, 29
natural 27
naturaleza muerta 227
náufrago 127
nave 41
navegable 27
navegar 149, 201
navegar en Internet 27
Navidad 217
navío 47
necesidad 135, 183
necesidades básicas 131
nefasto 173
negar algo 149
negociación 63, 113
negociación colectiva 95
negociar algo 65, 91
negocio 95
negro africano 29
nenúfar 213
nevado 27
ni hablar 157
nido 47
nieto 145
nieve 15
niñez 135
niño callejero 137
niño soldado 135
nivel de contaminación 165
nivel del mar 31
nivel educativo 139
no autóctona 127
no obstante 203
nocivo 159, 169
nocturno 219, 233
nombrar algo/a alguien 63, 77
nombrarse gobernador 41
nominación 223
nórdico 145
noticia 43
noticias 189
notificar a alguien 205
novedad 225
novedoso 215
novel 215
novela 207
novela de caballería 209
novela pastoril 209

novela picaresca 209
novela social 213
novelista 215
nubosidad 15
núcleo atómico 167
núcleo urbano 17
nudo 21
Nuevo Mundo 41
nuevo rico 105
numérico 131
número 231
nutrición 183

O
obispo 155
objetividad 213
objetivo 55, 81, 85
objetivo compartido 119
obligación 91
obligar a alguien 153
obra 207
obrero 57
observación 175, 213
observador 211
obtener algo de alguien 223
obtener el título de Bachiller 233
obtener el título de Graduado 233
obviar algo 109
ocasionar algo 131, 171
occidental 105, 131
OCDE 67
ocio 89, 149, 203
octosílabo 207
ocupación 93
ocupar algo 49
ocupar un cargo alto 133
oferta 85, 173
oferta pública de adquisición 91
oficina 21
oficio 137
ofimática 199
ofrecer algo a alguien 45
oftalmólogo 159
óleo 227
oligarquía 65
oligarquía burguesa 53
OMC 113
OMS 113
onda 195
ondulado 23
ONU 109
operaciones matemáticas básicas 235
operadora 193
oponerse a algo/alguien 43
oportunidad 103
oprimir a alguien 139
optar por algo 153
oral 207
oralmente 127
orden 77
ordenador 197
ordenador portátil 197

orfebre 95
organismo 113, 167
organismo internacional 109
Organización del Tratado del Atlántico Norte (OTAN) 81
organización empresarial 95
organización no gubernamental (ONG) 185
Organizaciones Empresariales (CEOE) 95
órgano de Gobierno 79
orientación 95
oriental 29
origen 95
originarse 105
oro 229
oscuridad 27
oso 19, 181
OTAN 113
otorgar algo a alguien 125, 143, 227, 233
ovino 87
oxigenación 171

P
pacífico 127
pacifista 131
padecer algo 183
padrino 145
página Web 201
país comunitario 115
país de origen 17
país desarrollado 101
país deudor 103
país en vía de desarrollo 101, 129, 185
país inversor 101
país miembro 85, 113
país subdesarrollado 129
palabra clave 195
paludismo 159
panadería 21
panadero 95
pandereta 217
pandilla 137
pantalla 199, 223
pantalla táctil 197
papel 85, 141, 173, 225
papel clave 93
parabólico 191
parado 97
paraje 171
paralización 71
parar 19
pareja 41, 145
pariente 147
Parlamento autonómico 79
paro 115, 155
parque ecoturístico 31
parque urbano 31
participación 89, 115, 131
participar de la vida laboral 141

particular 41
partículas suspendidas 179
partido 75
partido político 55
pasajero 33, 91
pasar algo 55, 199
paso 127, 221
patera 127
patrimonio cultural 33, 93
Patrimonio Cultural de la Humanidad 93
patrón 221
patrono 127
paz 47, 119
peaje 19
pedaleo 33
pediatra 159
película 223
película documental 191
peluquero 95
pena 219
Península Ibérica 13
peninsular 15
pensión 155
pepino 175
per cápita 101
perder el control 53
pérdida 93, 183
pérdida de olfato 177
pérdida de peso 161
perdurar 235
perfeccionamiento 195
periódico 187
periodista 81
periodo franquista 53
perjudicial 161, 177, 181
perjuicio 141, 171
permanencia 35
permiso de residencia 125
permiso de trabajo 97, 125
permitir algo 135
permitirse el lujo de 151
perpetrar un atentado 81
perseguir algo 119, 129
persistir 101
persona con discapacidad 23
persona particular 117
personaje 209
personal hotelero 91
personificación 211
perspectiva narrativa 215
pertenecer a algo/alguien 91, 145
pertenencia 35
pesca 87, 149
pescadero 95
peso 67
pesquero 87
petróleo 89
petrolero 171
PIB 71
picado 227

pícaro 209
pico 15, 27
pictórico 229
piedad 137
piedra 229
píldora anticonceptiva 143
pimiento 175
pinacoteca 21
pincel 227
pinchazo 105
pintura 227
pirámide humana 23
Pirineos 37
placa de circuitos principal 197
plaguicida 141
plan urbanístico 93
planetario 201
plano 225
planteamiento 223
plantear cuestiones 203
plantear un reto 89
plantear una reserva 163
plantilla 155, 199
plasmar algo 215
plata 229
playa 13
plazo 85
plebiscito 63
plumilla 227
pluralidad 103
población 17, 29, 127, 165
población activa 97
población civil 61
poblador 123
pobreza 101, 135, 183
poder 37, 61, 127
poder adquisitivo 93, 173
poder ejecutivo 63
poder legislativo 63
poder marítimo 47
poema épico 207
poesía pura 211
polaco 83
polémico 221
policía local 79
política de cambio 85
política económica 85
política exterior 61
política indigenista 131
política monetaria 85
político 135
polución del agua 31
polución del aire 31, 177
poner algo de manifiesto 51, 203
poner algo en escena 217
poner algo en marcha 185
poner en peligro 169
ponerse de moda 219
populismo 61
populoso 37
por cuenta ajena 155

por cuestiones fronterizas 133
por mayoría 65
por vía marítima 127
porcino 87
pornografía infantil 205
portal 93
posesión 51
posguerra 215
posiblidad de aparcamiento 23
postgrado 233
práctica 149
practicar algo 149
precario 101, 127, 157
precio-tarifa 225
precipitación 15
precolombino 45
predecir algo 45
predominio 215
prematuramente 235
prematuro 159
premiar a algo 223
Premio Nobel 215
prensa 187
prensa deportiva 187
prensa económica 187
preocupación 171, 213
preponderancia 211
presenciar 219
presentar algo a alguien 63
presentarse a oposiciones 93
preservar algo 93
presidencial 65
presidente 75
Presidente del Gobierno 57, 73
presidir algo 69
presión 49, 107, 191
presión popular 65
presión sanguínea 161
prestación por desempleo 85
prestación social 155
prestación social sustitutoria 81
prestigio 35, 223
presunto 77
presupuesto 147, 225
pretender hacer algo 37
pretendiente 47
prevalecer 211
prevención 159
prevenir algo/a alguien 97, 161
previo 221
primera dama 69
principal 67, 225
príncipe 43
prisión preventiva 77
privacidad 195
privado de 131
privilegio de nobleza 49
proceder de 45
procedimiento 125

procesador de textos 199
procesar algo 179
procesión 221
proceso de transición 65
proceso industrial 177
proclamar a alguien rey 47
proclamar algo 73
proclamar la República 53
proclamarse algo 37
proclamarse rey 37
productor 225
profesar 153
profesiones liberales 93
profesorado especializado 231
profundizar 121
profundo 45
programa de Gobierno 75
programa educativo 191
programa televisivo 149
programación 191
programador 197
progresar 235
prohibir algo 111, 181
prolongar algo 97
promedio 17, 23, 29, 147
promoción 95, 155
promocionar algo 93
promover algo/a alguien 17, 121
promulgar algo 51
promulgar una ley 57, 63
propicio 99, 127
propiedad 85, 131
propiedad privada 191
propio 195
proporcionar algo 141, 175
propuesta 139
próspero 97, 129
prostitución forzada 141
protección 129, 221
protector 153
proteger algo/a alguien 181, 185
protocolo de transferencia de hipertexto 201
proveniente de 31, 105
provenir de 17, 109, 123, 235
provocar algo/a alguien 39, 63, 75, 133, 177
proyección 225
proyectar algo 121, 225
Prueba de Acceso a la Universidad (PAU) 233

prueba de resistencia 167
Prueba General de Bachillerato 233
publicación 189
publicidad 159, 189, 191
público 201
pudiente 135, 151
puente 229
puerto 23, 27
puesto de salud 157
puesto de trabajo 17, 91, 131
pujante 215
pulmón 21, 31, 177
pulmonar 161
pulpa 89
punto de emisión 177
punto de reunión 221
punto de vista 131
punto débil 119
punto fuerte 121
PYMES (pequeñas y medianas empresas) 89

Q
quedarse en un sitio 21
quema 165
quemar algo/a alguien 41
químico 169
quiosco 23

R
racismo 141
racista 203
radiación 181
radiación solar 177
radio generalista 189
radiofórmula 189
radionovela 191
radón 179
raíz 131
ramo 87
raramente 149
rascacielos 21
rasgo 211, 231
ratificar algo 205
ratón 197, 199
rayo 179
raza 29
razón 211
razonable 193
reagrupación 125
real 49
real maravilloso 215
realista 49
realizador 225
rebeldía 169
recado 193
recalificación 103
recaudar un impuesto 107
recelo 115
recesión 101
rechazo 139
recibir algo/a alguien 71, 125
recibir protección 43
reciclar algo 173

recitar algo a alguien 207
reclamar algo 65, 181
reclutar a alguien 41
recobrar algo 43
recomendar algo a alguien 225
recompensar a alguien 41
reconciliar algo/a alguien 185
reconocer algo/alguien 53
reconocimiento 49, 81, 143
reconocimiento de voz 199
Reconquista 37
reconvertir algo 89
recorrer algo 47
recorte 107
recorte social 107
recreación 151
rectificar algo 83
recto 27
recuerdo 59
recuperación 223
recuperar algo 93, 173, 235
recurso vital 169
recursos 59, 121, 141, 147
red 93, 137, 189, 191, 201
red de carreteras 19
red de ferrocarriles 19
red de metro 23
red de protección social 67
red de transporte 33
red fluvial 27
red social 159, 203
redactar 199
redistribución 165
reducción 165, 179
reducir algo 101, 145, 185
reducir la jornada laboral 107
reelegir a alguien 69
referirse a algo 109
reflejo 229
reforestación 173
reforzar algo/a alguien 69
refuerzo 43
regadío 169
régimen 37, 81
régimen dictatorial 65
régimen militar dictatorial 65
región desértica 27
registrar algo 181
regrabadora 197
regulación 163
regular 149
regular algo 85, 231
regularización 125
reinado 37
reino 37
reino animal 161

reino de Taifa 39
reino vegetal 161
reintegrarse en algo 161
reinventar algo 215
reivindicación 131
reivindicar algo 51, 83, 165
relación 117
relacionarse con alguien 149
relajar(se) 151
relegar algo 131
relieve 15, 25, 229
religión del Estado 153
reloj 19
rematar algo 21
remontarse a algo 221
remoto 201
remuneración 93, 141
Renacimiento 209
rendimiento 197
rendirse 35
RENFE 19
renombre 21
renovable 165
renovación 63, 213
renovar algo 201
renta 101, 103
rentable 17
renunciar a algo 51
renunciar al trono 49
reparto 225
repercusión 105, 115, 195
repertorio 217
réplica 45
repoblar algo 17
representación territorial 75
representante 73
representar una obra 217
represión 29, 65, 67, 127, 139
reproducción asistida 163
república federal 51, 61
república popular 61
república presidencialista 61
requisito 117
resaltar algo 113, 173
rescatar a alguien 107
reserva de uranio 167
residencia (de ancianos) 147
residencia de menores 139
residente 125, 221
residir (en algo/alguien) 57, 73, 99
residuo 167
resistencia 35
resolver algo 67
respaldar algo/a alguien 119
respeto 175
responder en un juicio 67
responsabilidad 41

responsable por 171
restablecer algo 71
restante 177
restauración absolutista 49
restricción 71
restringir algo 123
resurgir 81
retorno 17
retraso 155
retrato 227
retrospectivo 225
reunión 131, 185
reunir a algo/a alguien 113
reválida 237
reventar 105
revista 187
revitalizar algo/a alguien 173
revuelta 41
Rey Sol 47
riego 87
riego a goteo 169
riesgo 195
rígido 49
rima abrazada 209
rima cruzada 209
rima pareada 209
río 15
río montañoso 15
riqueza 31, 111, 165
ritmo 209
robar algo 137
robo 29
robo de niños 69
rocoso 15
rodaje 225
rol 143
romance 207
romancero 207
románico 229
romanización 35
romano 151, 217
Romanticismo 211
romper el lazo 37
ruedo 221
ruidoso 21
rumano 83
ruptura 143
rural 93, 235

S
sabotear algo 201
sacar a la luz 59
sacerdotal 45
Sacro Imperio Romano Germánico 45
saeta 217
salario 115
salario 141
salario medio 115
salario mínimo 127, 137
saldo (de cuenta) 193
salida de capital 71
salir a pasear por 21
salir a relucir 149
salir de copas 149
salón 21
saltar a la vista 33

salud 165
saludable 103
sancionar algo 57
sangre 145
sangriento 35, 69
sanguinario 45
sanidad 145, 157
saqueador 181
sardana 219
satisfacer algo 105
satisfactorio 117
seco 15, 27
sector agrícola 141
sector agropecuario 71
sector financiero 117
sector primario 87
sector privado 85
sector secundario 89
sector terciario 91
secuestro 61
sede 85, 185
sede de gobierno 19
sefardíes 153
Segunda Guerra Mundial 57, 67
Seguridad Social 155
seguro 97
seguro de desempleo 155
Seguro de Maternidad y Niñez 159
Seguro de Salud de la Vejez 159
seguro de vejez 147
seguro médico 135, 155
seguro privado 157
seísmo 167
selva lluviosa 27
semáforo 33
Semana Santa 217, 221
semanal 187
sembrar el terror 45
señal 191
señalar el fin 39
senegalés 83
sensación 219
sentar las bases 185
sentido de la belleza 123
sentir preferencia por algo/alguien 131
separación 145, 153
separación de poderes 73
separado 127
sequía 169
ser 163
ser de acogida 119
ser humano 153
ser miembro de algo 113
ser testigo de algo 39
ser vivo 165
seriado 191
servicio 193
servicio de salud 131
servicio doméstico 99, 127
servicio financiero 193
servicio militar 81

servicio público 117, 231
servicio sanitario 83
servidor 201
servir de intérprete 41
seseo 113
sesión 225
sesión golfa 225
severo 45, 161
sexo opuesto 141
sicario 137
SIDA 161
siderometalurgia 89
siembra 141
sierra 27
siervo 43
siglo 35
Siglo de Oro 37, 209
significado 109
signo 117
silicio 197
similitud 151
simpatizante con 187
sin aranceles 121
sin límites 127
sin papeles 127
sincretismo 153
sindical 57
sindicato 95
sinónimo 123
síntoma 123
sintonizar algo 189
sirio 83
sistema binario 199
sistema de riego 169
sistema de transporte 33
sistema económico 85
sistema educativo 231
sistema inmunitario 181
sistema intermedio 85
sistema montañoso 27
sistema presidencialista 63
sistema recolector 173
sistema respiratorio 31
sistema sanitario 157
situación económica 125
situación geográfica 125
situado 25
soberanía 41, 69, 73
sobrepoblado 29
sobresalir 35, 217
sobrevalorar algo 103
sobrio 229
socialista 63
sociedad 117, 131
sociedad de la imagen 195
socio comercial 101
socioeconómico 139
soledad 137, 215
soler hacer algo 211
solicitar algo 67, 73, 105, 157
sólido 177
solucionar algo 185
sombra 227

someter algo/a alguien 41
someter a alguien a la tortura 153
someter a referendo del pueblo 57
son 219
sonar 217
soñar 129
sonar la bocina 33
sonoridad 209
soporte de información 197
sorprenderse 115
sostenible 93, 165
suave 23
súbdito 41, 153
subir algo 205
subir al poder 67
sublevación 41
sublevarse 55
submarino 27
subpoblado 29
subsistencia 183
subterráneo 167
subtítulo 151
subversivo 203
suceder a alguien 67, 171
sucederse 213
sucesivo 85, 171
sucesor 37
sudoeste 13
sudor 229
suelo 103, 183
sueño 133
suevos 35
sufragar algo 107
sufragio femenino 143
sufragio universal 75
sufrir algo 71, 107
sufrir pérdidas 107
suicidarse 83
suma fija 195
sumarse a algo 127
superar algo 121, 169
superficie 13, 27
superior a 163, 167, 179
superventas 219
suponer algo 83, 161
supremo 37, 235
supresión 49
suprimir algo 107
surgir 53, 117, 139, 209
suspensión de pagos 115
sustancia 161
sustancia nociva 177
sustancia venenosa 179
sustentador 145
sustitución 161

T

tabaquismo 159
tabla (de cálculo) 199
tableta 197
tachar a alguien de alarmista 105
tala 165, 181
TALGO 19
tamaño 147, 197, 229

tambor 217
tapa dura 215
tapas 21
taquilla 23
tarea 103, 161
tarea doméstica 149, 235
tarjeta de crédito 195
tarjeta periférica 197
tasa 129, 183
tasa de desempleo 97
tasa de nacimiento 17
tasa universitaria 115
taurino 221
techo 133, 137, 151
teclado 199
teclado físico 197
técnica de automatización 195
Tecnología 237
tecnología de la información 187
tecnológico 237
tecnologizado 195
telecompra 203
telefonía móvil 193
telenovela 151
teleselección 191
televidente 191
televisión 187
televisión a la carta 191
televisión satelital 191
televisor 149
temperatura máxima 31
temperatura mínima 31
tempestad 37
templado 15, 31
tender a algo 235
tener aislado a alguien 113
tener algo asegurado 63
tener como meta 119
tener derecho a veto 63, 75
tener que ver con algo/alguien 149
tener superávit 105
tener una gran acogida 121
tensión 55, 71, 131
teología de la liberación 155
terapia genética 161
tercer mundo 129, 141
tercera edad 147
terceto 209
término 109
terminología 109
terrateniente 29, 61
terremoto 167
terreno 29, 37
territorial 73
territorio 43, 111
tertulia 189
testimonio 215
tiempo libre 147
tiempo soleado 13
tirada 187

titulación intermedia 233
titular 207
título de Técnico 237
título de Técnico Superior 237
todo incluido 109
toma 41, 227
toma de conciencia 171
toma de decisiones 139, 193
tomar algo 19, 21
tomar medidas 85
tomar por asalto 41
tomar una decisión errática 65
tonelada 171
tortura 49, 61
torturar a alguien 153
tóxico 179
trabajador 57
trabajador autónomo 157
trabajo forzado 43
trabajo infantil 129, 137
traer consigo 115
traficante 133, 161
tráfico de mujeres 125
traición 43
traje 219
trampa 205
transferencia genética 161
transferir algo 195, 201
transgénico 183
transición democrática 53
transitar (por un lugar) 21
transmisión 151
transmisión de datos 193
transmitir algo a alguien 73, 127, 159, 193, 207
transparente 115
transporte 91
transporte público 177
transporte urbano 23
trasladar algo 185
trasladarse (a) 195
traspaso 133
trastorno 161
tratado 63, 113
Tratado de Libre Comercio (TLC) 101
tratamiento 143, 161
tratamiento de información 197
tratar de hacer algo 43
travelín 227
trayectoria 223
trazo 227
tregua 81
tremendo 49
tren 19
tren de cercanías 19
tren ligero 33
tribu 45, 183
tribunal 57, 77, 153
tribunal civil 77

Tribunal Constitucio-
nal 73, 77
Tribunal de Cuentas 75
tribunal eclesiástico 39
tribunal penal 77
Tribunal Supremo 77
trigo 141, 185
triunfar de/sobre
algo/alguien 49, 213
trolebús 33
tropas 49
trovador 207
tuberculosis 159
tugurio 29
tumba 229
turbina generadora 167
turismo de masas 93

U
ucraniano 83
UE 109
úlcera 159
ultimar las negociacio-
nes 41
ultramar 123
silencio sepulcral 221
único 145
unidad nacional 39
unificador 113
uniformidad 109
unión 39
Unión Económica y
Monetaria (UEM) 115
uniregional 79
universidad a distan-
cia 233
urbanización 29
urbano 235
urbe 33
uso 99, 183
usual 139
usuario 203
utilidad 117

V
vacío de poder 49
vacuna 159
vacuno 87
vaivén 31
validez 53
válido 23
vallenato 219
valor 37, 91, 139,
143, 145
variación 177
vasco 111
vehicular 177
vehículo de motor
99, 177
vejez 145
velocidad 19
vencer algo 163
vendedor 127
vendedor ambulante
29
vengarse de algo 47
venta 87, 215
ventaja 115, 129
ventaja fiscal 155
verano 27
verificable 81

verificación 177
verse enfrentado a
algo/a alguien 65
versificación 209
verso libre 209
vertedero 169
Veterinaria 233
vía de navegación 27
vía principal 21
viabilidad 103
viable 163
viajar de… a 19
vicepresidente 75
viceversa 185
vicio 159
víctima 55, 127
vida laboral 97, 141
vida nocturna 21, 33
vida pública 33
videoteléfono 195
vidriera 217
viejito 147
villancico 217
vinculado 95
vincular algo a algo 161
vínculo 121, 201
viñedo 87
violación 69
violación de los dere-
chos humanos 65
violencia 125, 135
violencia de género
125
violento 133
virgen 153, 221
virtual 121
visado 125
visigodo 35, 151
visualizar algo 199
vitalicio 63
viudo 145
vivienda 103, 127, 135
vivir en cohabitación
145
volcán 27
volumen 213
voluntad 119
voluntad popular 61
voluntario 55
volverse contra algo/
alguien 41
votación popular 63
votar algo/a alguien 57

W
Web 95

X
xenofobia 131

Z
zamba 219
zampoña 217
zona 235
zona climática 15
zona de libre comer-
cio 119
zona verde 31

Index deutsch

A
abbauen 89
Abbrechen 235
abdanken 49
abdecken 33
abendländisch 131
Abenteuersport(art)
149
Abfall 167
Abfrage 193
abgelegen 109
Abgeordnete(r) 49, 75
Abgeordnetenhaus 57
Abgeordnetenkammer
63, 73
Abgrund 131
abhängig sein (von)
91, 171
Abhängigkeit 101, 129
abheben 19
Abheben von Geld 71
Abholzung 183
Abitur (machen) 233,
237
Abiturprüfung 233
Abkommen 121, 141
Ablehnung 139
ableiten 111
abliefern 43
ablösen 179
Abnahme 177, 179
abnehmen 145
Abnehmen 181
Abneigung gegen
etw. 131
Abonnement 191
abschaffen 107
Abschaffung 49
abschicken 199
Abschlachten 221
abschließen 21, 233
Abschnitt 231
im Abschwung 89
abseits 163
Absicht 213
absolutistische Mon-
archie 49
abspeichern 197
Abtreibung 143
abtreten 51
Abwässer 157, 173
Abwertung 101
abwesend 125
achtsilbig 207
Adelsprivileg 49
Agrar- 87
Agrargebiet 55
Agraringenieur 185
ägyptisch 45
ähneln 123
ähnlich sein 123
Ähnlichkeit 151
AIDS 161
akademischer Grad
121, 231
im Akkord 97
Akronym 201
Aktentasche 197

Aktie 91
Aktualisierung 201
alarmieren 181
algerisch 83
aliiert 55
Allee 21
allgemein verbreitet
199
Allgemeinarzt 159
allgemeines Wahl-
recht 75
Alliteration 211
Alltag 203
alltäglich 111
Alpen- 31
Alte(r) 147
alteingesessen 43, 217
die Alten 149
Alten(wohn)heim 147
Altenbetreuer(in) 95
Altenpfleger(in) 95
Alter 145
älter (als) 77, 145
die Älteren 149
Altersheim 147
(Alters)Pflegeversiche-
rung 159
Altersversicherung 147
Altstadt 33
Ambulanz 157
Ampel 33
(hohes) Amt 63, 141
Amt ausüben 63, 133
Amtsentlassung aus-
lösen 63
Amtssprache 109, 111
Anbau(methode) 87
anbeten 45
(an)bieten 21
Anbieter 193
andauern 235
Anden 27
Änderungsantrag 75
andeuten 109
anerkennen 121
Anerkennung 49, 143
Anfang 207
Anfrage 193
Anführer 111
Angebot 85, 173
angehend 215
äußere Angelegen-
heit 61
Angeln 149
angemessen 193
angenehm 23
angepasst an 183
(An)Gewohnheit 103
angreifen 47
angrenzend 19
Angriff 155
Angst (verbreiten)
45, 215
anhalten 17, 19,
101, 235
anhaltende (r, s) 71
anhäufen 223
Anhäufung 165
Anklage 65
ankündigen 81
ankurbeln 93, 173

(Sport)Anlage 149, 167
anlegen 27, 147
Anleger(in) 123
anlocken 123, 175
Annährung 67
annehmen 57
Annehmlichkeiten 129
Annerkennung 81
anonym 205
sich anpassen 197
Anrufbeantworter 193
Ansage 191
sich ansammeln 179
ansässig 99
Ansatz 223
anschließen 191
Anschluss 191, 195
Ansehen 35, 223
Ansiedlung 175
auf etw. anspielen 109
Anspruch (auf) 123
anspruchsvoll 93
anständig 127
ansteigen 165
anstellen 155
Anstellung 97
Anstieg 115
(An)Stoß 213
anstreben 129
sich anstrengen 85
Anstrengung 119, 185
Antarktis 181
antiamerikanisch 123
Anti-Atomkraft 167
(Antibaby)Pille 143
Antiheld 209
antik 209
Antike 229
Antiterrormaßnahme 83
Anwachsen 115
Anwalt 77
Anweisung 197
anwenden 63, 109
Anwendung 141, 161
(Straf)Anzeige 127
anzeigen 137
anziehen 123
Anziehungskraft 173
anzünden 35
Äquatorlinie 27
aus dem Arabischen 111
arabischen Ursprungs 111
Arbeit 69, 213
Arbeit machen 141
Arbeiter(in) 121
Arbeiterviertel 129
Arbeitgeber(in) 127
Arbeitgeberorganisation 95
Arbeits- 57
Arbeitserlaubnis 97, 125
Arbeitsgesetz 107, 175
Arbeitskraft 103, 127
Arbeitsleben 91, 141
Arbeitslose(r) 29, 97
Arbeitslosengeld 85
Arbeitslosenquote 97

Arbeitslosenversicherung 155
Arbeitslosigkeit 71, 115, 129, 155
Arbeitsmarkt 145
Arbeitsplatz 17, 91, 125, 131
Arbeitsplätze für Jugendliche 97
Arbeitsspeicher 197
Arbeitsstelle 91
Arbeitstag 95, 107
Arbeitszeitverkürzung 107
Archipel 13
Architektur (FH) 233
Arena 221
Argwohn 115
Armee 35, 61
Armenviertel 29
Armut 101, 135, 183
Art 89
Artenvielfalt 175
(Zeitungs)Artikel 211
Arzt 143
Asiate 29
asoziiert 95
ästhetisch 213
Asylant(in) 233
Atemwegserkrankung 135, 159, 177
atheistisch 153
Atmosphäre 51, 165
Atmungsorgane 31
Atomkern 167
Atomkraftwerk 89, 167
Atommüll 167
Attraktion 173
Aufbau 127
aufbewahren 197
aufdecken 59
Aufdruck 123
aufeinanderfolgen 213
(aufeinander) folgend 85
Aufenthalt 35, 121, 139
Aufenthaltsgenehmigung 125
auffallen 217
(Theater)Aufführung 149
Aufgabe 103, 161
Aufgabenfeld 81
aufgeben 29, 143
aufgeklärt 51
aufgrund von 115
sich aufhalten 181
Aufhebung 49
aufhören 37
Aufklärung 51
aufkommen 53, 117, 209
Auflage 187
sich auflehnen 55, 169
Auflehnung 169
Auflösung 77
auf etw. aufmerksam machen 213
Aufmerksamkeit 195
Aufnahme 113, 121, 225, 227

Aufnahmewinkel 227
aufnehmen 51, 125, 177
aufrechterhalten 121, 231
Aufschieben 155
aufspüren 201
Aufstand 41, 47, 55
aufsteigen 135
Aufstieg 17
aufstrebend 215
Auftauchen 203
Aufteilung 73
aufzwingen 43
ins Auge springen 33
Augenarzt(in) 159
Ausarbeitung 57
ausbauen 91
Ausbeutung 43, 129, 165
(Aus)Bildung 87, 173
Ausbildung 105
sich ausbreiten 109, 171, 175
Ausbringen 141
Ausbruch 43, 51
sich ausdehnen 171, 175
Ausdehnung 31, 181
(Fach)Ausdruck 109, 213
zum Ausdruck bringen 51
ausdrücklich 111
ausführen 77, 197, 219
Ausgabe 155, 189
Ausgang 211
gut ausgebildet 125
ausgedehnt 13, 47
ausgeglichen 165
ausgehen 149
ausgleichen 93
ausgraben 59
Ausgrabung 59
ausgrenzen 127
aushandeln 127
Ausländergesetz 125
ausländisch 217
Auslands- 217
Auslandsmarkt 101
Auslandsverschuldung 71
ausliefern 41
Auslieferung 65
auslösen 111
Auslöser 55
ausmerzen 159
Ausnahme 109
ausnutzen 137
ausreichen 147
ausruhen 21
Ausrüstung 57, 99, 197
Aussaat 141
ausschalten 83
ausschließen 127
Ausschluss 49, 141, 157
Aussehen 153
Außenbezirk 19
Außenhandelsschulden 101
Außenpolitik 61
außer Haus 147

äußere (r, s) 21
Aussetzung der Gehälter 115
sich für/gegen etw. aussprechen 67
ausstatten 175, 195
Ausstattung 57, 99, 167
ausstellen 125
(temporäre) Ausstellung 21, 229
Aussterben 89, 175, 181
Ausstoß 177
ausstoßen 177
Austausch 99, 117
ausüben 73, 153
Ausübung 75, 149
(aus)wählen 233
Auswanderer(in) 97, 125
auswandern nach 17, 123, 133
Auswanderung 125
(Ausweis)Papiere 125
ohne (Ausweis) Papiere 121
Ausweisung 153
Auswirkung 105, 115, 171, 173, 195
auszeichnen 223
autark 85
Auto 21, 177
Auto- 177
Autobahn 19
autochton 217
Autofiktion 215
Automatisierungstechnik 195
autonom 189, 233
autonome Region 19, 53, 73, 111
Autonomiestatut 79
Autonomieverfassung 53
Autor(in) 139, 207
autoritäres Militärregime 65
Autovermietung 91
Avocado 111

B
Babysitter 145
Bach 169
Bäcker(in) 95
Bäckerei 21
Bad 13
(Eisen)Bahnnetz 19
(Ballett)Tänzer(in) 219
Ballungsgebiet 29
Ballungsraum 19
Band 145, 193, 213
Bande 137
Bank 103
Bankkonto 83
Banknote 115
sich Bankrott erklären 105
Bär 19, 181
Baracke 127
Barkasse 27
Barriere 117, 179
Baskisch 111

Bau 31
Bauauftrag 117
Baubranche 71
bauen 105, 229
Bauer 29
Baugrundstück 103
Baumwolle 87, 185
Bazillus 159
beabsichtigen etw. zu tun 37
Beamte(r) 93, 157
beantragen 73, 105, 157
beauftragt 197
Beauftragte(r) 73, 93
Bebauung 29
Bebauungsplan 93
Bedarfsartikel 69
bedecken 13
bedeuten 161
Bedeutung 109
Bedingung 167, 183
bedrohen 35
Bedrohung 155
Bedürfnis 135
beeinflussen 209
beenden 21, 185, 233
als beendet betrachten 39
Befehl (erteilen) 77, 197
befehlen 133
Befehlshaber 73
befördern 15
Beförderung 91
befragen 77
(sich von etw.) befreien 49, 131
Befreiungs- 57
Befreiungstheologie 155
befriedigen 105
Befugnis 231
sich begeben (in) 29
begehren 123
begierig 225
Beginn 115, 207
Begnadigung bekommen 71
begrenzen 35, 123, 167
Begriff 109
begründen 37
begünstigen 43, 91
Behandlung 143, 161
auf etw. beharren 117
beherbergen 175
beherrschen 35, 209
Beherrschung 143
Behinderte(r) 23, 107, 203
Behinderung 23
Beiboot 27
beide 95
Beihilfe der EU 87
beinhalten 179
Beispiel 111
Beitrag 87, 111, 155
Beiträge zahlen 97, 155
beitragen 115, 171
Beitritt 67, 95, 113
beiwohnen 219
bekannt machen/werden 93, 227

bekanntgeben 73
sich zu etw. bekennen 83
beklagen 171
Belagerung 39
Belastung 175
Belegschaft 155
Belegung 93
beliefern 111
belohnen 41
sich etw. bemächtigen 45, 47
sich bemühen 121
benachteiligt 141
Benachteiligung 141
Benefizveranstaltung 69
Benennung 209
benutzen 169
bleihaltiges Benzin 31
Beobachter(in) 211
Beobachtung 175, 213
Berechnung 155, 197
Bereich 183, 111, 127, 195, 231
bereichern 111
bereisen 47
Berg 15, 31
Bergbau 89
Bergbaugebiet 55
Bergbaurevier 55
Bericht 137, 145, 167
berichtigen 83
Beruf (ausüben) 133, 137
freie Berufe 93
Berufsarmee 81
Berufsausbildung 97, 231
höhere/mittlere Berufsausbildung 237
Berufseinstieg 237
Berufsfachschulabschluss 237
Berufungsgericht 63
beschädigen 181
beschaffen 141
Beschäftigung 125, 129
beschließen 119
Beschluss 95, 153
beschränken 101
Beschränkung 71
beschuldigen 83
beschützen 181, 185
Beschützer(in) 153
Beschwerde 177
beseitigen 117, 235
Beseitigung 49, 115
besetzen 49
Besiedelung 109
besiegen 37, 163, 213
Besitz 33, 51, 85, 131
Besorgnis 213
besprechen 75
Bestandteil 177
bestätigen 121, 139
bestehen (aus) 63, 233
bestimmen 27, 85, 145
bestimmt für 169
Bestimmung 95

bestrafen 39, 137
Bestrafung 45
bestreiten 107
besuchen 129, 235
Beteiligung 89, 115
betiteln 207
betonen 117, 119
fester Betrag 195
betreffen 101, 169, 213
betreuen 145
betreut sein 197
Betriebsschließung 167
betroffen sein 141, 181
Betrug 131
betteln 29, 137
Bettlertum 29
beurteilen 157
(Kriegs)Beute 41
wenig bevölkert 29
(arbeitende) Bevölkerung 17, 29, 97, 127, 165
spanischsprachige Bevölkerung 109
Bevölkerungsdichte 17
Bevölkerungskonzentration 17
Bevölkerungswachstum 29
Bevölkerungswissenschaft 29
bewaffnet 81, 131
Bewässerung 87
Bewässerungsgelände 169
Bewässerungssystem 169
bewegend 171
Beweggrund 145
Bewegung 61, 139
in Bewegung bringen 185
Bewölkung 15
bewusst machen 31, 171
sich über etw. bewusst werden 133
Bewusstsein 37
Bewusstwerdung 171
bezahlt 137
Bezahlung 93, 141
bezeichnen 157
Bezeichnung 209, 221
Bezeugung 215
sich auf etw. beziehen 109
Beziehung 117
ein Glas Bier 21
(an)bieten 21
Bild 225
Bildausschnitt 227
bilden 25, 51, 115, 117
Bildhauerei 229
bildhauerisch (gestalten) 229
Bildhauerkunst 191
Bildschirm 199, 223
Bildtelefon 195
(Aus)Bildung 87, 117, 173
im Bildungsbereich 111

Bildungsmaterial 203
Bildungsniveau 139
Bildungssendung 191
Bildungsstand 139
Bildwinkel 227
bilingual 111
Bilingualismus 111
billig 127
etw. billigen 57
binäres System 199
Bindung (abbrechen) 37, 145
Binnenmarkt 101
Biomüll 173
Bischof 155
auf den ersten Blick 33
blühend 97
Blut (spenden) 83, 145
Blutbank 83
Blutdruck 161
blutig 35, 69
blutrünstig 45
Boden 171, 183
Bodenerosion 181
Bombardierung 55
Börse 91
Bote 43
Botschaft 155
Boulevard 21
Brauch 127, 211
Brauerei 21
braun 153
Braunkohle 89
breit 25
Breitband 189
Brennpunkt 161
brillant 223
Browser 201
Bruch 143
Bruchbude 151
Brücke 229
Brunnen 21
Bruttosozialprodukt 71
(Meeres)Bucht 27
Budget 147, 225
Bühne 217
Bulgare 83
Bundesrepublik 51, 61
Bundesstraße 19
Bürger(in) 63, 73
Bürgerkrieg 29, 43
bürgerlich 69, 209
bürgerliche Oligarchie 53
Bürgermeister (von Madrid) 79
Bürgerrechte 37, 143
Bürgersteig 33
Büro 21
Bürotechnik 199
Büste 229

C
Campingplatz 111
CD-Brenner 197
Charakteristikum 231
Charts 219
Chatroom 189, 201
chatten 201
Chauffeur 33
Chef 111

chemisch 169
Chinesisch 109
Christdemokrat(in) 63
Christentum 151
christlich 39, 151
christlich demokrati-
 sche Partei 75
nach Christus 35
Chromosom 163
Clique 137
Code 161
codiert 189
nicht codiert 189
Computer 197
Corral-Bühne/Komö-
 die 211
cutten 225
Cyberkriminalität 205

D
Dach 133, 137, 151
daher 115
(Morgen)Dämme-
 rung 41
Dampfmaschine 165
darstellen 83, 115, 215
Darsteller(in) 225
Datenausgabegerät
 199
Datenbank 199
Dateneingabegerät 199
Datenträger 197
Datenübermittlung 193
Datenübertragung 193
Datenverarbeitung 197
datieren aus 117
Dauerausstellung 229
Dauerkarte 23
dazugehören 145
decken 89
Deckung 157
Decoder 189
defizitär 99
Delikt 39, 137
demokratischer
 Geist 53
Demonstration 67,
 83, 131
Denkmal 13, 45
Deregulierung des
 Wirtschaftsraums 71
Derivat 195
Desertifikation 169
deshalb 115
detonieren lassen 83
Dezentralisierung 79
dicht 211
dicht bevölkert 37
Diebstahl 29
Diener(in) 43
(Dienst)Leistung 193
Dienstleistungssek-
 tor 91
Diktatur des Generals
 Franco 81
Diplom Ingenieur
 (FH) 233
direkt 195
Direktinvestition 99
Dirigent(in) 117
Diskette 197

Diskettenlaufwerk 197
diskriminieren 143
Diskriminierung 141
Diskussionsforum 201
diversifizieren 93
DNA 161
Doktorwürde 233
Dokumentarfilm 191
als Dolmetscher(in)
 dienen 41
Dose 173
Dozent(in) 111
Dramatiker(in) 211
Draufsicht 227
Dreharbeiten 225
Drehbuch 223
drehen (um) 139, 167
Dressman 123
Dritte Welt 129, 141
Droge 159
Drogen nehmen 137
Drogenabhängige(r)
 161
Drogenabhängigkeit
 159
Drogenhandel 119
(Drogen)Händler
 133, 161
Drogenkartell 133
Drogenkonsum 137
Druck (des Volkes)
 49, 65, 107, 191
Druck aushalten 107
Drucker 199
Düne 175
Dünger 141
dunkelhäutig 153
Dunkelheit 27
Durchfall 159
durchführen 63,
 113, 193
Durchführung 185
durchmachen 91, 157
durchreisen 47
durchschaubar 115
Durchschnitt 17, 23,
 29, 87, 147
sich gegen etw./jdn
 durchsetzen 35
dürr 175
Dürre 169
Durschschnittsein-
 kommen 115
Dutzend 181
Dynastie 45

E
eben 15
Ebene 73
eBook 195
echt 175
Ecke 151, 217
Ecuadorianer(in) 83
Edelmann 207
effizient 173
egalitär 143
Ehe 35, 143
ehemalig 131
Ehemann 143
(Ehe)Paar 145
Ehre 41

zu jds Ehren 221
ehrenwert 127
Ehrung 59
Eifer 59
Eifersucht 219
eigene (r, s) 195
Eigentum 85, 131
einbauen 191
einbüßen 107
Eindringling 49
Eindruck 215
Einfluss (ausüben)
 17, 51, 183
einfügen 149, 199
einführen 67, 143
Einführung 35, 115
Eingabestift 199
Eingeborene(r) 29, 41
sich (wieder) einglie-
 dern 51, 143, 161
Eingliederung 35,
 113, 143, 161
eingrenzen 35
einheimisch 43
nicht einheimisch 127
Einheit 25, 175
einheitlich 119
Einheitlichkeit 109
einholen 221
sich einigen 95
Einkommen 101, 103,
 147, 195
Einkommenssteuer 155
Einkünfte 91, 99
einlagern 167
einmarschieren 37
in etw. einmünden 15
Einnahme 41, 159
Einnahmen 91, 99
Einrichten 127
Einrichtung 149
Einsamkeit 137, 215
Einsatz 117
(Fernseher) einschal-
 ten 147
einschieben 149
sich einschiffen 41
einschließen 109
einschränken 123
sich einschreiben 235
Einschulung 235
Einsetzung 75, 95, 97
einstellen 155, 189
Einstellung 225
eintreten 181
Eintritt(skarte) 225
Eintrittspreis 225
Einwanderer(in) 17,
 83, 97, 123, 125, 233
Einwanderung 125
Einwanderungszahl 17
Einwohner(in) 17,
 125, 221
Einzelhandel 99
Einzelperson 117
einzige (r, s) 145
Eisen 99, 229
Eisenbahn 19
(Eisen)Bahnnetz 19
Eisenmetallurgie 89
Elektriker(in) 95

elektronischer Termin-
 kalender 195
Elend 127, 137
Elfsilber 209
elitär 159
aus armem Eltern-
 haus 43
E-Mail 201
Emblem 193
Embryo 163
emigrieren nach 123
Emission 177
Emissionsort 177
Empfang (haben)
 121, 151, 193
empfangen 127
empfehlen 225
Empfindung 219
empört 115
Ende einleiten 69
zu Ende gehen 181
auf das Ende hinwei-
 sen 39
endlos 219
Energie- 89
eng 25
engagiert 103, 217
Enkel(in) 145
Ensemble 217
Entdeckung 41
enteignen 191
entfernen 117
entfernt 109, 151
Entfernung 15, 115
(ent)fliehen 137
Entführung 61
enthalten 179
entlanggehen 21
Entlassung 97, 107, 155
Entnahme 181
Entschädigung 59
(sich) entscheiden 153
entscheidend 177
Entscheidungsfindung
 139, 193
(sich) entspannen 151
entsprechen 133
entspringen 15
entstehen 53, 117,
 139, 209
Entwaffnung 81
entwerfen 227
(sich) entwickeln 135
Entwicklung 119,
 187, 195
Entwicklungsland
 101, 129, 185
Entwurf 93
Entzündung 179
Epos 207
Erb- 161
erbauen 45, 229
Erbe 111
Erbfolgekrieg 47
Erbmonarchie 57
Erdbeben 167
Erdkruste 179
Erdöltanker 171
Erdwärme- 89
Erdwärmeenergie 167

Ereignis 41, 55
erfassen 199
Erfindung 205
Erfolg 37, 67, 169, 223
Erfordernis 117
erforschen 167
erfüllen 105, 175
Erfüllung 85
sich ergeben 35
Ergebnis 39
erhalten 125, 223
sich erheben bis 15
Erhebung 15, 55
erhöhen 37, 179, 235
erhöht 129
Erhöhung 155, 183
Erinnerung 59
sich zu etw. erklären 37, 41
erklingen 217
erlangen 143
Erlass 153
erlauben 135
erleichtern 123
erleiden 107, 183
(Er)Lernen 235
Ermäßigung 155
Ermittlung 69
ermöglichen 175
sich ernähren 123, 165
Ernährer(in) 145
Ernährung 129, 135, 183
ernennen 63, 77
erneuerbar 165
erneuern 201
(Er)Neuerung 49, 63, 213
erniedrigend 97
ernste (r, s) 161
Ernte 141
Eroberer(in) 29, 41, 49
erobern 115
Eroberung 35
Erpressung 127
erreichbar sein 193
erreichen 37, 57, 133, 135, 203
errichten 37, 229
erscheinen 221
Erscheinen 203
Erscheinung 123
Erscheinungsbild 15
sich erschöpfen 181
Erschöpfung 89, 133, 177
erschütternd 171, 221
Ersetzung 161
Ersparnisse 57
Erstaufführung 217
sich über etw. erstrecken 233
(Unterricht) erteilen 121
erteilen 125, 143, 231, 233
ertönen 217
Ertrag (abwerfen) 101
Erträge 91, 99
Erwärmung 183
Erweiterung 113
Erweiterungskarte 197

Erwerb 91
erwerben 23, 143
erwischen 133
erzählen 207
erzählend 207
Erzählperspektive 215
erzeugen 177
Erzherzog(in) 47
Erziehungssystem 231
erzwingen 69
Etat 225
Ethnie 135
ethnisch 125
EU 109
Europäische Wirtschaftsgemeinschaft 113
Evangelisierung 153
zum Evangelium bekehren 153
ewig 219
Exekutive 63, 73
Exemplar 187
am Existenzminimum 147
explizit 111
explodieren 83
Export 183
Extasy 161
extrahieren 163
aus Extremadura 217

F
Fabrik- 99
Facharzt 159
(Fach)Ausdruck 109
Fachgebiet 157
Fachhochschulabschluss 233, 237
Fachlehrer 231
Fachlehrkraft 231
Fachwortschatz 109
Fachzeitschrift 187
Fähigkeit 183
Fahraufnahme 227
fahren 19, 31, 177
fahrende(r) Sänger(in) 207
Fahrer 33
Fahrgast 33
Fahrrad (fahren) 33, 149
(Fahr)Radfahren 149
einfacher Fahrschein 23
Fahrzeug- 177
von Fahrzeugen stammend 177
Fall 37, 137
Falle 205
in die Falle gehen 205
Fällen 165, 181
sich falsche Vorstellungen machen 37
familiär 139, 145
Kreis der Familie 111
Familien- 145
Familienangehörige(r) 55, 139
Familienbeihilfe 145
Familienstruktur 143

Fan 151
fangen 133
Fassade 19
Fast Food 123
Fast-Fiction 215
FCKW (Fluorchlorkohlenwasserstoff) 179
(Tusch)Feder 227
Federstrich 227
Fehlen von etw. 157
Fehlentscheidung treffen 65
kleiner Fehler 199
Feier 217
feiern 65
Feiertag 57
Feinstaub 179
Feldzug 55
felsig 15
Ferien auf dem Bauernhof 173
fern 201
Fernsehen 187, 191
Fernseher (einschalten) 149
Fernsehgerät 149
Fernsehsendung 149
Fernsehserie 151
Fernsehzuschauer(in) 191
Fernsprechteilnehmer(in) 193
Fernuniversität 233
Fertigkeit 235
fest 193
festlegen 27, 85, 153, 179, 233
festmachen 27
festnehmen 65
Festplatte 197
festsetzen 153
feststellen 51
Feststoff 177
feucht 27
Feudalismus 39
Feuerpause 81
Figur 209
Film 223
filmen 225
(Film)Star 219
(Film)Vorführung 225
Finanz- 91, 105
Finanzbereich 117
Finanzdienstleistung 193
Finanzen 91
(finanzielle) Mittel 121, 147
finden 17
First Lady 69
Fischerei- 87
Fischfang 87
Fischhändler(in) 95
Fitnessstudio 149
Fjord 15
flach 15
Fläche 13, 31, 181
Flamencosänger(in) 219
Flamencotänzer(in) 219

sich in die Flammen werfen/sich stürzen 35
Flatrate 195
Fleischer(in) 95
(ent)fliehen 137
flink 193
florierend 97, 129
kleine Flotte 41
Flucht 77
Flughafen 19
Fluss 15
Flüssigkeitsmangel 133, 135
Flussnetz 27
fluten 169
als Folge von 167
(aufeinander) folgend 85
folgend (e, s) 171
Folkloretanz 149
Folter 49, 61, 153
foltern 153
Fonds 91
fordern 51
fördern 17, 89, 93, 97, 121, 123, 173
Förderung 89, 95, 119, 155, 181
Forderung (nach) 131
formen 49
Forschung 103, 161
Forst- 185
fortbewegen 21
fortdauern 101
fortschreiten 187
Fortschritt 143, 193
Fortschritte machen 235
fossiler Brennstoff 165
Fragen aufwerfen 203
Fraktion 75
Franco-Ära/-Regime 57, 111, 125
Franzose 83
Frauenarzt 159
Frauenhandel 125
Frauenwahlrecht 143
(nordamerikanisches) Freihandelsabkommen (NAFTA) 101
Freihandelszone 119
Freiheit 43, 223
Freilichtmuseum 23, 31
Freisetzung 183
Freisprechanlage 195
Freistaat 61
freiwillig 55
Freizeit 89, 147, 149, 203
Fremdenfeindlichkeit 131
Fremdsprache(nunterricht) 231
Freude 219
Frieden (schließen) 47, 51, 119
Friedensmission 81
friedlich 127, 131
friedlicher Zweck 167
Friseur(in) 95

Frohe Weihnachten! 217
Front 55, 103
aus der Froschperspektive 227
frühzeitig 159
führen 55, 71, 81
Führer(in) 43, 51
Führung 47, 139
Funke 55
für 167
für sich gewinnen 83
Fürsorge 135

G
Galizisch 111
garantieren 57
Gartenbau- 185
Gastgeber(in) 175
Gastwirtschaft 21
Gattung 89, 207
Gauner 209
Gebäude 19, 31, 229
Gebiet 13, 17, 29, 37, 43, 73, 111, 127, 235
Gebirge 15
Gebirgsfluss 15
Gebirgskette 15
Gebirgssystem 27
Gebirgszug 27
(fehlender) Gebrauch 99, 161, 183, 235
von etw. Gebrauch machen 193
für etw. gebrauchen 109
gebräuchlich 139
Geburt 145
Geburtenrate 17
Geburtenzahl 17, 29
Gedankengut 69
geeignet 135, 167, 225
Gefahr 183
in Gefahr bringen 169
Gefährte(in) 41
gefangen nehmen 41
im Gefängnis 77
Gefolge gründen 37
Gefühl 219
Gegend 171
im Gegensatz zu 175
gegenseitig 145
sich etw./jdm gegenübersehen 65, 67
Gehalt 115, 141
Gehaltserhöhung 95
Gehirn 195
gehören 91, 109, 145
Gehweg 33
(böser) Geist 153
Geisteskrankheit 161
Geisteswissenschaften 237
geisteswissenschaftlich 237
geistig 213
Geld 71
Geldmangel 137
Geldschein 115
Geldwäsche 161
gelegen 25

Gelegenheit 103
Gemälde 227
Gemäldesammlung 21
gemäßigt 15, 31
Gemeinde 73, 79, 141
Gemeinde(bezirk) 57
Gemeinderat 79
Gemeinschaft 141
gemeinschaftlich 33
Gemüse 87
Gemüsegarten 175
genehmigen 57, 63
genießen 23, 57, 65, 211
Genmanipulation 163
Genom 163
Gentherapie 161
Gentransfer 161
Geografie 231
gerade 27
Gerät 197
geräuschvoll 21
(soziale) Gerechtigkeit 57, 67
Gerechtigkeit widerfahren lassen 59
(Oberstes) Gericht 57, 77, 153
vor Gericht aussagen 67
oberster Gerichtshof 63
gering 99, 147
geringer als 89
Geringschätzung 123
Gesang 219
Geschäft 95
Geschehen 41
geschehen 69, 171
Geschichte 231
Geschicklichkeit 235
geschickt 193
das andere Geschlecht 141
Geschwader 55
geschweige denn 157
Geschwür 159
Gesellenbrief 237
Gesellschaft 117, 131
gesellschaftlicher Wandel 53
Gesellschaftsroman 213
Gesellschaftsschicht 101, 199
Gesetz beschliessen 107
Gesetz erlassen 39, 57, 63
Gesetz verabschieden 135
Gesetz zur Bewältigung der Vergangenheit 215
Gesetze 89
gesetzgebend 73
Gesetzgebung 143
Gesichtsfeld 227
Gesichtspunkt 131,223
Gespräch führen 193
Gesprächskreis 189

Gesprächspartner(in) 193
gesund 103
Gesundheit(swesen) 145, 157, 165
Gesundheitsposten 157
Gesundheitssystem 157
Gesundheitsversorgung 131
von etw. getäuscht 37
Getreide 87
getrennt 127
gewähren 227
Gewalt 125, 135
Gewaltenteilung 73
gewalttätig 133
Gewässerkunde 27
gewellt 23
Gewerbe 203
gewerblich 191
Gewerkschaft 95
gewerkschaftlich 57
Gewicht 67
Gewichtsverlust 161
Gewinn 117, 183
Gewissheit 83
(An)Gewohnheit 103
Gewohnheit 177
gewöhnlich 145
gewohnt sein etw. zu tun 211
Gezeiten- 89
giftig 179
Giftstoff 179
Das ist doch der Gipfel! 51
Gipfel 15, 27, 185, 209
Gipfeltreffen 139, 185
Glanz 37, 211
glänzend 223
Glas 173
Glasfaser 193
Glasfenster 217
Glaube an Gott 39, 153
Gläubige(r) 153
Gläubiger(in) 103
Gleichberechtigung 69
Gleichgewicht 173, 185
Gleichheit der Geschlechter 57, 139
gleichmäßig 173
Globalisierung 99
Glockenschlag 19
glühend 47
Goethe Institut 117
Gold 229
goldenes Jahrhundert 37
Goldenes Zeitalter 209
Golf von Biscaya 13
an Gott glauben 153
niedere Gottheit 45
sich zum Gouverneur ernennen 41
Grabesstille 221
Grabstätte 229
Grad Celsius 15, 31
Grad der Verschmutzung 165
Grafik 199
gratis 231

grausam 35, 45
greifbar sein 169
Greis(in) 147
Grenz- 19, 133
Grenze 23, 25, 179
grenzenlos 127
klassisches Griechenland 217
Größe 147, 197, 229
große Trommel 217
Großgrundbesitz 151
Großgrundbesitzer(in) 29, 61
Großmacht 121, 129
Großstadt 33
Grund 145, 171
Grundausbildung 105
Grundbildung 235
gründen 37, 119
Gründer(in) 37
Grundlagen schaffen 185
Grundnahrungsmittel 141
Grundrechenarten 235
Grundschule 231
Grundversorgung 131
Grundwasservorkommen 169, 175
grüne Lunge 31
Grünfläche 31
mächtige Gruppe 65
Gruppierung 81
Guardia Civil 79
Guerrillakämpfer(in) 135
gültig 23
günstig 99, 127
Gurke 175
gutheißen 57

H
haben 31, 109
Hafen 23, 27
Haftbefehl erlassen 77
Haftungsfähigkeit 167
Halbinsel- 15
(an)halten 19
Haltestelle 19, 33
Haltung 47, 115
in die Hände von jdm geraten 55
(freier) Handel 65, 87, 119, 183, 203
handeln 91
Handelnde(r) 139
Handelsbilanz 93
Handelspartner 101
Handelsverkehr 35
(Handels)Ware 139
Handelsware 27
Handelszentrum 21, 33
in jds Händen liegen 53
Handkoffer 197
(Drogen)Händler 133, 161
Handlung 209
Handlungsgebiet 81
Handlungsspielraum 101

in einem Handstreich einnehmen 41
Handwerk 137
Handy 193
Häppchen 21
Hardcover-Ausgabe 215
Harmonie 33
häufig 169
Haupt- 67
Hauptdarsteller(in) 225
Hauptgebäude 45
Hauptgrund 23
Hauptplatine 197
Hauptstadt 19
Hauptstraße 19
(Haupt)Verkehrsader 21
Hauptverkehrszeit 21, 177
Hauptversammlung 135
Hausarbeit 149
Haushalt 127, 189
Haushaltsdienstleistungsgewerbe 99
Haushaltsgerät 195
häuslich 149
häusliche Pflichten 235
Hautarzt(in) 159
Hautkrebs 179
Heer 35, 55, 61, 81
heikel 101, 157
Heilbad 13
heilen 161
Heiler 157
Heiligenfigur 221
Heiliges Römisches Reich deutscher Nation 45
(Wohn)Heim 147
heimlich 127
heiß 15, 23
Heizöl 171
Heizung 177
Held(in) 207
Heldentat 207
helfen 43
Herausforderung stellen 89
herausnehmbar 197
herausragen 35, 217
herausragend 215
herkommen von 109, 123
Herkunft 83
Herkunftsfamilie 139
Herkunftsland 17
(Vor)Herrschaft 37
Herrschaft 35, 37, 173
herrschend 99
herstellen 141
herunterfallen 133
hervorgehen aus 57, 111, 183
hervorheben 113, 173
hervorragend 223
hervorrufen 103, 133, 171
hervorstechen 19, 207
Herzanfall 161

Herz-Kreislauf- 159
Herzog(in) 47
heterogen 91
Hexerei 153
Hilfe 47, 81, 117, 145
Hin und Her 31
Hinauszögern 155
hingehen 83
hinrichten 43
hinterlassen 47
Hinweis 43
hinzukommen 127, 177
Historiker(in) 93
hoch/niedrig 15, 27
Hochebene 15, 27
Hochgebirgsklima 15
hochladen 205
hochragen auf 15
Hochsprache 109
höchste (r, s) 37, 195, 235
Höchsttemperatur 31
(Innen)Hof 211
(Königs)Hof gründen 37
Hoffnung 59
Höhe 15
auf gleicher Höhe mit 157
in die Höhe schießen 107
Hoheit(sgewalt) 41
Höhenmeter 27
Höhepunkt (erreichen) 51, 209
höher als 167
höhere (r, s) 163
Holz 89, 229
kleines Holzboot 127
Holzindustrie 181
Holzmasse 89
Homepage 93, 201
homogen 119
Honduraner(in) 83
(Telefon)Hörer 195
auf die Hörner nehmen 221
Hörspiel 191
Hotel- und Gaststättengewerbe 99
Hotelkette 93
Hotelpersonal 91
HTTP-Protokoll 201
Hühnerstall 211
hungrig 183
hupen 33
Hütte 151
Hypothek 105

I

Iberische Halbinsel 13
Ibero-Amerika-Verein 121
ICE 19
ideologische Botschaft 191
ihrerseits 117
immaterielles Weltkulturerbe 33
immens 129
Immigrant(in) 123

Immigration 125
Immobilienblase 103
immunologisch 179
Immunsystem 181
Impfung 159
in hohem Maße 195
in Kraft setzen 205
In sein 219
Index 235
Index der Verbraucherpreise 103
Indianer(in) 29
indigene Sprache 111
Indoor- 149
Industrie zur Verarbeitung landwirtschaftl. Produkte 87
Industrienation 101
Industriestadt 17
Industrieverfahren 177
Industriezentrum 55
(Industrie)Zweig 87
sich infizieren 161
Informatik 195
Informationstechnologie 187
Ingenieur(in) 143
Inhaftierung 131
Inhalt 203
(Injektions)Spritze 161
alles inklusive 109
Inland(s)- 217
inländisch 217
inmitten des Zentrums 21
(Innen)Hof 211
Innenstadt 181
innere (r, s) 21, 61
Insel- 15
Inselgruppe 13
institutionell 103
inszenieren 217
Integration 143, 161
sich integrieren 143
intensivieren 123
Interessen 215
internationale Organisation 109
internationales Unternehmen 65
Internet 93, 189, 201
im Internet surfen 27, 149
Internetblase 203
Internetseite 201
Internetsurfer(in) 201
Internetverbindung 195
investieren 91, 147
Investition 87, 117
Investitionsland 101
Investor(in) 123
islamistisch 83
Isolationismus 85
isolieren 113
Isolierung 57, 141

J

Jagd 149
in jungen Jahren 235
Jahreskarte 23
Jahrestag 217
Jahreszeit 27, 149
goldenes Jahrhundert 37
Jahrhundert 35
jährlich 23, 97
Jahrzehnt 37, 145, 223
Jähzorn 43
Job 87, 129
Journalist(in) 81
Jude 39
Judentum 151
Judikative 73
jüdisch 151, 219
Jugend- 97
jugendfrei 225
Jugendheim 139
jugendlich 97
Jungfrau 153, 221
Junta 49
Jury 225
Justiz 103

K

Kabinett 63
Kabinettssitzung 75
sozialer Kahlschlag 107
Kaiser(in) 35, 117
Kaiseradler 175
Kalkulation 197
Kalkulationstabelle 199
kalt 31
Kamerafahrt 227
Kammer 57
Kampf 35, 37, 81, 119, 139
kämpfen 137
Kanalisationsnetz 157
kantabrisch 171
Kantabrische Gebirgskette 15
Kap Hoorn 25
Kapital 165
Kapitalflucht 71
Kapitalfluss 99
kapitalistisch 61
kapitulieren 35
Karavelle 41
Karibik 137
Karl der Große 117
Karwoche 217, 221
Kassenschlager 225
Kastagnette 217
Kaste 131
kastilisch 23
katalanisch 23, 111
Katalysator 177
Katastrophe 47, 93, 165
Kauf 91
Kauf und Verkauf 105
kaufen 23
Kaufkraft 93, 173
Kaution (festsetzen) 77
keltiberisch 35
keltisch 17
Kenntnis(se) 103
Kennzeichen 231

kennzeichnen 141, 221
Kernenergie 167
Kernkraftwerk 89
Kesselpauke 217
Keyboard 199
Killer(in) 137
x Kilometer entfernt von 15
Kinder- 135
Kinderarbeit 129, 137
Kinderarzt(in) 159
Kinderheim 139
Kinderpornografie 205
Kindersoldat(in) 135
Kindersterblichkeit 129
Kindesentführung 69
Kindesmissbrauch 137
Kindheit 135
Kino 21, 223
Knüller im Kino 225
Kinoindustrie 225
Kiosk 23
kirchliches Gericht 39
klaffende Wunde 129
Klang 219
Klassenkampf 131
Klassenunterschied 71
Klebstoff schnüffeln 137
Klempner(in) 105
Klimawandel 169
Klimazone 15
Klischee 125
klischeehaft 125
Kluft 131
knapp 147
Knoten 211
Kohle 89
Kohlendioxid 183
Kohlenwasserstoff 171
Kohlestift 227
Kokastrauch- 169
kollektiver Gedächtnisverlust 59
Kolonialzeit 31
Kolonie 175
Kolonien 51
Kolonisation 109
kolonisieren 115
Kolonisierung 43, 131
Komfort 129
kommen aus/von 17, 23, 31, 45, 235
kommerziell 191
Kommunikation per Telefon 193
Kommunikationsmittel 187
kommunistisch 61
Kompetenz 231
kompilieren 197
Komplex 25
Konflikt beilegen 67
Konfrontation 37
sich zum König ernennen 37
zum König ausrufen 47
königlich 49
Königreich 37
Königs- 49

(Königs)Hof gründen 37
königstreu 49
Konkretisierung 185
Konkurrenz 225
konkurrenzfähig 85
konkurrieren (um) 93, 99
konservativ 63, 187
Konservenindustrie 87
sich konsolidieren 215
konstant 149
Konsum 159
Konsument(in) 161
Kontakt aufnehmen 225
Kontakt haben 149
Kontinent 13
Kontingent 97
Kontostand 193
Kontrolle erhalten 205
Kontrolle verlieren 53
kontrolliert 83
Konvention 141
Konvergenzkriterien 85
Konzeptismus 211
Kopfhörer 199
Kopflosigkeit 199
(Waren)Korb 147
Kork 89
Körper- 107
körperlich 107, 133, 159
Körperschaft 57, 117, 119, 233
Kosten 155
mit niedrigen/geringen Kosten 193
kostenlos 231
Kostumbrismus 211
Kraft 155
in Kraft treten 135, 185
Kraftfahrzeug 99, 177
kräftigen 39, 151, 175
Kraftstoff 99
kraftvoll 81
Krankenversicherung 135, 155
Kräuterdoktor 157
Krawall 41
Krebs 179
Kredit gewähren 71, 103
Kreditkarte 195
(sich) mit etw. kreuzen 45
Kreuzreim 209
Krieg 61
kriegerisch 55
Kriegs- 55
(Kriegs)Beute 41
Kriegsherr 45
Kriegsmarine 81
Kriminalität im Internet 205
Krise 91
Kriterium 137
Krone 47, 73
Kulturanismus 211
Kulturerbe 93
Kulturgut 93
Kultursendung 191

Kultusministerium 231
sich um etw. kümmern 231
Kunde 93, 193
Kunst 207
Künste 237
Kunsthandwerk 95
Künstler(in) 81, 227
künstlerisch 219
künstlich 27
künstliche Fortpflanzung 163
Kunstschmied(in) 95
kunstvoll 219
Kuppel 217
Kurort 13
Kurs nehmen auf 115
kurz 215
Kurzfilm 225
kurzfristig 85
Kurzgeschichte 215
Kürzung 107
Küste 15, 27, 169
Küstengebiet 13, 25, 171, 175

L
geographische Lage 125
Lager 111
Lagerung 141, 167
Lähmung 71
Laienbruderschaft 221
Land 17
landen 41
Landenge 25
des Landes verweisen 39
Landeshoheit 69
Landesinnere 17
Landflucht 17, 29, 87
Landgrenze 13
Landgut 151, 173
ländlich 93, 235
ländliches Gebiet 17
Landstraße 19
Landstreitkräfte 81
Landwirt(in) 87
Landwirtschaft 87, 127, 165
ökologische Landwirtschaft 87
landwirtschaftlich 87
landwirtschaftliche Branche 71
landwirtschaftliche Gegend 87
Landwirtschaftssektor 141
Länge 25
langfristig 91
Laptop 197
Last 147
Laster 159
Latein 109
Lauf 221
Laufbahn 223
auf dem Laufenden sein 193
laut 21
Lautsprecher 199

tägliches Leben 203
sich das Leben nehmen 35
Lebensbedingungen 29
Lebenserwartung 147, 155
lebensfähig 163
Lebensqualität 173
Lebensunterhalt 183
auf Lebenszeit 63
Leber 159
Lebewesen 163, 165
Leder 89
Legalisierung 57, 125, 143
Legende 37
Legislative 63, 73
Lehnswesen 39
Lehrer(in) 111
Lehrplan- 231
den Lehrplan betreffend 231
Leichtbahn 33
leiden 71, 183
Leinwand 223
(sich etw.) leisten 81, 151
Leistung(sfähigkeit) 197
leiten 69
(Er)Lernen 235
Lesegerät 197
Leser(in) 209
leugnen 149
lexikalisch 113
Liedermacher(in) 217
liegen 57, 73
Link 201
Linse 185
Linsentrübung 181
Liquidität 107
Lispeln 113
literarisch 207
(literarische) Strömung 211
live 195
Live-Konzert 33
Logo 193
Lohn 93, 141
lohnend 137
Lokalausgabe 187
Lokalbehörde 79
Lokalblatt 187
Lokalzeitung 187
löschen 199
lösen 185
Luchs 175
Luft- 177
Luftfahrt- 89
Luftstreitkräfte 81
Luftverschmutzung 31, 177
luftverunreinigender Stoff 179
Luftwaffe 55, 81
Lunge 21, 31, 161, 177
Lungenkrebs 159
lustig 193
sich über etw. lustig machen 115
lyrisch 207

M
Machbarkeit 103
Macht 37, 61, 127
an die Macht gelangen 67
sich an der Macht halten 61
sich an die Macht setzen 53
mächtig 81
Machtvakuum 49
aus Madrid 21
Madrider 21
maghrebinisch 17
Magister 233
Mahagoni 181
majestätisch 223
Malaria 159
Malerei 227, 229
malerisch 229
Management 105
Mangel 125, 129, 157
Mangelernährung 157
mangelhaft 127
Mannschaft 151
Manufaktur- 99
(freier) Markt 115, 123
Marktanteil 99
(freie/soziale) Marktwirtschaft 85
Marmor 229
Marokkaner(in) 83
Marokko 127
(Protest)Marsch 131
Marschland 175
Maschinensprache 199
Maschinerie 99
Massenbewegung 67
Massengrab 59
Massenspektakel 221
Massentourismus 93
Massenveranstaltung 221
maßgeschneidert 93, 161
mäßigend 73
Maßnahmen ergreifen 85
Maßstab 137
Maulbeerbaum 19
Maurer(in) 95
Maus 197, 199
Mautgebühr 19
Mediengruppe 187
mediterran 15
medizinisch 155
Medizinmann 157
Meerenge 13, 55
Meeres- 171
Meeresarm 15
Meeresbucht 27
Meereshöhe 31
Meeresspiegel 31
Mehrheit 99
mehrheitlich 65
Meile 221
Meinungsfreiheit 73
Meister(in) 45
Menge 221
Mensch 153
menschenleer 17

Menschenopfer bringen 45
Menschenpyramide 23
Menschenrechte 119, 175
Menschenrechtsverletzung 65
Menschheit 165
menschlich 163
menschliche Entwicklung 157
menschliches Wesen 153
Merkmal 211
messen 179
Mestize 29
x Meter hoch 15
Metropole 19, 31
Metzger(in) 95
Mikroprozessor 197
mild 15, 31
Militärjunta 61
(autoritäres) Militärregime 65
Minderheit 131, 147
Minderjährige(r) 137
Mindestlohn 127, 137
minimieren 175
(spanischer) Ministerpräsident 57, 73
Minnesänger 207
Mischling 29
Mischsystem 85
(Ver)Mischung 29
Missbrauch 43, 137, 159
missbrauchen 137
misshandeln 137
Misshandlung 135
Misstrauen 115, 157
Misstrauensantrag 75
mit sich bringen 101, 115, 145
mit Sicherheit 137
Mitglied 113, 145, 153, 157
Mitgliedsland 85, 115
Mitgliedsstaat 113
mithelfen 115
Mitleid 137
Mitteilung 191
(finanzielle) Mittel 59, 121, 147
(frühes) Mittelalter 39, 109, 207
Mittelamerika 25
mittelfristig 85
Mittelklasse 137
mittelmäßig 49
Mittelmeer 13, 15
Mittelschicht 235
Mittler 95
Mittlere Reife machen 233
Mobilbox 193
Mobilisierung 117
in Mode sein 219
Model 123
Moderator(in)- 73
Moderne 39
Modernisierung 187

Modernisierungskrise 213
modernistisches Gebäude 23
Möglichkeit gewähren 227
absolutistische Monarchie 49
konstitutionelle Monarchie 49
parlamentarische Monarchie 73
monarchistisch 187
monatlich (erscheinend) 23, 145, 187
Monatskarte 23
Mondfinsternis 45
Monokultur 183
moralisierend 211
Mord 55, 61, 131
Mörder(in) 137
Morgendämmerung 41
Morgengrauen 33
Motherboard 197
mozarabisch 39
Mudejarkunst 39
Mulatte 29
Mülldeponie 169
mündlich 127, 207
Münze 115
Muslim(in) 37, 151
Muße 149, 203
Mut 37
Mutterhaus 187
Mutterschaft 235
Muttersprachler(in) 109

N
Nach- 195
Nachbildung 45
Nachdruck auf etwas legen 185
nachfolgen 67
Nachfolger(in) 37
Nachfrage 85
nachhaltig 93, 165
nachhaltige Entwicklung 93, 173
Nachkommen 171
Nachkriegszeit 215
nachlassen 17
Nachname 145
Nachricht 43, 193
Nachricht hinterlassen 193
Nachricht/SMS (ver)schicken 193
Nachrichten 189
Nachrichtensendung 189
Nächstenliebe 69
Nacht- 219
Nachteil 141, 157, 235
Nachtleben 21, 33
nächtlich 233
NAFTA 101
nahe 145
Nähe 133
Nahrungsmittel 141

Nahrungsmittelindustrie 89
Nahverkehrszug 19
im Namen von 81
narrativ 207
nass 169
nationale Einheit 39
nationalistische Bewegung 81
Nationalität 57
NATO 81, 113
natürlich 27
Naturwissenschaft 237
Nebendarsteller(in) 225
Nebenwirkung 161
nehmen 19
neigen 235
Nest 47
Netz 93, 159, 191, 201
Netz(werk) 137, 201, 203
neuartig 215
Neubewertung 103
Neue Welt 41
neuerfinden 215
(Er)Neuerung 49
Neuheit 225
Neureiche(r) 105
religiöse Neutralität 153
Newsgroup 201
nicht einmal 157
Nichtregierungsorganisation (NGO) 185
nichtsdestotrotz 203
Nichtstun 149, 203
Niederlage 69
sich niederlassen 45
Niederschlag 15
niedrig (e, r, s) 15, 27, 97, 141
Nikotinsucht 159
Nobelpreisträger 215
nomadisch 21
nominieren 65
Nominierung 223
nordisch 145
Normalisierung 125
notieren 205
notwendig 147, 157
Notwendigkeit 183
Novelle 215
nüchtern 229
Nuklearabfall 167
Nuklearfriedhof 167
numerisch 131
nutzen 87, 93
Nutzen 115, 123, 163, 175
Nutzer(in) 203
Nutznießer(in) 59
Nutzung 165, 167, 183

O
Obdachlose 69
obere (r, s) 179
Oberfläche 13, 27
Obergericht für zentrale Fragen 77
Oberleitungsbus 33

Oberschicht 129, 235
Oberstufe des Gymnasiums 231
Objektivität 213
Obligation 91
Obst- 185
OECD 67
offenbaren 203
offener Brief 205
öffentlich 201
öffentlich verurteilen 43
öffentliche Hand 117
öffentliche Verkehrsmittel 177
öffentliche Verwaltung 91
der öffentlichen Einrichtungen 103
öffentlicher Personennahverkehr 23
öffentliches Angebot 231
öffentliches Kaufangebot 91
öffentliches Leben 203
Öffnungszeiten 95
ohne 131
Ökoabgabe 93
Ökologe 165
Ökologie 165
ökologische Landwirtschaft 87
Ökosteuer 93
Oligarchie 65
Ölmalerei 227
Ölpest 171
Olympische Spiele 23
Ombudsmann 75
Opfer 55, 127
ordnungswidrig 97
(internationale) Organisation 109, 113, 167
Orientale 29
Ort 21, 133, 171
örtliche Polizei 79
örtliche Verwaltung 79
Ozonloch 179
Ozonschicht 179

P

(Ehe)Paar 145
Paarreim 209
Paartanzen 219
Panflöte 217
als Panikmacher beschuldigen 105
Papier 173
(Ausweis)Papiere 125
Paprika 175
päpstliche Bulle 131
Parabol- 191
Parkmöglichkeit 23
spanisches Parlament 57, 77
parlamentarische Monarchie 73
Partei 75, 155
(Städte)Partnerschaft 117
Partnerstadt 117

Passwort 195
Patenonkel 145
Patentante 145
Pedal 33
Pencomputer 195
Pensionsfonds 155
Perfektionierung 195
Personalausweis 121
Personifizierung 211
Perspektive 131
Pflanzenreich 161
Pflanzenschutzmittel 141
Pflanzung 87
Pflege 175
Pflegefamilie 139
Pflegekinderwesen 139
(Alters)Pflegeversicherung 159
Pflichtfach 233
Pflichtverteidiger(in) 77
Phänomen 123
Pharmaindustrie 161
physisch 159
(Antibaby)Pille 143
Pinakothek 21
Pinsel 227
planen 121
Planwirtschaft 85
Plastik 191
plastisch 229
Plateau 15
sich einen Platz sichern 215
platzen 105
Pleite 105
Plünderer(in) 181
reine Poesie 211
Pole 83
politisch 135
politische Kraft 75
politische Öffnung 113
politische Partei 55
staatliche Polizei 79, 157
Populismus 61
Portal 93
Porträt 227
Post 191
(hoher) Posten 63, 141
Postgraduierten- 233
Pracht 37, 211
prägen 215
präkolumbisch 45
prall gefüllt 33
Präsidentin 67
Präsidentschaft übernehmen 71
Präsidentschafts- 65
Präsidialrepublik 61
Präsidialsystem 63
Prävention 67
Preis (verleihen) 107, 207
Preisgericht 225
Preisstabilität 85
Preissturz erleben 105
Preisverfall 101
Premiere 217
Presse 187
Pressefreiheit 49

Prestige 35, 223
priesterlich 45
Prinz 43
Privatbesitz 191
Privatperson 41
Privatsektor 85
Privatsender 189
Privatsphäre 195
Privatunternehmen 121
Privatversicherung 157
pro Kopf 101
Probe 179
proben 221
Problem in Angriff nehmen 169
problemlos 103
Produkt 39
Produktionsgüter 85
Produzent(in) 225
Profit 107
profund 45
Programm(gestaltung) 198, 191
Programmierer(in) 197
Programmiersprache 199
(Protest)Marsch 131
Provinzialrat 79
Prozess 77
Prozession 221
Prozessionsmotiv 221
Punischer Krieg 35
Pyrenäen 23, 37

Q

qualifiziert 103, 125
Quartett 209
Quelle 91, 199, 227
Quote 97, 129, 183, 235

R

sich an/wegen etw. rächen 47
(Fahr)Radfahren 149
Radiosender 189, 191
Radioserie 191
Radon 179
Rahmen 51
Rasse 29
Rassismus 141
rassistisch 203
Rastro 21
Rate 129, 235
Rathaus 21, 79
ratifizieren 205
Raubüberfall 47
Raucher(in) 161
Raum 103, 175
rebellieren 55
Rechner 197
auf fremde Rechnung 155
Rechnung 195
Rechnungshof 75
Recht 131, 235
Recht walten lassen 77
rechtlich 95
Rechtsanwalt 79
Rechtschreibprüfung 199

rechtskräftig werden 121
Rechtsstaat 57
recyceln 173
Reduktion 165
reduzieren 101
Reformen in Angriff nehmen 103
regelmäßig 149
regeln 85, 231
Regelung 163
Regen 15
Regenwald 27
Regenwasser 15, 179
Regieassistent(in) 225
Regierung 37, 65
Regierung übernehmen 65
Regierungsbehörde 79, 135
Regierungsbildung 75
Regierungsform 61, 81
Regierungsmehrheit 75
Regierungsprogramm 75
Regierungssitz 19
Regierungsstelle 79
Regierungssystem 81
autoritäres Regime 65
Region 79
Regionalparlament 79
Regionalzeitung 187
Regisseur(in) 225
registrieren 181
regnerisch 15
regulieren 85, 231
Regulierung 163
reich 135
reichhaltig 15
reichlich 15
Reichtum 31, 111, 165
umschließender Reim 209
Reinheit der Abstammung 49
Reinigung 173
Reinigungsmittel 169
Reis 141, 185
Reisekosten 121
(von… nach) reisen 19, 41
Reisende(r) 91
Reizung 179
rekrutieren 41
Relief 15, 25, 229
freie Religionsausübung 153
religiöse Neutralität 153
Renaissance 209
Renommee 21
rentabel 137
Rente 155
Rentenalter 147
Repertoire 217
Replik 45
repräsentativ 67
Republik ausrufen 53
Respekt 175
Ressourcen 87, 141, 165, 169

Rest- 177
restlich 177
restrukturieren 89
retten 107
Revier 175
Revolte 41, 169
Rezession 101
rezitieren 207
Rhythmus 209
(sich) richten (gegen/
nach/auf) 101, 123,
141, 203
Richter(in) 63, 77,
81, 143
riesig 49
Rinder- 87
Ring(straße) 19
Risiko 195
riskant 137
Ritterroman 209
Rocky Mountains 27
Rohstoff 67, 101,
129, 141
Rolle 85, 141, 143, 225
Rolle spielen 117
Roman 207
Romanautor(in) 215
romanisch 229
Romanisierung 35
Romantik 211
Romanze 207
Romanzensammlung
207
Römer(in) 151
Römerstraße 35
römisch 217
royalistisch 49
Rück- 195
rückblickend 225
Rückgang 71, 127
Rückkehr 17
Rücktritt erzwingen 75
Ruf 21
Ruhepause anord-
nen 81
Ruhestand 85, 147, 155
Ruhm 219
Rumäne 83
Runder Tisch 191

S
sabotieren 201
sich einer Sache
bemächtigen 43
Saeta 217
Samba 219
Sammelsystem 173
Sammler(in) von Mee-
resfrüchten 171
sandig 15
Sanitätsdienst 83
sanktionieren 57
Sardana 219
Satellitenfernsehen 191
Versetzung mit Sauer-
stoff 171
Säugetier 163
Säule 45
Säuregrad 179
Scanner 199
schaden 179, 225

Schaden 171, 179
schädigend 169
schädlich 159, 161,
169, 177, 181
Schadstoff 177
Schaf- 87
Schäferroman 209
Schaffung 163
Schallplatte 193
Schallwelle 195
Schalter 23
schärfer werden 169
Schatten 227
Schattenwirtschaft 97
schätzen 181
Schauplatz 225
Schauspiel 33
Schauspieler(in) 225
Scheidung 143, 145
scheitern 45, 235
Schellentrommel 217
Schelmenroman 209
Schicksal 185
Schicksalsschlag 209
schiedsrichterlich 73
Schiff 41, 47
schiffbar 27
Schiffbau 87
Schiffbrüchige(r) 127
Schifffahrtsweg 27
Schlacht 37
Schlachtfeld 61
schlagen 37
Schlaginstrument 217
schlechter werden 171
schlicht 229
schließen 191
schließlich etw.
machen 43
Schlosser(in) 95
Schlüsselrolle 93
schlussfolgern 167
schmal 25
Schmuck 33
schmücken 31, 229
Schnee 15
schneebedeckter
Berggipfel 27
Schneefläche 27
schneiden 225
schöne Künste 227
Schönheitssinn 123
Schöpfung 163
Schranke 117, 179
schrecklich 49
Schreiner(in) 95
Schriftsprache 109
Schriftsteller(in) 207
den ersten Schritt
tun 113
Schub 213
Schuhe 89
Schuhwerk 89
Schul- 231
Schulden bedienen/
machen 101, 107
Schuldnerland 103
schulisch 231
Schuljahr 233
Schulpflicht 45
Schuss 221

Schusswaffe 41
Schuttabladeplatz 169
Schutz 221
unter Schutz stehen 43
schützen 93
Schutzheiliger(in) 221
Schutzvorkehrung 129
der/die Schwache 209
Schwäche 119, 129
Schwachpunkt 157
Schwachstelle 119
Schwächung 181
Schwan 213
Schwarzafrika 17
Schwarzafrikaner(in)
29, 131
Schwarzmarkt 97
Schweine- 87
Schweiß 229
See- 171
Seegrenze 13
Seemacht 47
Seerose 213
Seestreitkräfte 81
sehen 219
Sehenswürdigkeit 13
sehnlicher Wunsch 59
sehr 195
sehr günstig 21
Seifenoper 151
sein 83
seinerseits 117
auf jemandes Seite
sein 155
auf beiden Seiten 115
primärer Sektor 87
sekundärer Sektor 89
Sekundarschulbereich
231
Sekundarschulwesen
231
schulpflichtige Sekun-
darstufe 237
Selbstkritik 43
Selbstmord bege-
hen 83
selbstreinigend 169
Selbstständige(r) 157
Selbstversorgung 183
Selbstverwaltung 53
selten 149
senden 171, 189, 199
Sender 189
Sendung 109
Senegalese 83
Senke 15
Senkung 165
sensibilisieren 31, 171
Sephardim 153
Serie 191
Serienbrief 199
Server 201
Service 193
nicht sesshaft 21
Show 33
Sicherheitsbedin-
gung 99
staatliche Sicherheits-
kräfte 79, 157
Sicherheitsmechanis-
mus 195

sichern 51, 163
Siedler 123
Sieg schenken 37
siegen 49
Signal 191
Silber 229
Silizium 197
Sitte 211
Sitz 85, 185
sitzen 77
Skateboard fahren 149
Skifahren 149
Skizze 93
Sklave 43
Sklaverei 51, 127, 153
Slum(viertel) 29
Soldat(in) 83
Sommer 27
Sonne geht unter 47
Sonnen(ein)strahlung
177
Sonnenblume 87
Sonnenfinsternis 45
Sonnenkönig 47
sonniges Wetter 13
Sorge 171, 213
Sorgfalt 135
Souveranität 41, 73
soziale Ungerechtig-
keit 119
Sozialfürsorge 67
Sozialist(in) 63
Sozialleistung 155
Sozialstaat 73
Sozialversicherung 155
Sozialwissenschaf-
ten 237
sozioökonomisch 139
Spaltung hervorrufen/
provozieren 39
spanisch 23, 109
Spanisch sprechend
29, 109
Spanisch(unterricht)
231
spanische Juden 153
spanischer Minister-
präsident 57
Spannung 55, 71, 131
Sparkasse 91
Spartensender 189
Spaßvogel 211
Spätvorstellung 225
spazieren gehen in/
auf 21
externer/interner
Speicher 197
speichern 197
sperren 83
(Wieder)Spiegelung
229
Spiel 193
Spielfilm 225
Spielmann 207
Spielplan 217
Spielplatz 111
Spielraum 111
Spitzbub 209
an der Spitze 35
Spitznamen geben 207
Sport 221

Sport treiben 149
Sport(unterricht) 231
Sportanlage 149
Sportclub 151
sportlich 23, 149
Sportplatz 111
Sportpresse 187
(indigene) Sprache
111, 127, 213
Spracherkennung 199
sprachlich 111
Spraydose 179
Sprengkörper 83
(Injektions)Spritze 161
Spur 115, 229
staatlich 95, 189
Staats- 189
Staatsanwalt 63, 77
Staatschef(in) 73
Staatsoberhaupt 53
Staatsreligion 153
Staatsschulden 107
Staatsstreich (durch-
führen) 61
Stabilität 123
Stabreim 211
Stadion 151
Stadt- 55, 235
Stadt gründen 45
(Städte)Partnerschaft
117
städtisch 235
Stadtpark 31
Stadtrandgebiet 23
Stadtrat 79
Stadtversorgung 169
Stadtverwaltung 21
Stadtviertel 29, 33,
137, 145
Stahl 99
Stamm 45, 135, 187
stammen aus 17,
23, 31, 105, 109, 117,
123, 235
Stammzelle 163
auf dem neuesten
Stand sein 193
dem Standard ent-
sprechend 233
Standardsprache 109
Standpunkt 131
(Film)Star 219
Stärke 121
starke Seite 121
stärken 39, 69, 117,
151, 175
Stars und Sternchen
187
starten 203
stationär 193
statisch 227
Statistik der im
Ausland lebenden
SpanierInnen 125
statistische Erhebung
125
Statthalter 51
(Verkehrs)Stau 19,
21, 33
stehlen 137
steigern 179, 235

Steigerung 71, 141
steil 27
Steilküste 15, 229
Stein 229
Steinhauerei 45
Stelle 87, 129, 171
sich an einer Stelle
befinden 13, 19
Stellvertreter 51, 73
sterben 67, 229
Sterblichkeit 135
stereotyp 125
Steuerbehörde 155
Steuererleichterung 97
Steuern 107, 153
Steuervorteil 103, 155
Stich 105
Stier- 221
Stierkampf 221
soziale Stiftung 69
Stil 211
Stilfigur 211
Stillleben 227
Stimmhaftigkeit 209
Stimmrecht 73
Störung 161
(An)Stoß 213
Strafakt 137
Strafanzeige 127
Strafe 45
straffällig werden 137
Strafgericht 77
Straftat (begehen)
39, 137, 205
Strahl 179
Strahlung 181
Strand 13
Straße 19
Straßenkind 137
Straßenverkäufer(in)
29, 127
Streben 59
in (den) Streik tre-
ten 95
Streitkraft 55
Streitkräfte 69, 81
streng 45, 49
stressig 159
(Feder)Strich 227
strikt verbieten 111
strittig 221
Stromrechnung 167
(literarische) Strö-
mung 211
Strophe 209
Stück aufführen 217
Studenten- 67
studentisch 57, 67
Studiengang 233
Studiengebühr 115
Stufe 231
Sturm 37
stürzen 65
(sich auf etw.) stützen
65, 175
Substanz 161
subversiv 203
Suche 133, 201, 213
Suchmaschine 189, 201
Sucht 159
Süd- 147

Südamerika 25
südlich 147
Südwesten 13
Sueben 35
surfen 201
Süßigkeit 151
Süsskartoffel 185
sympathisierend
mit 187
Symptom 123
synchronisieren 151
Synonym 123
syrisch 83
Szene 223
Szenerie 225

T
Tabak(waren)laden 23
Tabelle 199
Tablet-PC 197
Tagesanbruch 41
Tageszeitung 187
Taifa 39
Tamburin 217
Tanz 127, 217
(Ballett)Tänzer(in) 219
Tarifpartner 95
Tarifverhandlung 95
Tarifvertrag 95
Tastatur 197, 199
Tatsache 111
sich taub stellen 105
taufen 153
tauglich 135
im Tausch gegen 183
Täuschung 131
Team 179
Technik 225
technisch 237
Technologie 237
technologisiert 195
Teer 171
einen Teil von etw.
bilden 25
teilen 47, 79, 139, 177
Teilhabe 131
teilnehmen 235
Teilnehmen 131
(Telefon)Hörer 195
(mobile) Telefonie 193
Telefonkonferenz
193, 195
Teleshopping 203
Tempel-Burg 45
tendieren 235
Teppich 111
elektronischer Termin-
kalender 195
Terminologie 109
Terrain 37
terroristische Bande 75
Terzett 209
teuer 123
Teufelskreis 129
Textverarbeitungspro-
gramm 199
Theateraufführung 149
Theaterfestival 217
Theaterstück urauf-
führen 217

ein Thema behan-
delnd 189
Thronanwärter(in)
47, 49
Tiefensehschärfe 191
tiefgehend 45
Tiefsttemperatur 31
Tiermedizin 233
Tierreich 161
Tintenstrahldrucker
199
Tischler(in) 175
zum Tode verurtei-
len 43
tödlich 155
Ton 219
Tonne 171
Touchscreen 197
Tracht 219
tragen 221
transgen 183
Transport 91
transportieren 15
Transportwesen 33
Trauer 219
Traum 59, 133
träumen 129
Traurigkeit 219
Treffpunkt 221
Treibhaus 175
Treibhausgas 165, 185
Treibstoff 99
Trennung 145, 153
Treue 73
Trinken gehen 149
Trinkwasser 151, 169
triumphieren (über)
49, 213
trocken 15, 27
Trommel 217
Tröpfchenbewässe-
rung 169
Tropfensystem 169
Truppe(n) 49, 217
Tuberkulose 159
Turbinengenerator 167
Tuschfeder 227

U
U-Bahn-Netz 23
über das Meer 127
über den Seeweg 127
überbevölkert 29
überbewerten 103
überdachen 217
Übereinkunft 81
in Übereinstimmung
103
überfahren 227
(Raub)Überfall 47
überfallen 37
überfüllt 157
Übergang zur Demo-
kratie 65, 127, 133
übergeben 41, 43
überkommen 221
überlassen 51
überliefern 127
Übermaß 177
übermitteln 73,
193, 207

übernehmen 65, 79
überprüfbar 81
Überprüfung 177
überqueren 55
überragen 207
überrascht sein/werden 115
überschreiten 219
Überschuss haben 105
Überschwemmung 167
Übersee 123
übersteigen 169
übertragen 159, 193, 195, 201
Übertragung 109, 151
überwiegen 211
überwiegend 131
überwinden 121
üblich 145, 149
Uhr 19
Ukrainer(in) 83
ultraviolettes Licht 179
sich umbringen 35
in größerem Umfang 123
umfassen 109, 209
umfassend 13, 145
Umfrage 147
Umgebung 93, 139, 165
Umgehungsstraße 19
umgekehrt 27, 167, 185
Umklammerung lösen 57
in Umlauf kommen/sein 115
Umsatz 95
umschließen 209
umstritten 195, 221
umstrukturieren 89
umstürzlerisch 203
Umverteilung 165
Umwelt 31, 93, 171
Umweltbewusstsein 171
Umweltforschung 165
Umweltschützer(in) 75
umweltverschmutzend 167
Umweltverschmutzung 31
(wirtschaftlich) unabhängig 85, 189, 233
sich unabhängig erklären 51
Unabhängigkeit 49, 61, 81
Unabhängigkeitsbewegung 51
unausgeglichen 187
unbeachtet lassen 33
Unbehagen 51
unbewohnt 17
Unebenheit 15
Unentgeltlichkeit 231
unerlässlich 147, 157, 169
unerlaubt 161
unermesslich 129
unerträglich 55
Unfall 167
ungeduldig 225

ungenügend 101, 129
Ungerechtigkeit 155
ungewiss 101
ungleich 129
Ungleichgewicht 37
Ungleichheit 17, 33, 71, 119
Unglück 209
unheilbar 163
unheilvoll 173
Universitätsstudium 93, 233
unkontrolliert 205
unmittelbar 101
UNO 109
Unruhe 51
Unsicherheit 33, 129
(sich) unsterblich machen 229
innere Unstimmigkeiten 39
von unten 227
unterbevölkert 29
unterbringen 49
unterdrücken 139
Unterdrückung 29, 65, 127, 139
Unterernährung 135, 157
(sich) unterhalten 149, 209
unterhaltsam 149
Unterhaltung 151, 189, 203
unterirdisch 167
internationales Unternehmen 65
kleine und mittlere Unternehmen 89
Unternehmen gründen 85
Unternehmens- 95
Unternehmer(in) 67, 97
freies Unternehmertum 85
Unternehmung 41
Unterricht erteilen 111, 121
Unterrichtsmaterial 203
unterschiedlich 17, 213
unterseeisch 27
unterstützen 91, 97, 119, 123
Unterstützung (haben/genießen) 47, 65, 117, 119, 145
untersuchen 77, 167
Untersuchung 69, 167
Untersuchungshaft 77
Untertan(in) 41, 153
Untertitel 151
unterwerfen 41
Unterwerfung 67
Unwetter 37
seinem Unwillen Ausdruck verleihen 115
Uranvorrat 167
Urbanisierung 29
Ureinwohner(in) 29, 41

URL (Uniform Resource Locator) 201
Ursprung 95
Urwald 181
UV-Licht 179

V
(Gesetz) verabschieden 135
verabschieden 39
Verachtung 123
Veränderung 177, 183
veranschaulichen 199
Veranstaltungsprogramm 225
verantwortlich für 171
verantwortliche Nutzung 89
Verantwortung 41
verarbeiten 179
verarbeitende Industrie 89
Verband 81, 95
verbannen 131
Verbannung 39
verbessern 185
Verbesserung 203
verbieten 181
verbinden 61, 161
verbindend 113
Verbindung 39, 121, 201
Verbleiben 35
verboten 161
verbrauchen 169
Verbrechen (begehen) 69, 77
(sich) verbreiten 109, 139, 227
Verbreitung 103, 187
verbrennen 41
Verbrennen 165
Verbrennung 177
verbunden (sein/mit) 95, 189, 217
Verbündete(r) 41
verdammen 155
sich verdoppeln 177, 225
vereinbaren 119
Vereinbarung (unterschreiben) 63, 81, 121
vereinigen 113
Vereinigung 119
vereiteln 73
vererben 103
(sich) verewigen 229
verfassen 199
Verfassung 49, 61, 73, 111, 235
Verfassungsgericht 73, 77
verfolgen 119, 129
verfügbar 173
verfügen (über) 63, 233
Vergeudung 169
Vergewaltigung 69
Vergiftung 171
Vergleich (zu) 171, 211
(sich) vergrößern 91, 125, 145

Verhalten (rechtfertigen) 65, 115
Verhandlungen (abschließen) 41, 63, 113
Verherrlichung 213
verhindern 235
Verhütungsmethode 147
verifizierbar 81
Verkauf 87, 215
Verkehr 21, 91
(Haupt)Verkehrsader 21
Verkehrsmittel 33
Verkehrsnetz 33
Verkehrsstau 19, 33
Verkehrswesen 33
verkleinern 145
Verknüpfung 121
verkünden 51
Verlagsgewerbe 89
verlangen 65, 67, 165, 181
verlängern 97
Verlangsamung 101
verlassen 17, 29, 235
verlegen 185
verleihen 143, 233
Verlust 93, 177, 183
Vermächtnis von Malinche 131
Vermarktung 87
vermeidbar 159
vermeiden 97
vermeintlich 77
(Ver)Mischung 29
Vermischung 153
vermittelnd 95
Vermittler(in) 201
Vermögen 59
vermögend 135
vermummt 81
vermutlich 77
vernachlässigen 171
verneinen 149
vernichten 169, 201
Vernichtung 183
Vernunft 211
vernünftig 193
Veröffentlichung 189
Verordnung 153
Verrat 43
verringern 175, 185
Verringerung (des Verbrauchs) 165, 177, 179
versammeln 113
stille Versammlung 83
Versammlung (einberufen) 75, 131, 185
sich verschanzen 83
verscheiden 229
verschieden 213
verschieden(artig) 17, 91
(sich) verschlechtern 39, 181
verschlechtern 171
Verschmelzung 153, 219

verschmutzt 31
(Grad der) Verschmut-
    zung 165
verschwenderisch 169
Verschwendung 169
Verschwinden 69,
    131, 185
Versdichtung 209
sich etw. versichert
    sein 63
Versicherung 97
Versicherungsgesell-
    schaft 105
freies Versmaß 209
versöhnen 185
(sich selbst) versorgen
    111, 183
Versorger(in) 145
Versorgungsträger 105
Versroman 207
Verstaatlichung 71, 191
Verständigung 109
verstärken 123
Verstärkung 43
verstecken 133
Versteppung 169
verstreut 179
Versuch 127
versuchen etw. zu
    tun 43
verteidigen 65, 165,
    209, 223
Verteidiger(in) 47, 139
Verteidigung 77, 81,
    95, 139, 221
verteilen 171
verteilt 179
Verteilung 17, 29,
    101, 225
vertiefen 121
Vertrag (unterzeich-
    nen) 63, 65, 97,
    113, 195
vertraulich 195
vertreiben 153
Vertreibung 39, 153
Vertretung des Lan-
    des 75
verursachen 131,
    171, 177
verursacht werden 105
verurteilen 153, 155
Vervollkommnung 195
Verwaltung 35, 57, 79
sich verwandeln 69
Verwandte(r) 55, 147
verwehen 177
verwenden 109
nicht verwertete (r,
    s) 163
Verwicklung 209, 211
Verwirrung 161, 199
verwüsten 59
Verwüstung 45, 181
verzeichnen 181
verzichten (auf) 51
Vetorecht (haben)
    63, 75
Vieh(zucht) 87, 183, 221
Vielfalt 27
Vielfältigkeit 103
vielseitig gestalten 93

(Stadt)Viertel 29,
    137, 145
virtuell 121
Visum 125
Vogel 169
aus der Vogelperspek-
    tive 227
Voicemail 193
Volk(s-) 125, 135
Volksabstimmung 63
Volksbefragung 63
einem Volksentscheid
    unterziehen 57
Volksgruppe 111
Volksmusik 191
Volksrepublik 61
Volksstamm 183
Volkswille 61
voll sein (von/mit) 33
vollbringen 193
voller Erfolg 33
vollgestopft 33
vollständig zerstören
    201
vom Aussterben
    bedroht 175
vor 149
vor Christus 35
vorantreiben 57, 173
Voraussetzung 117
Vorbehalt aufwerfen
    163
vorbeugen 97, 161
Vorbeugung 159
Vorderfront 19
vorführen 225
(Film)Vorführung 225
vorgeben 73
Vorgehen 125
Vorgehensweise 125
vorgezogen 85
Vorhaben 41
(reichlich) vorhanden
    sein 211
vorherige (r, s) 221
(Vor)Herrschaft 37
Vorherrschaft 129,
    211, 215
vorhersagen 45
Vorlage 199
vorlegen 63
Vorliebe für etw./jdn
    empfinden 131
Vorrang 215
vorrätig 169
zum Vorschein brin-
    gen 59
Vorschlag 139
Vorschule 231
Vorsitzende(r) 75
Vorstadtgebiet 23
Vorstellung 225
Vorteil 115, 123,
    129, 163
vorteilhaft 127
vortragen 207
vorzeigbar 31, 67
Vorzeige- 31
vorzeitig 235
Vulkan 27
Vulkanausbruch 179

W
wachsen 123, 165
Wachstum 129, 165
Wächter(in) 129
Waffe 205
Waffen niederlegen 81
Waffenstillstand
    (anordnen) 81
Wahl 55, 65, 139
Wahlen 65, 73
(aus)wählen 233
wählen 51, 57, 153
Wählerliste 73
allgemeines Wahl-
    recht 75
wahnsinnig 183
Währung 85, 115
Währungspolitik 85
Währungsstabilität 115
Wald 89
Waldbrand 179
Wandbild 31, 229
Wanderbewegung 125
Wandgemälde 229
Wappen 19
(Handels)Ware 139
Warenkorb 147
Wärmekraftwerk 89
warnen 105, 181
Warteliste 157
Waschmittel 169
Wasserenergie 167
Wasserknappheit 169
Wasserkraftwerk 89
Wassermangel 169
wasserreich 15, 27
Wasserverschmut-
    zung 31
Wasserverschwen-
    dung 169
Web 189, 201
Webdesigner(in) 95
in Wechselbeziehung
    bringen/setzen 197
Wechselpolitik 85
sich einen Weg bah-
    nen 33
Wehrdienst 81
Frohe Weihnachten!
    217
Weihnachtslied 217
Weinanbau 87
Weiße(r) 29
weit 13, 47
weit reichend 145
weiter (e, s) 171
persönliche Weiterbil-
    dung 149
Weiterführung 149
Weizen 141, 187
(Schall)Welle 195
wellenförmig 23
Weltgesundheitsor-
    ganisation (WHO) 113
Welthandelsorganisa-
    tion 113
Weltkulturerbe 93
Weltmarkt 29
Weltstadt 19, 31
weltweit (zugänglich)
    21, 31, 83, 91, 129, 201

sich gegen etw./jdn
    wenden 41
werben (für) 93
Werbung 159, 189, 191
Werdegang 223
werden 121, 125
Werk 207
Werkzeug 131
Wert 139, 143, 145
Wertminderung 29
Wertpapier 91
Westgote(in) 35, 151
westlich 105, 131
Wettbewerb 85, 191
im Wettbewerb ste-
    hen 99
Wettbewerbsfähig-
    keit 87
wichtigste (r, s) 67
sich widersetzen 43
widersprechen 83
Widerspruch 123, 183
Widerstand 35
auf Widerstand sto-
    ßen 37
Widerstandsprobe 167
widmen 175
wieder auftauchen 81
wieder-/zurückbekom-
    men 43
Wiederaufforstung 173
wiederaufleben 81
wiederbeleben 173
wiederbevölkern 17
Wiedereinführung des
    Absolutismus 49
wiedererlangen 173,
    235
wiedergewinnen 93
Wiedergewinnung 223
wiederherstellen 71
(Wieder)Spiegelung
    229
wiederverwerten 173
wiederwählen 69
Wiege 227
Wille 119
Wind- 89
Windenergie 167
Winterzeit 175
das wunderbar Wirkli-
    che 215
wirksam 173
Wirkung 185, 215
wirtschaftlich (unab-
    hängig) 17, 85,
    129, 135
wirtschaftliche Lage
    125
wirtschaftliche Mit-
    tel 121
wirtschaftlicher Auf-
    schwung 67
Wirtschafts- 117
Wirtschafts- und
    Finanzministerium
    85
Wirtschafts- und Wäh-
    rungsunion 115
weltweite Wirtschafts-
    krise 115

in die Wirtschaftskrise
  geraten 65
Wirtschaftspolitik 85
Wirtschaftspresse 187
Wirtschaftssystem 85
Wirtschaftswachs-
  tum 65
Wirtschaftswunder 175
wissenschaftlich 187,
  237
Wissenschafts- 187
Witwe(r) 145
wöchentlich erschei-
  nend 187
wohlhabend 129, 151
Wohllaut 209
Wohlstand 67, 135
Wohltätigkeit 69
wohnen 99
(Wohn)Heim 147
Wohnung 103, 127, 135
Wolf 181
Wolkenkratzer 21
Workstation 197
Wort 109
Wunder 229
Würde 59
würdevoll 223
Wurzel 131
Wüste 27
Wüstengebiet 27
Wut 43

Z
Zahl 231
zahlenmäßig 131
Zauberei 153
Zeichen 117
Zeichentrickfilm 191
zeichnen 227
Zeile 207
Zeit investieren 59
Goldenes Zeitalter 209
Zeitkarte 23
Zeitschrift 187
Zeitung 187
(Zeitungs)Artikel 211
Zeitvertreib 151
zensieren 203, 215
Zentrale Rechenein-
  heit 197
zerstören 169, 171
Zerstörung 35, 43, 171
Zerstreuung 151
Zerstückelung 37
Zertifizierung 173
von etw. zeugen 39
Zeugnis 215
auf sich ziehen 175
gemeinsames Ziel 119
Ziel (erreichen/haben)
  31, 55, 81, 85, 119, 213
Zigeuner- 127, 219
Zigeuner(in) 233
Zinsen 101
Zinssatz 101
Zivilbevölkerung 61
Zivildienst 81

Zivilgericht 77
zollfrei 121
zornig 115
zu sich nehmen 21
zu tun haben 149
Zucht 175
zufrieden stellen 117
Zug 19
Zugang (zu) 53, 123,
  141, 165, 183, 193
Zugänglichkeit 159
Zugehörigkeit 35
zugestehen 145
zugunsten von 47
Zuhause 135, 137,
  165, 171
Zuhörer(in) 217
Zuhörer(schaft) 189
Zukunft 185
Zulassungsprüfung
  zur Universität 233
Zulauf 151
Zunahme 103, 141,
  155, 183
zunehmen 125, 145
zunutze machen 43, 93
zur Schau stellen 205
zur Sprache kommen
  149
zurückgeben 59
zurückgehen 17, 221
zurückgewinnen 235
zurückhalten 17
zurückholen 173
zurückschauend 225

Zurückweisung 139
zusammenarbeiten 65
Zusammenfügung 39
Zusammenführung 125
zusammengeschlos-
  sen 95
zusammenleben 127,
  145, 151, 219
zusammensetzen 225
Zusammensetzung 29
(kriegerischer) Zusam-
  menstoß 37, 41
Zuschauer(in) 139, 217
Zuschauerquote 189
Zustand 135
Zuständigkeit 231
(breite) Zustimmung
  finden 119, 121
Zutritt 183
zuweisen 145, 157
Zwangsarbeit 43
Zwangsprostitution 141
(Industrie)Zweig 87
zweischneidig 205
zweisprachig 33, 111
Zweisprachigkeit 111
Zweiter Weltkrieg
  57, 67
innere Zwietracht 39
zwingen etw. zu
  tun 153
Zwischentitel 233
Zyklus 231

Bildquellennachweis

38 Turespana München, München; **58** Las Heras Leizaola, Eneko, Las Rozas de Madrid; **68** picture-alliance (REUTERS | Andres Stapff), Frankfurt; **96** laif (Bart Muhl/Hollandse Hoogte/laif), Köln; **106** 123RF.com (josehernandezabolacio), Nidderau; **132** Imago (blickwinkel), Berlin; **134** Imago (VoigtFoto/PortStock); **142** Forges, Pozuelo de Alarcón (Madrid); **172** © 1963, Joaquín S. Lavado (Quino)/ Caminito S.a.s. Literary Agency; **204** Juan Ramón Mora; **222** picture-alliance (dpa | Claudio Peri); **228** Getty Images RM (julio donoso), München

Sollte es einmal nicht gelungen sein, den korrekten Rechteinhaber ausfindig zu machen, so werden berechtigte Ansprüche selbstverständlich im Rahmen der üblichen Regelungen abgegolten. Die Positionsangabe der Bilder erfolgt je Seite von oben nach unten, von links nach rechts.